TEACHER EDUCATION

现代教育技术

——做快速掌握人工智能的新型教师

主　编◎聂竹明

安徽师范大学出版社
ANHUI NORMAL UNIVERSITY PRESS
·芜湖·

图书在版编目(CIP)数据

现代教育技术：做快速掌握人工智能的新型教师 / 聂竹明主编. -- 芜湖：安徽师范大学出版社, 2024. 7.

ISBN 978-7-5676-6924-6

I. G40-057

中国国家版本馆CIP数据核字第2024S962R3号

现代教育技术:做快速掌握人工智能的新型教师 主编◎聂竹明

XIANDAI JIAOYU JISHU ZUO KUAISU ZHANGWO RENGONGZHINENG DE XINXING JIAOSHI

责任编辑：李子旻　　责任校对：吴毛顺

装帧设计：张　玲　张德宝　　责任印制：桑国磊

出版发行：安徽师范大学出版社

芜湖市北京中路2号安徽师范大学赭山校区

网　　址：http://www.ahnupress.com/

发 行 部：0553-3883578　5910327　5910310(传真)

印　　刷：安徽联众印刷有限公司

版　　次：2024年7月第1版

印　　次：2024年7月第1次印刷

规　　格：787 mm × 1092 mm　1/16

印　　张：22

字　　数：338千字

书　　号：978-7-5676-6924-6

定　　价：48.00元

本书编委会

主　　编：聂竹明

副 主 编：张家年　王　胜　施文静　李子旻

编 委 会：王曼婷　孟　莉　罗　添　王洪福　王　腾　施文静

徐剑虹　王　胜　白　倩　李晓岩　肖　文　时晓晨

郭衍鹏　李　悦　张　洁　唐菁莲　司楠楠　陈雨亭

资源设计：施文静　施羽晗　朱明华　孙博文　罗　添　司楠楠

唐菁莲　张　洁　王新艳　李　悦　王　腾　罗遥瑶

徐　航　朱泽楷　时晓晨　陈雨亭

资源制作：赵芙蓉　苏亚男　康慧娟　凌子川　夏钰琳　陈逸凤

陈子璇　宫　雪　郁书敏　刘　翠　彭　军　王文慧

朱　婷　李国放　丁　然　屈思怡　王　琦　吴肖晗

朱世纪　谢　美　张慧敏　靳舒淇　邓　璐　廖丽雯

李嘉琪　张乃迎

（以上排名不分先后）

前　言

作为当前全球最前沿、最先进的技术之一，人工智能给全人类带来了强大赋能和想象空间，也给千行百业带来了较大生存压力和伦理忧患。以生成式大语言模型ChatGPT和文生视频大模型Sora为代表的新一代人工智能技术，给教育带来了前所未有的冲击。“拥有什么样的核心本领，才能让教师在智能时代安身立命？”未来已来，与最先进的人工智能技术同向进化，才能避免被新一代人工智能替代，鉴于此，为满足专业专科生与本科生、教育硕士、高校新进教师在实际教学工作的需求，我们组织编写了《现代教育技术——做快速掌握人工智能的新型教师》一书。

本书的特点如下：

第一，自主知识体系选择建构。教材积极建构中国自主知识体系。以中国为观照、以时代为观照，立足中国实际，解决中国问题。在内容选择上，教材直接选择《教师数字素养》教育行业标准等中国政策、选择《中国共产党第二十次全国代表大会》《中共中央政治局第五次集体学习》等习近平总书记关于教育数字化的重要指示批示和《义务教育信息科技课程标准（2022年版）》等教学设计案例。

第二，AIGC工具教育应用探索。在活动策划上，针对AIGC工具如何进行资源整合、发布和数据分析等场景进行详细介绍；在材料和案例选择上，融入GenAI，以中国教育数字化赋能为主题，推动教育与AIGC技术融合发展。

第三，省域教师编写团队。本书由安徽省高等师范院校联合编写，包括安徽师范大学、淮北师范大学、阜阳师范大学、亳州学院等。核心编写团队实力雄厚，包括安徽省高等院校相关院系（部）领导、资深专家、现代教育技术课程骨干教师等。

第四，纸质智能数字化相结合。打破传统教材纯文字编排方式，结合智慧环境，在数字教材中加入图片、音频、视频、动画等多媒体形式的教育资源，读者以扫描二维码的方式拓展知识学习。

第五，项目活动案例有机整合。编写内容紧跟信息技术教育应用的新进展，体现“新”“基”“活”。“新”是指关注新课程标准对教学的要求，关注“强师计划”对教师的新指示，关注现代教育技术领域最新的理论成果，关注当今新技术环境和新工具，关注国家智慧教育平台等平台对在线课程建设的要求，力求做到既具前瞻性，又切实引领教师教育教学实践；“基”是指夯实理论基础与技术基础（PPT、音频、视频等）；“活”是指活动中信息化的思维与方式（AI数字人教师、课堂、在线资源等）。

本书旨在培养快速掌握人工智能的新型教师，以学习活动为主线，贯穿理论知识、技术技能和实践范例，并以二维码连接在线微课与PPT，提供智慧学习方式，为师范类专业本科生与专科生、教育硕士、高校新进教师未来智慧教学提供指引，助力他们加速成为数字化转型中的新型教师。全书共十二章，每章具体包括“学习目标”“活动内容”“随堂自测”“本章思考”等模块。“学习目标”分为“知识目标”“能力目标”“素质目标”，从三个维度帮助学生明确本章学习的目标；“活动内容”分为“任务”“材料”“案例”三个部分，理论知识与案例实践相结合，同时巧妙融入思政元素，穿插“视频讲解”和“选读材料”特色板块，突出教材互动性和实用性；“随堂自测”以二维码的形式呈现，题型包括单选题、多选题、判断题等，读者扫码在线做题，进一步巩固本节所学内容；“本章思考”就本章所涉及的知识点进行拓展延伸。

本书获得国家社会科学基金教育学重大课题“数字教育形态研究”（项目编号：VCA230011）、安徽省教育教学改革研究重大项目（2023jxgl009）、安徽省2023年度新时代育人省级质量工程项目（研究生教育）（2023zyxwjxalk015，2023lhpysfjd013，2023qygzz006）等项目的大力支持，是安徽省规划教材的升级与更新。编写过程中，本书引用了大量的资料、案例等，在此谨向各位作者表示衷心的感谢和崇高的敬意。由于编者能力有限，编写时间紧张，书中难免存在不足之处，敬请广大读者批评指正，以便在相关课程网站和教材再版时进行修订。

请扫码关注安徽省智能学习技术与系统工程研究中心赛博智言公众号。

中心网站：https://cail.ahnu.edu.cn/

电子邮箱：zmnie@126.com

目　录

第一章　新型教师要适应信息化发展带来的革命性变化

学习目标

一、知识目标。熟悉信息技术等学科课程标准，总结其要求与使用技术；熟悉习近平总书记关于教育数字化的相关论述，了解数字原住民内涵与素养提升策略；掌握新型教师基本素质素养要求，明晰技术赋能教育的未来趋势。

二、能力目标。能够结合材料与经验分析当前技术赋能的典型场景，能够通过案例学习逐步适应人工智能等信息化发展的变化；明确教师的素养要求，提升适应技术赋能教学、信息化教学改革的能力。

三、素养目标。通过对习近平总书记关于教育数字化的重要论述的学习，养成关注时政热点和国家政策的意识，能够将政策要求与教育教学相结合，提升课程思政教学能力；通过活动思考与案例学习，提升信息意识、数字化学习与创新能力，培养自主、探究、合作及创新精神，养成关注社会热点和生活实际的意识。

第一章视频简介　　第一章 PPT

活动1　新型教师教学活动如何运用技术赋能

活动1视频简介

活动1PPT

任务1　阅读并思考——当前教育教学中运用了哪些技术

为加快推进技术赋能教学，融合创新课堂，各地学校积极进行校本研修和信息技术教学实践。教师通过网络研修、信息技术讲座、微课制作培训等学习途径掌握了多种信息技术，并在日常教学中大胆尝试将信息技术与课堂教学相融合。他们积极开展信息技术优秀课例展示活动，充分利用智慧教学系统，展示信息技术2.0提升工程中A1技术支持的学情分析、A6技术支持的课堂讲授、B6技术支持的展示交流和C1跨学科学习活动设计等多个能力点的应用与探索，实现了技术与学科教育教学的有机融合。

中小学教师信息化教育教学能力发展框架

2022年教育部印发《义务教育信息科技课程标准（2022年版）》，明确了义务教育信息技术学科各学段课程内容与要求，信息科技内容模块与跨学科主题如图1-1所示。课程内容围绕数据、算法、网络、信息处理、信息安全、人工智能（Artificial Intelligence，AI）展开，同时对每一学段内容提出了教学要求，例如“人工智能与智慧社会”模块，教师需要介绍人工智能相关概念和术语，介绍生活中的人工智能应用，让学生理解人工智能的特点、优势和能力边界；在“物联网实践与探索”模块，要求通过实例感受万物互联的场景，使用实验设备搭建物联系统模型，让学生体验物联网、大数据及人工智能的关系。教师在教授信息技术课程内容时，必须事先对技术、人工智能等教学内容谙熟于心，同时对移动设备、智能设备能够熟练操作，才能更好地让技术赋能。

义务教育信息科技课程标准（2022年版）

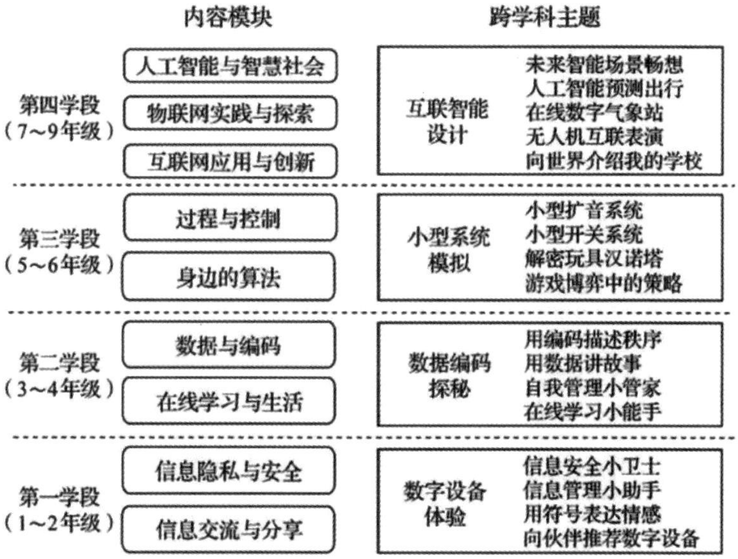

图1-1　信息科技内容模块与跨学科主题

在教学中，教师所使用的智能教学工具、教学平台涉及许多新技术，例如大数据技术能对学习过程和学习行为进行量化分析，采集学生的学习数据，如学习时间、停留时间、测试准确率等。通过对数据的处理分析，建立不同学生的学习模型；对自然语言处理，能够认知和理解（将自然语言变成计算机可辨识的符号，并处理），并生成人类语言（将计算机数据转化为自然语言）；利用自然语言处理技术，能够自动生成学习内容标签，并应用于机器翻译、语义理解、人机对话、智能问答、语音识别、知识图谱等范畴。机器学习能够依据个性偏好、学习习惯和风格，匹配学习内容。AI系统会记住不同学生的偏好，并推荐相应的学习内容。教师在利用技术赋能教学的同时，要加强新技术和前沿技术知识的应用能力，提升教学效能。

请结合以上材料及日常教学经验，发现并总结当前中小学学科教育教学中运用了哪些技术，并填写表1-1。

表1-1　中小学学科教育教学中的常用技术

语文、数学、英语学科	艺术类学科	理综学科	文综学科

任务2　分析与交流——技术在教育中的角色扮演

通过任务1的学习，回顾了当前教育教学中常用的技术，为了进一步了解人类学习中技术的发展历程与技术赋能教育所扮演的角色，请阅读本章材料1，结合自己的理解，列举技术应用的典型事例，并填写表1-2。

表1-2　技术赋能的要点

技术扮演的角色	技术可作为何种工具	技术应用的典型事例

任务3　学习与落实——习近平总书记关于教育数字化的相关论述

通过任务1的学习，明晰了当前义务教育阶段教师常用的技术，通过任务2熟悉了技术赋能的革命性变化，请阅读本章材料2，结合自己的理解，归纳总结核心要义，并填写表1-3。

表1-3　习近平总书记关于教育数字化的重要指示批示核心要义

类别	核心观点	提到的技术
教育信息化		
教育数字化		
教育现代化		

活动2　数字化转型中教师将面对怎样一群学生

活动2 视频简介　　活动2 PPT

学生身处教育数字化转型的变革中，面对数字化场景和应用，教师必须开展教育数字化转型的实践探索，以期帮助他们适应新的学习环境。

任务1　阅读并思考——数字化转型背景下学生素养要求

以物联网、云计算、大数据、泛在网络等为代表的新一代信息技术已赋能教育领域，为突破数字化教育发展瓶颈，教育界极其重视且大力推进技术应用。联合国教科文组织发布的《教育数字化转型：学校联通，学生赋能》重视数字化的意义，欧盟发布的《数字教育行动计划（2021—2027）》提到“数字技术”“数字能力”两个重要关键词。根据国际咨询公司的调查观点，教育数字转型的目标在于应对未来劳动力需求的变化，而未来劳动力的主力军正是当前学校中的学习者。2020年1月世界经济论坛（World Economic Forum）发布的《未来学校：为第四次工业革命定义新的教育模式》报告中，描述了教育4.0的全球框架、特征和方法，达成教育4.0共识，明确利用新技术构建全新、动态的未来学校形态，构建创新创造、技术技能、人际交往和全球公民意识四维能力的人才培养体系。

2018年教育部印发《教育信息化2.0行动计划》，其“主要任务”部分明确提出，全面提升师生信息素养，推动从技术应用向能力素质拓展，使之具备良好的信息思维，适应信息社会发展的要求，应用信息技术解决教学、学习、生活中问题的能力成为必备的基本素质。同时在具体内容中提出，加强学生信息素养培育。加强学生课内外一体化的信息技术知识、技能、应用能力以及信息意识、信息伦理等方面的培育，将学生信息素养纳入学生综合素质评价。

《义务教育信息科技课程标准（2022年版）》中明确指出，课程要围绕核心素养培养学生，信息技术学科要培养的核心素养主要包括信息意识、计算思维、数字化学习与创新、信息社会责任。其中信息意识是指个体对信息的敏感度和对信息价值的判断力；计算思维是指个体运用计算机科学领域的思想方法，在问题解决过程中涉及的抽象、分解、建模、算法设计等思维活动;数字化学习与创新是指个体在日常学习和生活中通过选用合适的数字设备、平台和资源,有效地管理学习过程与学习资源,开展探究性学习,创造性地解决问题;信息社会责任是指个体在信息社会中的文化修养、道德规范和行为自律等方面应承担的责任。这四个方面的素养互相支持,共同促进学生数字素养与技能的提升。

请阅读本章材料3,结合上述材料和以往教学经验,思考总结教育数字化转型过程中学生的必备素养,并填写表1-4。

表1-4　教育数字化转型过程中学生的必备素养

材料3提及的素养	新课标要求的素养	你认为的必备素养	素养提升的策略

任务2　对比与归纳——做熟练应用信息技术的新型教师

教育数字化转型是一场由数字技术发展带来的教育颠覆式变革,经济社会变迁、教育内生发展和新冠肺炎疫情冲击三大因素共同推动了全球教育数字化转型进程。教师作为教育工作的主体之一,对学生成长、素养提高起着至关重要的作用,同时教师自身的素质素养也必须不断更新、成长。请阅读本章材料4,对比分析21世纪新型教师应具备的素质素养,思考各素养的特点,并填写表1-5。

表1-5　新型教师应具备的素质素养特点

对比类别	数字素养	信息素养	职业道德素养	知识素养	专业素养
特点1					
特点2					
特点3					
……					

材料1　技术赋能学习的革命性变化

1.技术赋能学习的三种模式

当今世界，科学技术日新月异，技术的发展改变了我们的生活，人们生活物质条件发生巨大改善，产生了更多计算机网络方面的需求和技术赋能学习的需求。有人将计算机在人类学习上的应用概况为“3T模式”，即计算机作为被辅导者，计算机作为辅导者和计算机作为工具。同样，人类使用技术赋能学习也有三种模式，即学习某种技术，从技术中学习和用技术进行学习。

（1）学习某种技术（Learn Technology）。计算机作为学习对象是学习某种技术的最为典型的代表，像学习数学、物理、化学一样，学生是将技术作为一种人类积累的知识进行学习，如学习计算机技术、程序设计语言等。在技术不断进步与发展的过程中，我们时常会接触到新的技术，如最开始我们学习鼠标的使用、Windows操作系统的基本操作等。但如今信息化飞速发展，我们还需要学习物联网、大数据、人工智能等更高阶的技术。

（2）从技术中学习（Learn from Technology）。从技术中学习是将技术作为学习内容的来源，由技术提供学习内容、学习评价与学习反馈。最典型的应用是计算机辅助教育（Computer-Based Education，CBE），主要包括计算机辅助教学（Computer-Assisted Instruction，CAI）、计算机管理教学（Computer-Managed Instruction，CMI）和计算机辅助训练（Computer-Assisted Training，CAT）。计算机辅助教育的历史可以追溯到20世纪五六十年代，受当时行为主义学习理论的影响，将计算机作为程序教学的机器在学习中使用。进入21世纪，人工智能、5G等新技术更多地赋能教育教学活动。

（3）用技术进行学习（Learn with Technology）。美国著名的教育技术专家、学习环境设计理论的先驱戴维·乔纳森（David H. Jonassen）提出，学习是通过思考完成的，学生使用技术进行学习时，技术能够促进并支持他们进行思考。如果技术以支持学生思考的方式来支持学习，那么技术就不仅仅是知识内容传递的工具，它还可以作为学生思考和知识建构的促进者和帮助者。具体内容为：

①技术作为支撑知识建构的工具。用以表征学习者的观点、理解和信仰；帮助

学习者制造结构化的多媒体知识库。

②技术作为探索知识的信息工具支撑学习者在建构中学习。用以访问和获得学习所需的信息;比较观点、信仰和世界观。

③技术作为背景支撑做中学。用以描述、模拟有意义的真实世界的问题和情境;表述、呈现他人的信仰、观点、意见和故事;定义一个安全的可控的问题空间给学生思考。

④技术作为社会中介支撑对话中的学习。用以与他人合作与交流;支持学习共同体中的成员间的讨论、辩论并达成一致意见;支撑知识构建共同体之间的对话。

⑤技术作为智能伙伴支撑在反思中学习。用以帮助学习者清楚地表达并呈现他们所知道的;反思他们学会的以及他们是怎样学会的;支撑学习者对意义的个人表述;支持学习者用心地思考。

2.技术在教育中的角色扮演

技术有促进学习,提高教育质量,扩大教育规模等作用。教育的最终目的在于促进学生的发展,学生身心的全面发展有赖于学生对接收到的教育信息的内化。根据学生、教师、媒体三者在时空上是否具有同一性,技术在教育中的角色扮演分为两种:主教和助教。

(1)技术在教育信息传递中的主教角色——替代功能。教师、学生二者在时空上的分离(时间、空间上的分离或同时分离),教师不能直接面对学生,教师与学生之间的信息传递必须借助于媒体(如远程教育)。

教育随着人类的产生而产生。最初的形式是口耳相传、亲身演示,师生信息的传达都在实践中完成。随着生产力的发展,文字的产生,人们将生产实践中的实际经验以文字的形式记录在兽骨、贝壳等物体上,形成最初的“书本”。通过对该文字的阅读,学生能从中学习,掌握祖辈的实践经验知识,从这时候起,刻录有文字的兽骨、贝壳在一定程度上代替教师教授学生。随着纸张及印刷术的发明,纸质书本这种更好的媒介取代了丝帛等物品,成为文字记载的主要工具。这为教育规模进一步扩大——个人的知识可以通过书本的形式在更大的范围内传播提供了条件。随着两次世界大战的爆发,美国将电影、幻灯运用于熟练工和军事人员的培训中,媒体在教育中的功能进一步凸显,由此诞生了视听传播(教育技术的前身)。从20世纪60年代开始的电视技术应用于教育——广播电视教育，及程序教学机器、远程网络教育，它们都有一个共同的特点：教师完全由媒介所取代。教师和学生在这种教育过程中面对的只是媒介。

（2）技术辅助教师与学生之间传递教育信息。传统教育模式在教育教学改革中受到了猛烈的批判，但作为其代表的课堂教育，“教师讲，学生听”的方式仍然有其强大的生命力。在该种教育方式下，教师作为信息的传递者，希望将自己对于信息的理解全面准确地向学生呈现，无论是为了形象准确，还是为了吸引学生的注意激发其学习兴趣，一定的技术手段是必需的。从我北宋医家王惟一的针灸铜人，到捷克夸美纽斯的《世界图解》教科书，这些仍在使用的挂图、模型是课堂教育中技术使用的佐证，还有现在运用的电子教案、教学用课件等课堂教学辅助技术，都说明技术作为教师传递信息的辅助手段得到广泛运用。

（3）技术为学生的学习提供环境支持。布鲁纳认为，学习应该是在教师的指导下，在教师设计的环境中，学生经历知识形成的步骤，通过自己来获得知识。知识本身就是人类在长期的生产生活实践中积累的经验，学生要想在短时间内掌握知识，就要求教师精心设计环境，同时在学生实践中加以监督指导，以简化知识形成的过程，加速学生的学习。这种环境（包含了教师要传递的教育信息）的设计和教师的监督，其实就是教师运用方法程序对工具的使用，学生在学习中利用教师提供的工具经历知识的形成过程。教师所要传达的教育信息可以通过环境向学生传达，也可以亲身参与到学生的活动中传达。技术建立了一种环境，为学生的活动（学习）和教师的活动（传达教育信息）提供了条件。

3.技术赋能教育的未来趋势

在人工智能浪潮的冲击和影响下，教育领域正在经历一场深层次变革，技术正在重塑教育的形态。随着AI技术的发展，人工智能将趋向于为教育整体性变革赋能，未来技术发展将实现智适应学习赋能、教师专业化赋能、产学研转化赋能，助力教育技术学科可持续发展。

（1）智适应学习赋能，走向“有温度的智能教育”。现有发展阶段的“人工智能+教育”是以技术为核心，关注把技术运用到教育场景当中，而人工智能与教育融合的应然形态是“教育+人工智能”，故应以教育为本、人的发展为核心、人工智能为动力去促进教育形态和育人模式的变革。现阶段人工智能技术应用领域和教育关联最紧密的是智适应学习，同时也是人工智能助力实现教育个性化的关键之所在。智适应学习能自动分析学习者的相关数据，提供有针对性的学习支持与服务，具有深度理解学习者学习行为的智能化能力，将成为推动大规模个性化教育实现的重要技术，促使“冷智能”向“热智能”教育阶段转变。

（2）教师专业化赋能，推动教师集群化、高质量发展。近年来，教育部陆续发布了《关于开展人工智能助推教师队伍建设行动试点工作的通知》《关于实施卓越教师培养计划2.0的意见》等系列文件，强调利用新一代互联网和新兴智能技术推动教研新发展。当前智慧课堂学科实践离不开教师队伍信息素养和能力的构建，要从完善机制、优化技术、建设资源等方面提升教师的教学和教研能力。信息化教研成果赋能作用强、社会认可度高，未来教师队伍的专业发展需要建构和融入智能教研素养，丰富教育信息化教研素养的内涵，并完善区域教研新形态模型，进一步推动智能教研模式的构建和落地。

（3）产学研转化赋能，助力教育技术学科可持续发展。教育技术学科从1978年建立至今，经历了视听教育、信息化教育、教育信息化和智能化教育等发展阶段，在人才培养、理论研究、学科实践等方面成果丰富，但在学科理论的方法突破和学科实践的智能升级等方面还面临诸多挑战。当前我国教育技术学科正处于从成熟期向提升期的过渡阶段，学科研究疆域不断扩展，学科理论不断兼容创新，学科实践不断引领与推动我国教育信息化的发展。在智能时代社会发展和国家竞争力提升的要求下，产学研结合的成果转化是教育技术学科可持续发展的必由之路，这就需要强化教育技术研究者的成果转化意识、加强与教育信息化企业的合作、建立企业的孵化研究基地、加强教育技术研究成果的传播等。

材料2 习近平总书记关于教育数字化的重要指示批示

习近平总书记指出，教育数字化是我国开辟教育发展新赛道和塑造教育发展新优势的重要突破口，要进一步推进数字教育，为个性化学习、终身学习、扩大优质教育资源覆盖面和教育现代化提供有效支撑。为方便阅读，本书将“习近平总书记关于教育数字化的重要指示批示”的内容划分为教育信息化、教育数字化、教育现代化三个板块。

1.教育信息化

(1)加快建设制造强国,加快发展先进制造业,推动互联网、大数据、人工智能和实体经济深度融合,在中高端消费、创新引领、绿色低碳、共享经济、现代供应链、人力资本服务等领域培育新增长点、形成新动能。(习近平《决胜全面建成小康社会 夺取新时代中国特色社会主义伟大胜利——在中国共产党第十九次全国代表大会上的报告》,2017年)

(2)增强改革创新本领,保持锐意进取的精神风貌,善于结合实际创造性推动工作,善于运用互联网技术和信息化手段开展工作。(习近平《决胜全面建成小康社会 夺取新时代中国特色社会主义伟大胜利——在中国共产党第十九次全国代表大会上的报告》,2017年)

(3)信息化为中华民族带来了千载难逢的机遇。我们必须敏锐抓住信息化发展的历史机遇,加强网上正面宣传,维护网络安全,推动信息领域核心技术突破,发挥信息化对经济社会发展的引领作用,加强网信领域军民融合,主动参与网络空间国际治理进程,自主创新推进网络强国建设,为决胜全面建成小康社会、夺取新时代中国特色社会主义伟大胜利、实现中华民族伟大复兴的中国梦作出新的贡献。(《习近平谈治国理政》,外文出版社,2020年版)

2.教育数字化

(1)办好人民满意的教育。教育是国之大计、党之大计。培养什么人、怎样培养人、为谁培养人是教育的根本问题。育人的根本在于立德。全面贯彻党的教育方针,落实立德树人根本任务,培养德智体美劳全面发展的社会主义建设者和接班人。坚持以人民为中心发展教育,加快建设高质量教育体系,发展素质教育,促进教育公平。加快义务教育优质均衡发展和城乡一体化,优化区域教育资源配置,强化学前教育、特殊教育普惠发展,坚持高中阶段学校多样化发展,完善覆盖全学段学生资助体系。统筹职业教育、高等教育、继续教育协同创新,推进职普融通、产教融合、科教融汇,优化职业教育类型定位。加强基础学科、新兴学科、交叉学科建设,加快建设中国特色、世界一流的大学和优势学科。引导规范民办教育发展。加大国家通用语言文字推广力度。深化教育领域综合改革,加强教材建设和管理,完善学校管理和教育评价体系,健全学校家庭社会育人机制。加强师德师风建设,培养高素质教师队伍，弘扬尊师重教社会风尚。推进教育数字化，建设全民终身学习的学习型社会、学习型大国。（习近平《高举中国特色社会主义伟大旗帜 为全面建设社会主义现代化国家而团结奋斗——在中国共产党第二十次全国代表大会上的报告》，2022年版）

（2）习近平强调，从教育大国到教育强国是一个系统性跃升和质变，必须以改革创新为动力。要坚持系统观念，统筹推进育人方式、办学模式、管理体制、保障机制改革，坚决破除一切制约教育高质量发展的思想观念束缚和体制机制弊端，全面提高教育治理体系和治理能力现代化水平。把促进教育公平融入到深化教育领域综合改革的各方面各环节，缩小教育的城乡、区域、校际、群体差距，努力让每个孩子都能享有公平而有质量的教育，更好满足群众对“上好学”的需要。深化新时代教育评价改革，构建多元主体参与、符合中国实际、具有世界水平的教育评价体系。加强教材建设和管理，牢牢把握正确政治方向和价值导向，用心打造培根铸魂、启智增慧的精品教材。教育数字化是我国开辟教育发展新赛道和塑造教育发展新优势的重要突破口。进一步推进数字教育，为个性化学习、终身学习、扩大优质教育资源覆盖面和教育现代化提供有效支撑。（习近平在中共中央政治局第五次集体学习的讲话，《人民日报》，2023年05月30日01版）

3. **教育现代化**

（1）“十四五”时期，我们要从党和国家事业发展全局的高度，全面贯彻党的教育方针，坚持优先发展教育事业，坚守为党育人、为国育才，努力办好人民满意的教育，在加快推进教育现代化的新征程中培养担当民族复兴大任的时代新人。要坚持社会主义办学方向，把立德树人作为教育的根本任务，发挥教育在培育和践行社会主义核心价值观中的重要作用，深化学校思想政治理论课改革创新，加强和改进学校体育美育，广泛开展劳动教育，发展素质教育，推进教育公平，促进学生德智体美劳全面发展，培养学生爱国情怀、社会责任感、创新精神、实践能力。（习近平在教育文化卫生体育领域专家代表座谈会上的讲话，《人民日报》，2020年09月23日02版）

（2）教育兴则国家兴，教育强则国家强。建设教育强国，是全面建成社会主义现代化强国的战略先导，是实现高水平科技自立自强的重要支撑，是促进全体人民共同富裕的有效途径，是以中国式现代化全面推进中华民族伟大复兴的基础工程。

要全面贯彻党的教育方针，坚持以人民为中心发展教育，主动超前布局、有力应对变局、奋力开拓新局，加快推进教育现代化，以教育之力厚植人民幸福之本，以教育之强夯实国家富强之基，为全面推进中华民族伟大复兴提供有力支撑。（习近平在中共中央政治局第五次集体学习时的讲话，《人民日报》，2023年05月30日01版）

（3）党的十八大以来，党中央坚持把教育作为国之大计、党之大计，作出加快教育现代化、建设教育强国的重大决策，推动新时代教育事业取得历史性成就、发生格局性变化。我国已建成世界上规模最大的教育体系，教育现代化发展总体水平跨入世界中上国家行列。这充分证明，中国特色社会主义教育发展道路是完全正确的。党的二十大报告把教育科技人才单独成章进行布局，吹响了加快建设教育强国的号角。我们要建设的教育强国，是中国特色社会主义教育强国，必须以坚持党对教育事业的全面领导为根本保证，以立德树人为根本任务，以为党育人、为国育才为根本目标，以服务中华民族伟大复兴为重要使命，以教育理念、体系、制度、内容、方法、治理现代化为基本路径，以支撑引领中国式现代化为核心功能，最终是办好人民满意的教育。（扎实推动教育强国建设，《求是》，2023年第18期）

材料3　数字原住民

有人说：如果你的年龄小于20岁，你就是数字原住民；如果你大于20岁而小于40岁，你是数字移民；如果你大于40岁，且拒绝使用网络和数字技术，那你就是数字恐龙。数字原住民作为在全新的环境中成长的新一代人，看到了一些与以前不一样的现象，面对已经变革的学习对象和信息化环境，认识和了解他们是教育教学的起点。

数字移民、数字恐龙

关于数字原住民的研究，Marc Prensky于2001年率先提出数字原住民（Digital Natives，也译为数字土著）这一概念，他以一个国家的土著居民和外来移民作类比，用“数字土著”来称呼那些出生在数字世界里的年轻一代。他认为20世纪90年代数字技术出现，并且开始快速传播，因此数字原住民可被认为是指“80后”甚至再年轻些的这代人。美国哈佛大学网络社会研究中心和瑞士圣加仑大学信息法研究中心在协作研究网络化生存问题时，对“Digital Natives”这一概念作了明确的解释，数字原住民（或称数字土著）指那些在数字世界里出生并成长起来的孩子。简而言之，数字原住民是出生于存在着数字化技术环境的人群、数字技术伴随他们的成长，这些人群的生活是依托网络和数字化开展的，并且他们从小就开始了数字化的生存方式。同时，自1994年4月中国接入国际互联网以来，网络得到飞速发展，互联网技术深刻影响了人们的生活方式。我国“80后”“90后”青年的成长伴随着互联网的发展，是充分享受互联网美好生活的一代，是我国数字原住民的代表。相比以往，他们从小拥有接触和应用互联网的机会，在互联网使用技能上有更多的优势。

1.数字原住民四维界定

自从“数字原住民”这一概念被提出之后，对于这一群体行为和特点的探讨持续进行。综合对数字原住民的已有相关研究，2018年《当代青年》发表的文章《职业青年互联网使用：数字原住民特征与数字鸿沟》对数字原住民的界定包含四个维度。

（1）从年龄和生长年代划分。研究者多认为数字原住民成长于数字通信设备出现之后的时代。所以不同地区研究者对于年龄的界定存在差异，比如美国等发达国家在20世纪80年开始运用数字技术，多数学者的提法指1980年前后（1979年至1985年）出生的人群。而在其他的一些研究者认为，出生于1980年及之后的学习者即为数字原住民。

（2）从技术应用层面划分。相当比例的研究强调了数字原住民在信息技术能力上的特征。Prensky认为，数字原住民处理、加工信息的方式不同于数字移民，数字原住民习惯于通过网络信息技术迅速获得最新信息、同时处理多种任务、喜欢文本前呈现图表、喜欢获得即时的反馈信息等。而数字移民则具有很强的惯性，倾向于把在互联网上查询信息作为获取信息的第二而不是第一手段、喜欢文本阅读而不是屏幕阅读等。

（3）从数字环境特征划分。Tapscott等学者认为，数字化环境赋予了在该环境中出生的人群与生俱来的数字化的生活与思维方式，他们是使用计算机、视频、游戏和互联网的数字语言的原住民，拥有内在技术悟性或技术上的天赋等。诸多研究表明，数字原住民的一切基本特征或技能都是在数字化环境中产生、培育出来的。成长环境中信息技术及其产品的出现与伴随的经历是数字原住民群体的一个重要因素。因此，针对该群体的研究，可将其成长过程中信息技术的伴随程度作为考量依据。

(4)从对互联网的态度划分。有研究指出,在互联网出现之前出生的人是前网络社会的成员,要学习上网,逐步适应网络带来的种种变化。对他们而言,“上网”是一种特殊行为,是一种需要刻意去做的动作,而且可以计时。而数字原住民将互联网视为生活和工作的一部分,不是额外的体验。

2.如何提升学校教育中数字原住民素养

数字技术的革命在给人们的生活和沟通带来便利的同时,也引发了一系列社会问题,如利用网络实施诈骗、窃取他人隐私或国家机密、滥用黑客技术、网络暴力损害他人身心健康、数字鸿沟引发各种社会不公等。被称为“数字原住民”的年轻一代,同时也是信息社会的数字公民,理应负责任、合理地使用信息技术,提升数字原住民的公民素养。如何正确引导数字原住民安全、负责任地使用信息技术,有效提升他们的数字公民素养,是教育工作者理应承担的责任。

(1)创设数字原住民应有的宽松技术应用环境。伴随技术成长是数字原住民的首要显著特征,社会、学校、家庭都应该创设数字原住民所需的宽松技术应用环境。一是社会要营造以互联网为核心的技术应用环境,要让所有学生能够随时随地使用互联网,为学生提供数字原住民应有的数字技术应用环境。二是学校要为学生创设信息化学习环境,鼓励学生利用信息技术开展学习活动,提升学生的信息化学习能力。三是家长要创设宽松的技术使用环境,鼓励孩子在学习、生活中使用信息技术,充分利用信息技术的优势改善学习环境。

(2)培养彰显数字原住民特性的多任务处理能力。善于多任务处理是数字原住民的重要特征,教师应在教学中培养彰显数字原住民特性的多任务处理能力。一是创新教育教学模式,如采用任务驱动式教学模式,帮助学生在问题解决的过程中养成分解学习任务、协同处理多任务的能力。面对海量信息,学生需具备较强的获取信息、处理信息、利用信息解决问题的能力,这是多任务处理所必备的基本素养。二是给学生提供项目实践的机会,让学生在实践过程中形成系统性思维,养成在多任务中随时切换的状态,形成多任务协同处理能力。

(3)建设符合数字原住民认知方式的数字化教育资源。依赖图像交流是数字原住民的显著特征,教育资源设计者和教育者应该协同建设适应数字原住民认知方式的数字化教育资源。一是教育资源设计者在设计学习资源时,要充分考虑数字原住民的认知方式,采用更多的图像化表征、更便捷的交互技术、更引人注意的界面设计、更虚拟逼真的场景设计等。虚拟现实技术、增强现实技术在教育领域逐渐普及,虚拟仿真教学平台、虚拟仿真机器人以及增强现实体验式教学环境在教育领域逐渐应用。二是教师在课堂教学中要尽可能地向学生推送声画同步的多媒体学习资源。绝大部分小学生不喜欢纯文字资源,而偏好多媒体资源;对于非动画类资源的呈现方式,小学生最喜欢声画同步,其次是图文并茂;对于动画类的学习资源,小学生更喜欢有字幕动画。教师需给学生提供丰富的交互式多媒体资源,如慕课平台的优质多媒体资源、教师自制的微课资源等。

(4)满足数字原住民对即时满足与奖励的需求。喜欢即时的满足感与奖励是数字原住民又一显著特征,学校和教师要满足数字原住民对即时满足与奖励的需求。一是学校要为学生提供优质的移动学习资源,使学生能够随时随地获取最新的信息和学习资源。二是教师要变革传统的以"结果为导向"教育评价模式,对学习过程进行形成性评价,而且在教学过程中教师要与学生积极互动,对学生的学习行为给予及时的反馈和干预。教育部门需依托大数据采集分析系统,建立信息化的电子档案信息收集机制,多维度、多层次地综合记录学生学习、成长相关的历史数据。

材料4　提升素质素养做新型教师

21世纪是知识经济、全球化、信息化的时代,各国综合国力的竞争已转化为人才的竞争,社会发展模式引起了人才培养观念的变革,培养公民和学生的核心素养成为全球教育研究的核心问题和各个国家21世纪教育的目标。教师作为人才培养的奠基者,要能够捕捉时代变革对教育带来的影响,其发展学生核心素养的能力以及自身所应具备的核心素养都是教育改革的动力。

1.数字素养

为扎实推进国家教育数字化战略行动,完善教育信息化标准体系,提升教师利用数字技术优化、创新和变革教育教学活动的意识、能力和责任,2022年11月30日教育部发布《教师数字素养》教育行业标准。该标准明确教师数字素养,指教师适当利用数字技术获取、加工、使用、管理和评价数字信息和资源,发现、分析和解决教育教学问题，优化、创新和变革教育教学活动所具有的意识、能力和责任；明确制定教师数字素养框架，包括5个一级维度、13个二级维度（如图1-2所示）和33个三级维度，其中一级维度包括数字化意识、数字技术知识与技能、数字化应用、数字社会责任和专业发展。

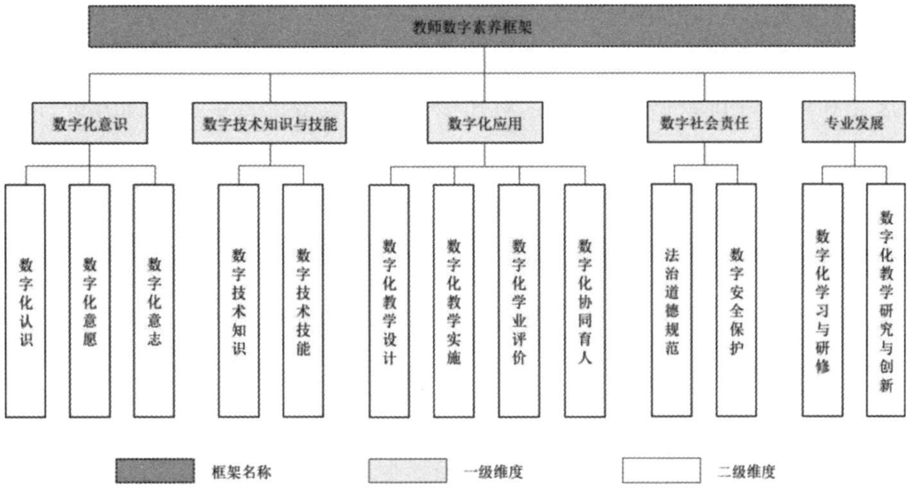

图1-2　教师数字素养框架

（1）数字化意识：指客观存在的数字化相关活动在教师头脑中的能动反应，包括数字化认识、数字化意愿和数字化意志。数字化认识：教师对数字技术在经济社会及教育发展中价值的理解，以及在教育教学中可能产生新问题的认识，包括理解数字技术在经济社会及教育发展中的价值，以及认识数字技术发展给教育教学带来的机遇与挑战。数字化意愿：教师对数字技术资源及其应用于教育教学的态度，包括主动学习和使用数字技术资源的意愿，以及开展教育数字化实践、探索、创新的能动性。数字化意志：教师在面对教育数字化问题时，具有积极克服困难和解决问题的信念，包括战胜教育数字化实践中遇到的困难和挑战的信心与决心。

（2）数字技术知识与技能：指教师在日常教育教学活动中应了解的数字技术知识与需要掌握的数字技术技能，包括数字技术知识和数字技术技能。数字技术知识：教师应了解的常见数字技术知识，包括常见数字技术的概念、基本原理。数字技术技能：教师应掌握的数字技术资源应用技能，包括数字技术资源的选择策略及使用方法。

（3）数字化应用：指教师应用数字技术资源开展教育教学活动的能力，包括数字化教学设计、数字化教学实施、数字化学业评价和数字化协同育人。数字化教学设计：教师选用数字技术资源开展学习情况分析、设计教学活动和创设学习环境的能力，包括开展学习情况分析，获取、管理与制作数字教育资源，设计数字化教学活动，以及创设混合学习环境。数字化教学实施：教师应用数字技术资源实施教学的能力，包括利用数字技术资源支持教学活动组织与管理，优化教学流程，以及开展个别化指导。数字化学业评价：教师应用数字技术资源开展学生学业评价的能力，包括选择和运用评价数据采集工具，应用数据分析模型进行学业数据分析，以及实现学业数据可视化与解释。数字化协同育人：教师应用数字技术资源促进学校家庭社会协同育人的能力，包括学生数字素养培养，利用数字技术资源开展德育、心理健康教育，以及家校协同共育。

(4)数字社会责任：指教师在数字化活动中的道德修养和行为规范方面的责任，包括法治道德规范和数字安全保护。法治道德规范：教师应遵守的与数字化活动相关的法律法规和道德伦理规范，包括依法规范上网，合理使用数字产品和服务，以及维护积极健康的网络环境。数字安全保护：教师在数字化活动中应具备的数据安全保护和网络安全防护的能力，包括保护个人信息和隐私，维护工作数据安全，以及注重网络安全防护。

(5)专业发展：指教师利用数字技术资源促进自身及共同体专业发展的能力，包括数字化学习与研修和数字化教学研究与创新。数字化学习与研修：教师利用数字技术资源进行教育教学知识技能学习与分享，教学实践反思与改进的能力，包括利用数字技术资源持续学习，利用数字技术资源支持反思与改进，以及参与或主持网络研修。数字化教学研究与创新：教师围绕数字化教学相关问题开展教学研究，以及利用数字技术资源实现教学创新的能力，包括开展数字化教学研究，以及创新教学模式与学习方式。

2.信息素养

信息素养涉及人文、技术、法律等诸多因素，和许多学科有着紧密联系，需要通过熟练的信息技术查取资料信息并通过鉴别和推理来完成。教育的发展日新月异，作为教师，必须不断加强自主学习、强化更新知识结构、完善知识体系方能跟上时代的发展与教育改革的步伐。2018年教育部印发《教育信息化2.0行动计划》明确提出，大力提升教师信息素养；推动教师主动适应信息化、人工智能等新技术变革，积极有效开展教育教学。2019年教育部发布《关于实施全国中小学教师信息技术应用能力提升工程2.0的意见》指出，构建以校为本、基于课堂、应用驱动、注重创新、精准测评的教师信息素养发展新机制，通过示范项目带动各地开展教师信息技术应用能力培训。可见，教师必须具备一定的信息素养能力，在现代信息技术的帮助下，改革教学方法，拓宽教育视野，从课堂延伸到社会，获取更多的知识信息。

信息能力是信息时代社会成员的基本能力，也是信息时代人类的必备能力，不同行业的从业人员需要具备各自领域特殊要求的信息能力。鉴于教师职业的教育性和师范性特点，教师不仅要具有一般的信息能力，更需具备运用信息技术进行教育教学的能力，即教育信息能力。教师的教育信息能力包括进行信息化教学的能力、信息技术与学科教学整合的能力、知识管理能力、信息教育能力。

（1）进行信息化教学的能力。随着现代信息技术在教育中越来越广泛的应用，一种以现代信息技术为基础的教育形态——信息化教育迅速发展，并涌现出了许多新的教学形式，我们将其称为信息化教学。信息化教学以计算机多媒体技术、网络技术、人工智能、仿真技术、虚拟现实等现代信息技术为技术支持，以先进的教育教学理论为指导，实现了教学的全方位变革，有利于创新型人才的培养。常见的信息化教学形式有：个别指导、情境模拟、教学游戏、问题解决、虚拟实验室、情境化学习、协同实验室、基于资源的学习、网络化教学等。信息化教学要求教师不仅要深刻地理解应用现代教育教学理论，还要熟练掌握支持信息化教学的各项现代信息技术，并注重二者的有机结合。

（2）信息技术与学科教学整合的能力。信息技术与学科课程整合是21世纪基础教育课程改革的重要内容，也是实现信息技术课程目标的重要途径。《基础教育课程改革纲要（试行）》中指出，大力推进信息技术在教学过程中的普遍应用，促进信息技术与学科课程整合，逐步实现教学内容的呈现方式、学生的学习方式、教师的教学方式和师生互动方式的变革，充分发挥信息技术的优势，为学生的学习和发展提供丰富多彩的教育环境和有力的学习工具。具有这种能力的教师，可在对信息技术熟练应用、对学科课程深刻理解的基础上进行整合的教学设计。信息技术与学科课程整合是当前我国基础教育改革的热点和重点，将信息技术整合于学科教学的能力是面向21世纪的教师重要教学能力，教师要充分认识到这种能力的重要性，并在教学过程中自觉培养这种能力。

(3)知识管理能力。知识管理是教育技术研究领域的一项课题。在知识领域，知识管理是将可得到的各种信息转化为知识，并将知识与人联系起来，最终实现知识的产生、获取和重新利用的过程。随着网络学习资源的不断丰富，如何更好地组织管理这些网络资源，以便于学生查询、检索和学习，实现资源的高度共享，成为教育领域知识管理的重点研究内容。教育领域的知识管理就是要将各种教学资源转化为具有网状联系的规范知识集合，并对这些知识提供开放式管理，以实现知识的生产、利用和共享。知识管理有利于学习者全面获取知识并对其进行意义建构。

(4)信息教育能力。在信息技术教育中，教师的角色是多方面的。一方面，教师本人需要接受信息技术教育；另一方面，教师又是学校普及信息技术教育的主要执行者，在学科教学中以自己的行为作为参考，使学生受到潜移默化的影响。信息技术教育是信息时代教师教学的必备能力。伴随着中小学信息技术教育的普及以及信息技术与学科课程整合的程度越来越高，教师的信息教育能力显得越来越重要。教师的信息教育能力指的不仅是信息学科教师的能力，也包括其他学科教师的信息教育能力；不仅需要学科教师在自己的教学过程中自觉地融入信息教育内容，更要求学科教师在自己的学习、生活中自觉运用信息技术，营造浓郁的信息文化氛围，使学生从教师身上能够感受到信息的魅力，激发他们学习信息技术、应用信息技术、自觉加强信息素养的动机。

3.职业道德素养

2008年教育部和中国教科文卫体工会全国委员会重新修订和印发《中小学教师职业道德规范》(以下简称《规范》)，《规范》对教师的职业道德起指导作用，是调节教师与学生、教师与学校、教师与国家、教师与社会相互关系的基本行为准则。而且《规范》中对中小学教师道德规范的内容作出了明确划分。

(1)爱国守法。热爱祖国，热爱人民，拥护中国共产党领导，拥护社会主义。全面贯彻国家教育方针，自觉遵守教育法律法规，依法履行教师职责权利。不得有违背党和国家方针政策的言行。

(2)爱岗敬业。忠诚于人民教育事业，志存高远，勤恳敬业，甘为人梯，乐于奉献。对工作高度负责，认真备课上课，认真批改作业，认真辅导学生。不得敷衍塞责。

(3)关爱学生。关心爱护全体学生，尊重学生人格，平等公正对待学生。对学生严慈相济，做学生良师益友。保护学生安全，关心学生健康，维护学生权益。不讽刺、挖苦、歧视学生，不体罚或变相体罚学生。

（4）教书育人。遵循教育规律，实施素质教育。循循善诱，诲人不倦，因材施教。培养学生良好品行，激发学生创新精神，促进学生全面发展。不以分数作为评价学生的唯一标准。

（5）为人师表。坚守高尚情操，知荣明耻，严于律己，以身作则。衣着得体，语言规范，举止文明。关心集体，团结协作，尊重同事，尊重家长。作风正派，廉洁奉公。自觉抵制有偿家教，不利用职务之便谋取私利。

（6）终身学习。崇尚科学精神，树立终身学习理念，拓宽知识视野，更新知识结构。潜心钻研业务，勇于探索创新，不断提高专业素养和教育教学水平。

2019年教育部等七部门印发《关于加强和改进新时代师德师风建设的意见》，为认真贯彻落实《新时代公民道德建设实施纲要》，深入推进实施《关于全面深化新时代教师队伍建设改革的意见》，全面提升教师思想政治素质和职业道德水平，该文件就加强和改进新时代师德师风建设提出意见。此文件还明确提出要大力提升教师职业道德素养，具体要求如下：

（1）突出课堂育德，在教育教学中提升师德素养。充分发挥课堂主渠道作用，引导广大教师守好讲台主阵地，将立德树人放在首要位置，融入渗透到教育教学全过程，以心育心、以德育德、以人格育人格。把握学生身心发展规律，实现全员全过程全方位育人，增强育人的主动性、针对性、实效性，避免重教书轻育人倾向。加强对新入职教师、青年教师的指导，通过老带新等机制，发挥传帮带作用，使其尽快熟悉教育规律、掌握教育方法，在育人实践中锤炼高尚道德情操。将师德师风教育贯穿师范生培养及教师生涯全过程，师范生必须修学师德教育课程，在职教师培训中要确保每学年有师德师风专题教育。

（2）突出典型树德，持续开展优秀教师选树宣传。大力宣传新时代广大教师阳光美丽、爱岗敬业、甘于奉献、改革创新的新形象。深入挖掘优秀教师典型，综合运用授予荣誉、事迹报告、媒体宣传、创作文艺作品等手段，充分发挥典型引领示范和辐射带动作用。开展多层次的优秀教师选树宣传活动，形成校校有典型、榜样在身边、人人可学可做的局面。组织教师中的“时代楷模”、全国教书育人楷模、国家教学名师、最美教师等开展师德宣讲。鼓励各地各校采取实践反思、情景教学等形式，把一线优秀教师请进课堂，用真人真事诠释师德内涵。

（3）突出规则立德，强化教师的法治和纪律教育。以学习《中华人民共和国教师法》《新时代中小学教师职业行为十项准则》系列文件等为重点，提高全体教师的法治素养、规则意识，提升依法执教、规范执教能力。制定教师法治教育大纲，将法治教育纳入各级各类教师培训体系。强化纪律建设，全面梳理教师在课堂教学、关爱学生、师生关系、学术研究、社会活动等方面的纪律要求，依法依规健全规范体系，开展系统化、常态化宣传教育。加强警示教育，引导广大教师时刻自重、自省、自警、自励，坚守师德底线。

4.知识素养

2012年教育部印发《小学教师专业标准（试行）》和《中学教师专业标准（试行）》，其中《小学教师专业标准（试行）》从专业理念与师德、专业知识、专业能力三个方面规定了合格小学教师专业素质的基本内容。在专业知识方面，规定小学教师需具备小学生发展知识、学科知识、教育教学知识、通达性知识。

小学教师专业标准（试行）

知识、能力、情感构成了小学全科教师专业素养的三大维度。知识是教师在实践中所获得的有关教学的认知和经验总和；能力是直接影响活动效率，并使教师顺利完成教育教学活动的个性心理特征；情感是教师面对教育教学相关问题时一种较复杂而又稳定的生理评价和体验。知识影响教师的教学行为，也会间接影响教师的教学设计，扎实的知识是成为一名合格教师的前提，知识素养构成教师专业素养的基础。

教师的知识素养包括：政治理论修养、精湛的学科专业知识、广博的科学文化知识、必备的教育科学知识。其中精湛的学科专业知识和广博的文化科学知识是“本体性知识”，主要解决教师教什么的问题；必备的教育科学知识是“条件性知识”，主要解决教师如何将知识传授给学生，即怎么教的问题。

5.专业素养

2012年教育部印发《小学教师专业标准（试行）》《中学教师专业标准（试行）》，其中《中学教师专业标准（试行）》，以“学生为本、师德为先、能力为重、终身学习”为基本理念，从专业理念与师德、专业知

中学教师专业标准（试行）

识和专业能力对教师的基本专业提出了要求。

(1)专业理念与师德。包含职业理解与认识、对学生的态度与行为、教育教学的态度与行为三个领域。

(2)专业知识。包括个人修养与行为、教育知识、学科知识、学科教学知识、通识性知识五个领域。

(3)专业能力。包括教学设计、教学实施、班级管理与教育活动、教育教学评价、沟通与合作、反思与发展六个领域。

中学教师要将《中学教师专业标准(试行)》作为自身专业发展的基本依据,制定自我专业发展规划,爱岗敬业,增强专业发展自觉性;大胆开展教育教学实践,不断创新;积极进行自我评价,主动参加教师培训和自主研修,逐步提升专业发展水平。

案例1 提升教师智能技术应用水平

在21世纪的课堂中,教师的角色是确保学习以学生为中心,而不是以教师为中心。伴随着人工智能等新技术的出现,社会对人工智能课程开展的需求,教师必须培养新的能力,才能够与人工智能有效合作。而且,教师需要一定时间与实践积累,才能真正利用好技术赋能教育教学。相关政府与学校单位需要通过继续教育提升教师的知识储备与实践经验,除了开展课前内容性培训,还需设计持续性的教学研讨形式的培训。

安徽师范大学开展中小学教师《智能教育助理》课程培训

1.背景描述

2023年2月20日—6月18日,安徽师范大学聂竹明教授开设《智能教育助理》课程,来自安徽省各地区的76位一线中小学教师参与教学培训。课程培训每周末2学时,共计32学时,采用线上直播、线下交流、在线自学三种形式同步进行,利用超星智慧平台进行在线交流、记录拓展资源学习数据,通过对教师进行量表测试、收集课堂观察数据等,分析参与课程培训教师的智能技术应用素养。

培训课程内容严谨科学,参考《中国智慧教育发展报告》《2022年全球中小学人工智能教育支撑环境白皮书》《2022中国教育智能硬件行业报告》等材料和《人工智能教育应用》《人工智能与未来教育》等书籍,结合中小学教师教学需求,借鉴学术界权威期刊进行课程内容体系设计。着眼一线教师教学需求,对教材知识点进行分类提取,根据当前一线教师智能教育助理的使用需求,划分教学重点,在广泛征求专家意见后,将课程内容分为五章,每一章节教学内容中附有相关补充教学视频和教学课件。第一章节为智能教育助理的历史趋势,重在了解智能教育助理的发展脉络与未来前景;第二章为智能教育助理的关键技术与应用,重在掌握智能教育助理的技术及应用场景;第三章为面向学生学习的智能教育助理专题,使教师了解学生的学习需求,帮助学生使用智能教育工具;第四章为面向教师教学的智能教育助理专题,重在让教师掌握智能教育助理赋能教学全流程的具体效果,解决教师实际教学问题;第五章为热点通用型智能教育助理专题,指导教师掌握最前沿的技术与工具,赋能教育教学。课程最后介绍了智能教育助理的应用案例。图1-3为“智能教育助理”案例展示。

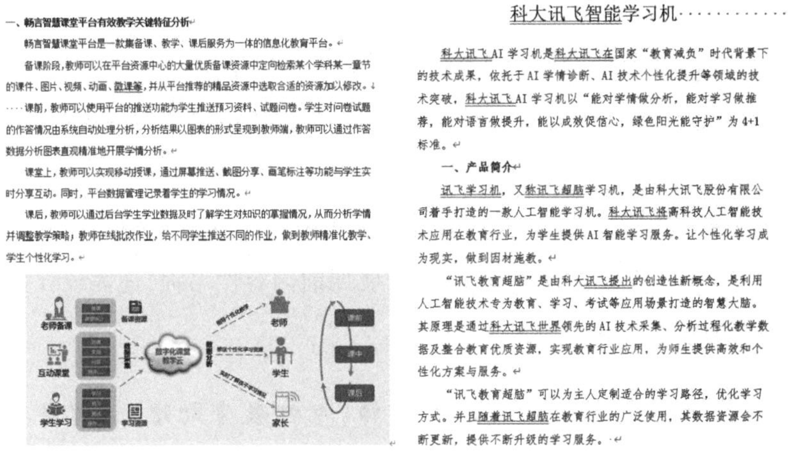

一、畅言智慧课堂平台有效教学关键特征分析

畅言智慧课堂平台是一款集备课、教学、课后服务为一体的信息化教育平台。

备课阶段,教师可以在平台资源中心的大量优质备课资源中定向检索某个学科某一章节的课件、图片、视频、动画、微课等,并从平台推荐的精品资源中选取合适的资源加以修改。

课前,教师可以使用平台的推送功能为学生推送预习资料、试题问卷。学生对问卷试题的作答情况由系统自动处理分析,分析结果以图表的形式呈现到教师端,教师可以通过作答数据分析图表直观精准地开展学情分析。

课堂上,教师可以实现移动授课,通过屏幕推送、截图分享、画笔标注等功能与学生实时分享互动。同时,平台数据管理记录着学生的学习情况。

课后,教师可以通过后台学生学业数据及时了解学生对知识的掌握情况,从而分析学情并调整教学策略;教师在线批改作业,给不同学生推送不同的作业,做到教师精准化教学、学生个性化学习。

科大讯飞智能学习机

科大讯飞AI学习机是科大讯飞在国家“教育减负”时代背景下的技术成果,依托于AI学情诊断、AI技术个性化提升等领域的技术突破,科大讯飞AI学习机以“能对学情做分析,能对学习做推荐,能对语言做提升,能以成效促信心,绿色阳光能守护”为4+1标准。

一、产品简介

讯飞学习机,又称讯飞超脑学习机,是由科大讯飞股份有限公司着手打造的一款人工智能学习机。科大讯飞将高科技人工智能技术应用在教育行业,为学生提供AI智能学习服务。让个性化学习成为现实,做到因材施教。

“讯飞教育超脑”是由科大讯飞提出的创造性新概念,是利用人工智能技术专为教育、学习、考试等应用场景打造的智慧大脑。其原理是通过科大讯飞世界领先的AI技术采集、分析过程化教学数据及整合教育优质资源,实现教育行业应用,为师生提供高效和个性化方案与服务。

“讯飞教育超脑”可以为主人定制适合的学习路径,优化学习方式。并且随着讯飞超脑在教育行业的广泛使用,其数据资源会不断更新,提供不断升级的学习服务。

图1-3 “智能教育助理”案例展示

2.案例效果

课程培训结束后,分析调查问卷结果、课堂观察记录表、学习数据、平台反馈数据等,发现教师会主动关注并了解人工智能技术的相关政策法规,利用技术解决教学问题的能力明显提高,对智能技术的理解见地有不同的创新思维。教师会主动关注前沿技术知识和教辅工具,能够在教学中熟练使用智能工具,提高备课效率,同时也具备了自主学习新技术知识的意识。

▶▶ 随堂自测

第一章随堂自测

▶▶ 本章思考

（1）通过学习习近平总书记关于教育数字化的相关论述，请说说你认为的教育数字化是什么，教育数字化体现在教育的哪些方面。

（2）本章介绍了技术赋能教育的未来趋势，请思考一下未来的教学环境会有哪些变化，教师应当具备什么样的素养与技能。

（3）通过对本章教育教学相关政策的学习，请查阅学习本章未提及的新政策，列举新旧政策之间的变化和对教师的要求与影响。

▶▶ 本章参考文献

[1] 祝智庭，胡姣．教育数字化转型：面向未来的教育“转基因”工程[J]. 开放教育研究，2022，28（5）：12-19.

[2] 尹后庆，祝智庭，顾建军，等．教育数字化背景下的未来教育与基础教育学建设（上）[J]. 基础教育，2022，19（4）：14-38.

[3] 徐顺，杨浩，朱莎．数字原住民是合格的数字公民？——兼论数字公民素养的提升[J]. 中国远程教育，2021（9）：8-15，76.

[4] 孙常华．论教师的教育信息能力[J]. 河北教育：综合版，2015（6）：40-41.

[5] 俞淼，种竟梅，杨伦．小学全科教师知识素养培养研究[J]. 保定学院学报，2023，36（3）：103-107.

[6] 黄友初．教师专业素养：内涵、构成要素与提升路径[J]. 教育科学，2019，35（3）：27-34.

第二章　新型教师要做学生学习的指导者和支持者

学习目标

一、知识目标。理解教师角色定位的历史演变及其对学生学习支持的影响，掌握不同历史阶段教师角色的主要特点；掌握有效支持学生学习的方法和策略，包括情感支持、资源支持、学习策略支持、实践支持以及合作支持等方面。

二、能力目标。能够分析并识别学生在学习中遇到的困难与需求，针对性地提供学习支持；能够灵活运用不同的支持策略，根据学生的个体差异和学习特点进行有效指导；能够在教学实践中不断探索和创新，提升支持学生学习的效果和质量。

三、素养目标。培养教师对学生全面发展的关注和支持意识，注重学生的情感、心理和社会适应能力的发展；提升教师的专业素养和教育教学能力，使其成为学生学习和发展的有力支持者；激发教师的创新意识和探索精神，推动教师在教育实践中不断追求卓越和进步。

第二章视频简介　　第二章 PPT

活动3　教师角色定位的历史演变

活动3 视频简介　　活动3 PPT

教师角色是一个历久弥新的话题，在不同的历史时期，由于环境条件的差异，教师的角色经历着变革，特别是在教育环境发生重大改变、人类迈入智能时代的今天，教师角色必然呈现出鲜明的时代特征。

任务1　阅读与思考——教师角色历史演变的具体表现

阅读以下内容，并结合本章材料1，思考在古代社会中，教师通常扮演了哪些角色？这些角色与当时的社会、经济和文化背景有什么联系？

1.口语传播时期：劳作经验与部落文化的双重传承者

所谓口语传播时期，是指人类诞生至文字媒介出现之前的阶段。在这一时期，教育已经展现出其发展的高级阶段的各种特征，涌现了一批初具教师雏形的“教师”。总的来说，该阶段的教师主要扮演着劳作经验和部落文化的双重传承者。

生物进化的早期，教育处于无意识的水平，人们所受的教育实际上是“生活教育”。那些经验丰富且勤劳勇敢的劳作者，不仅满足了人类吃住行等基本需求，还在生产实践中将劳作经验和技能传授给下一代，成为“教师”。任钟印先生在引用人种学研究报告时，总结了劳作者的这一双重属性。他指出，在一些史前部落，成年人在制作工具、设置陷阱、驯养动物或播种收割时，儿童从最初的旁观、协助，逐渐成长为独立的劳动者，所有的操作技术和程序都是在劳动实践中传授的。当时，人们的日常劳作场景便是“教师”言传身教、学生耳濡目染的教育场所。教育内容主要包括向年轻一代传授如何制造和使用木器、石器工具，以及编织、打猎、制作陶器、驯养动物、播种收割等具体技术与经验。

此外，在儿童发展的特定时期，部落长者和具有专业技能和知识的人会以比较正规的方式教育他们。美国学者保罗·孟禄（Paul Monroe）通过考究文献指出，在原始社会，部落长者成为按照正规的生活方式训练年轻一代的人。举办各种仪式是部落长者对部落儿童进行正规教育的重要节点。在这些仪式中，人们不仅要遵守斋戒和禁忌等相关要求，还要接受各种行为规范教育，如男孩子要铭记“服从、勤勉、尊敬老人、忠实”等信条，女孩子则要学习如何成为贤惠的妻子。同时，学习部落文化的神话也是仪式的一部分。

口语传播时期还出现了一群特殊的“智者”，他们教授人们各种礼拜仪式及相关注意事项，如祭品准备的讲究、禁止捕杀和食用与族群生存密切相关的动植物等，以此来安抚、控制或躲避敌对势力。简而言之，部落长者和“智者”等人是该阶段部落文化的传承者。

2. 手抄文字传播时期：知识传授、道德教化与逻辑训练的教师角色演变

从文字出现到15世纪中叶印刷机问世的历史阶段，被称为手抄文字传播时期。这一时期，文字作为人类掌握的第一套体外化符号系统，使得教育从生产生活中分离出来，成为一个独立的阶段。教师作为与教育相伴而生的职业，随着学校的出现而逐渐确立了其教育教学为主的职业身份。

在手抄文字传播时期，教师作为传授型知识分子，具备两层含义：首先，教师自身必须拥有知识，能够识字、读字、写字；其次，教师的核心职责是传授知识，即教导学生读写、运用本民族复杂的文字符号。据记载，苏美尔学校的助教主要负责向学生解释泥版上的文字，并书写新的泥版供学生摹写。同样，在中国古代的宫廷学校、职官学校、文士学校及世俗初等学校中，教学生读写也被视为教师的主要任务。

随着教育从生产劳动中分化出来，德育成为教育内容的重要组成部分。在这一时期，教师不仅传授知识，还扮演着立德修身的教化者角色。他们通过言传、身教和文本等形式，将符合社会发展的价值理念、道德品质、行为规范和政治要求传递给社会个体，并引导他们将其内化为自身的道德行为品质。无论是在西方还是东方，都有许多教师作为立德修身教化者的事例。例如，西方古代的教师注重道德教育的传授，而中国古代的教师则教导学生修身养性、格物致知。

此外，在手抄文字传播时期，教师还扮演着注重逻辑思维训练的“产婆术”角色。智者学派的出现，特别是苏格拉底（Socrates），他们通过问答、诘难和诱导等方式，帮助学生消除错误认识，发现真理。中国的墨子也强调培养学生的思维能力。同时，因材施教成为这一时期教育的重要原则，孔子、昆体良（Quntinlianus）和朱熹等人都是因材施教的典范。在手抄文字传播时期，教师不仅是知识的传授者，更是立德修身的教化者和逻辑思维训练的引导者，他们通过多种方式，为学生的成长和发展提供了重要的支持和指导。

3.印刷和电子传播时期:课程方案的忠实执行者

印刷机出现以来至20世纪90年代互联网出现之前的这段时期,被称为印刷和电子传播时期。这一时期,印刷媒介和电子媒介对现代教育制度的确立及当代教师角色的塑造起到了深远的影响。有学者指出,现代学校制度中的班级授课制是建立在印刷技术基础之上的教育创新。同时,从知识状况的视角来看,班级授课制也塑造了当代教师角色的基本特征。

在印刷和电子传播时期,班级授课制成为应用最广的新型教学组织形式,具有以班为人员单位、以课为教学活动单元、以时为教学活动实施单位三个显著特征。然而,在传统班级授课制中,教师往往扮演着课堂教学的独白者角色。他们凭借在师生关系中的优势地位,主导着课堂,很少给予学生对话的机会。这种教学方式往往使学生成为知识的被动接受者,导致课堂教学成为单向灌输的活动。

同时,教师在这一时期通常被视为课程方案的忠实执行者。无论是在中国还是西方,教师都被要求严格遵循课程专家制定的课程方案或计划,以确保教学实践与课程要求一致。然而,这种忠实取向的课程实施方式限制了教师发挥个人价值的机会,使他们成为工具理性的代表,常被称为“经师”“雇员教师”或“教书匠”。

印刷和电子传播时期对教师角色产生了深远影响。尽管教师在这一时期扮演了多种角色,但也存在一些问题,如课堂教学中的独白者角色、课程方案的忠实执行者角色以及对教育“GDP”的过度追求等。这些问题需要引起我们的关注和思考,以推动教师角色的进一步发展和完善。

4.信息技术革命时期:学习的指导者和支持者

21世纪的社会是信息社会,信息社会主要是由信息技术革命引起的。信息技术革命,特别是网络技术、多媒体技术和信息“高速公路”的空前发展,对社会的经济、文化和教育等正产生深远的影响。置身于以技术为支撑的数字时代,教师角色应从学习监管者迈向学习指导者,从知识传递者走向知识支持者。

在传统课堂教学活动中,教师扮演着学生学习监督者的角色。教师作为课堂权威的象征,约束着学生的行为表现。换句话说,教师以“管控者”的身份发布“指令”,学生像无生命的“机器”一样接受指令、作出反应,教学则矮化为无生命、无意义的机械控制活动。数字时代的到来，推进着教学观念的更迭、教学方式的转变以及教学内容的革新。然而，囿于传统价值理念的束缚，教师时常以学习监督者的角色而自立，习惯采用灌输式的教育教学方式，这无疑禁锢了学生的学习创新能力，阻碍了学生生命的本真性发展。

教师对知识的认知与理解影响着其教学方式与行为，在具体的教育教学过程中，由于受传统价值观、知识观的制约与框限，课堂教学通常被异化为单回路式的知识传递过程，成为教师将确定性、稳定性的客观知识灌输给学生的程式化活动。正因为如此，教师承载着“理论性和文化性知识的导体”“外部知识的传导者”等角色形态。此种教学境况的客观存在与传统技术缺陷与信息匮乏不无关联。在数字时代，知识日益呈现出多元性、灵活性与不确定性的样态，这对克服传统教育教学信息匮乏的窘况大有裨益。然而，随着信息技术的发展和科学技术的进步，网络信息日益呈现出超载、逻辑性匮乏以及弥散性等弊端。在当下的教育发展过程中，如何在浩如烟海的数据海洋中选取有价值的信息，并将其转化为知识，已成为必须破解的严峻问题，诚如约翰·奈斯比特(John Naisbit)所说：“我们淹没在网络数据资料的海洋中，却又在忍受着知识的饥渴。”置身此境，教师作为知识传递者的角色岌岌可危。

在数字时代背景下，网络教育环境中的学习更加强调学生的主体性与灵活性，学生已成为课堂活动的“主演”。鉴于此，因数字化对教育教学的影响，教师应转变角色，从学生学习的监督者转变为学习的指导者。首先，作为生命性个体，学习是基因的选择性表达，由此造成不同学生持有差异化的思维特质与能力特征，因此，要实现学生禀赋的自由绽放，需要教师依凭“循证思维”和“用户体验”原理，根据学生的知识基础进行精准化教学。其次，网络技术的发展打破了教学活动的时空界限，教师和学生之间的学习与互动不仅可以发生于真实空间，亦可以发生于虚拟空间，面对学习过程中的障碍与困惑，学生可以通过教学媒介与教师进行沟通与交流，以降低对教师权威的畏惧之情。概而言之，此种建立在虚拟空间的“师生学习共同体”，不仅有助于教师成为学生“知识的支持者”，而且有助于教师成为学生“心灵的支持者”。

任务2　分析与交流——数字化时代对教师角色的挑战

从教师角色历史演变的具体表现来看，教师的职责和定位随着时代的变迁而不断发生着深刻的变化。从古代的传道授业解惑到近代的知识传授者，再到现代的教育指导者和支持者，教师角色的内涵和外延都在不断扩展。随着数字化时代的到来，教师角色又面临着新的机遇和挑战。

阅读以下内容，并结合材料1，小组分析与交流，讨论随着现代科技的发展，教育方式和手段发生了哪些变化？这些变化如何影响教师角色的定位和发展？

随着数字化的快速推进，信息化浪潮席卷全球，我国教育也面临着前所未有的变革。在这一时代背景下，教育信息化成为教育面向现代化、面向世界、面向未来的必然选择。教育信息化不仅带来了机遇，更对新型教师提出了严峻的挑战。

第一，数字化时代要求新型教师必须具备高超的信息技术运用能力。这包括熟练掌握计算机、多媒体等先进设备，灵活运用教学软件和网络资源，为学生创造丰富多彩的数字化学习环境。同时，新型教师还需具备指导学生利用信息技术检索信息、获取知识、解决问题的能力，帮助学生提高信息素养和自主学习能力。

第二，数字化时代呼唤新型教师具备强烈的创新意识和创新能力。在信息化教学条件下，教学手段、内容和过程发生了深刻的变化，教师需要不断探索新的教学方法和手段，以适应数字化教学的需求。新型教师应具备高度的创新意识、创新精神和创造能力，能够创造性地组织教育教学活动，激发学生的学习兴趣和积极性，提高教学效果和质量。

第三，数字化时代对新型教师的信息素养提出了更高的要求。信息素养是现代人必备的素质之一，对于新型教师而言更是至关重要。因此，新型教师需要具备良好的信息意识，善于将信息网络上的新知识信息与课本上的知识信息有机结合起来，不断更新和丰富教学内容。同时，新型教师还应具备较强的获取信息、贮存信息、加工处理信息、筛选利用信息以及更新创造信息的能力，以适应信息社会的快速发展。

第四，在职责方面，数字化时代赋予了新型教师新的使命。新型教师不仅要传授信息知识，更要注重培养学生的信息素养和创新能力。新型教师应将信息素养教育融入日常教学中,引导学生掌握信息检索、信息分析和信息利用的基本技能,培养学生的信息意识和信息能力。同时,新型教师还应致力于将学生培养成为“信息化”的人,关注学生的全面发展,注重培养学生的创新精神和实践能力,帮助学生适应数字化社会的需求。

第五,数字化时代带来了教学模式和师生关系的变化。新型教师需要适应这种变化,积极探索和实践新的教学方法和手段,促进师生之间的互动与合作,实现教学相长。新型教师还应关注学生的个性差异和学习需求,为学生提供个性化的学习支持和指导。

综上所述,数字化时代对新型教师提出了多方面的挑战。为了适应这一时代的变革,新型教师必须不断提升自身的信息技术运用能力、创新意识和创新能力以及信息素养等核心特征,以更好地履行传授信息知识、塑造信息化人才以及适应教学模式和师生关系变化等职责。只有这样,新型教师才能成为教育信息化进程中的中坚力量,推动教育的现代化和数字化进程。

任务3　对比与归纳——简要理解教师角色定位的历史演变

在历史的长河中,教师角色定位经历了从单一到多元、从封闭到开放的深刻转变。古代的教师,主要承担着知识传承和道德教化的重任;而到了近代,随着教育体系的建立,教师更多地扮演着知识传授者和学科专家的角色。进入数字化时代,教师角色的内涵发生了质的飞跃。对比过去,现代教师不再仅仅是知识的灌输者,而是学生探索知识的指导者和支持者。他们不仅要关注学生的学业成绩,更要关心学生的情感、心理和社会适应能力。同时,随着信息技术的飞速发展,教师还需要掌握数字化教学工具和方法,以适应新的教育环境和学生的学习需求。

请阅读材料1,并结合上文内容,从历史时期、社会背景、教师角色定位和主要职责与特点四个方面,讨论并分享对教师角色定位的历史演变的理解,并填写表2-1。

表 2-1　教师角色定位的历史演变

历史时期	社会背景	教师角色定位	主要职责与特点

活动 4　如何有效地做学生学习的指导者

活动 4 视频简介　　活动 4 PPT

在深入探讨了教师角色定位的历史演变之后，我们清晰地认识到，随着时代的进步和教育理念的发展，教师的角色也在不断地丰富和深化。然而，仅仅了解角色的演变是不够的，更重要的是如何在实践中有效地扮演好这些角色。因此，接下来我们将聚焦在如何有效地做学生学习的指导者上，探讨如何在实际教学中更好地引导学生，助力他们的成长与发展。

任务 1　阅读与思考——教师如何有效地做学生学习的指导者

阅读以下内容，并结合本章案例 1，思考“全日制直播”这一模式如何改变贫困地区的教育现状，特别是对教师角色和学生学习方式的影响。在“全日制直播”模式下，教师应如何有效地指导学生学习。

新课程改革要求“让学生做学习的主人”，这就要求我们处理好教师主导地位与学生主体地位的辩证关系。在今后的教学活动中，教师应扮演学生学习的指导者的角色。教师的“教”用于启发学生的“学”，引导学生的“学”。施教之成功在于启发、引导、点拨和开窍。教师引导学生入学习之门，应为学生会学、学会和学好而教。学生应该是学习的主人，课堂应该是学生学习的用武之地。

1. 指导学生善于发现

知识是认知的结果，更是认知的过程，在教学中指导学生发现、探索、辨别、判断，能有效地培养学生求知的欲望和独立分析问题、解决问题的能力。教育家瓦·

阿·苏霍姆林斯基(B·A·Cyxomjnhcknn)在《给教师的建议》一书中这样说:“学习的愿望是一种精细而淘气的东西。形象地说,它是一枝娇嫩的花朵,有千万条细小的根须在潮湿的土壤里不知疲倦地工作着,给它提供滋养。我们看不见这些根须,但是我们悉心地保护它们,因为我们知道没有它们,生命和美就会凋谢。”要培养学生的创新精神,课堂教学中就要千方百计地激发与保护学生学习的愿望、追求真知的愿望。由于那些众多的“细小的根须”积极劳动,学生在有意无意中会发现令自己惊喜、惊异或惊讶的问题。此时此刻,学习所获得的快乐会使学生增添自信,增强自尊,增长自豪,学习会进入佳境。

指导学生善于发现,还要帮助学生树立“宝藏”意识,激发学生探宝的愿望。让学生树立“宝藏”意识,教师需加以指点,让学生见到“宝”,识别“宝”,进而主动积极地探求宝藏。探求时,需注意冲破常见的定势,要用眼仔细观察,用心积极感受。在这个过程中,值得注意的是教师只起到引导作用。

2. 创设问题情境

近几年,“问题”教学的课堂模式因能够有效地培养学生的创新意识和实践能力而备受人们的关注和欢迎。教师在教学过程中要提出一些能提高学生思维能力的问题,以此来指导学生的学习。教师提出问题时要注意以下几个方面:

第一,问题要有层次性。学生之间的差异是客观存在的,即使在同一个班级里,这种差异也可能非常大。因此,在课堂教学中让哪些学生回答问题,确实是一门值得研究的学问。教师要根据学生的不同水平设计不同层次的问题,让全体学生都有参与体验的机会。

第二,问题要有典型性。问题最好具有一定的普遍性、典型性;在问题中应隐含着某一学科一般的研究思想、研究方法;问题中所蕴含的基础知识可以前后联系,可以和其他知识左右沟通;问题可以一题多解,一题多变,一题多用。

第三,问题要具有探索性。问题的条件或结论具有一定的不确定性,应有多种解决问题的途径和方案。这样,思维水平、知识水平不同的学生,通过对问题的探索,都可以解决问题。具有探索性的问题可激发学生的求知欲、好奇心、好胜心,同时,学生在探索问题时,还可以提高自己的创造能力、思维能力。

3.要指导学生学会学习

教师对学生的引导，不仅要引导学生善于发现，还要指导学生学会学习，主要包括以下两部分内容：

第一，要指导学生学会怎样想问题，指导学生“怎么想”是教师的一个重要职责。教师在教学中，应该对教材进行教学法加工，深入挖掘蕴含在教材中学科的一般的思想、方法。在学生思考后，教师一定要追问“你是怎么想的”，及时帮助学生梳理、优化自己的思维。这样，有利于学生逐渐养成从直观到抽象、特殊到一般、简单到复杂、未知到已知、静止到变化、整体到部分、从孤立到联系的思维习惯。

第二，要指导学生不断深化对知识的理解，每个学生在学习中往往只能理解知识的表面形式或一个侧面。教师要指导学生不断深化和超越自己的认识，研究那些与自己不同的见解，看到知识另外的侧面，理解知识的内涵实质。教师要为学生提供相互合作、交流的机会，使学生了解彼此的见解，丰富自己的理解，反思自己的思考过程，及时修正自己的认识。这样，才能进一步加深对知识的理解，进而牢固掌握知识。

总之，在新课标的课堂上，教师不再是知识的灌输者，而是从“教”转变为“导”，引导学生善于发现问题、解决问题，进而提高学生的思维能力、分析能力和学习能力。创设问题情境，激发学生的学习动机，培养学生学习兴趣，充分调动学生的学习积极性。指导学生学会学习，这样才能培养学生的自主意识、创新意识。

任务2　分析与交流——探讨如何更好地做学生学习的指导者

本活动任务1中我们深入探讨了教师如何有效地成为学生学习的指导者，明确了教师在学生学习过程中的重要角色和职责。然而，仅仅理解如何有效地指导学生学习远远不够，我们还需要进一步探讨如何更好地实现这一目标。接下来，在本任务中，我们将针对这一话题展开更为深入的讨论，探索如何在实际教学中有效地扮演好学生学习指导者的角色，确保每一位学生都能够在教师的指导下取得更大的进步和成长。

阅读本章案例1，并结合上文内容，从指导学生善于发现、创设问题情境和指导学生学会学习三个策略维度，思考并总结当前教师如何有效地做学生学习的指导者，并填写表2-2。

表2-2　如何更好地做学生学习的指导者

策略维度	具体内容	实施建议与引导方向
指导学生善于发现		
创设问题情境		
指导学生学会学习		

任务3　学习与落实——学习贯彻习近平总书记致全国广大教师慰问信精神

在指导学生学习之后，教师不仅要关注学生的学习成果，更要深入思考如何将这些理论与实践相结合，从而推动学生全面发展。这需要教师深入学习和领会习近平总书记致全国教师的慰问信精神，从中汲取智慧和力量。通过学习这封信，我们能够更加清晰地认识到教育的重要性和教育工作者的责任和使命，让我们共同探索和学习如何更好地履行这一崇高的职责。

请阅读本章材料2，学习贯彻习近平总书记致全国广大教师慰问信精神，结合自己的理解，归纳总结其核心要义，并填写表2-3。

表2-3　学习贯彻习近平总书记致全国广大教师慰问信精神的核心要义

教师角色与要求	具体内容

活动5　如何有效地做学生学习的支持者

活动5 视频简介　　活动5 PPT

经过对如何有效地做学生学习的指导者的深入探讨，我们不难发现，教师的角色并不仅局限于指导，更在于全面而深入地支持学生的学习过程。因此，接下来我们将进一步探讨如何有效地做学生学习的支持者，探索如何通过情感、资源、策略、实践和合作等多方面的支持，助力学生更好地成长和发展。

任务1　阅读与思考——教师如何有效地做学生学习的支持者

作为学生学习道路上的重要伙伴，教师不仅传授知识，更要在情感、资源、学习策略、实践和合作等方面给予学生全方位的支持。教师用心倾听学生的心声，提供丰富的学习资源，指导学习策略，鼓励实践探索，并促进团队合作。这些细致入微的支持，不仅有助于学生的学业进步，更促进了学生的全面发展，为学生未来的成长奠定了坚实的基础。

1.情感支持

在学习中，我们都强调互动、参与、实践。教师如果关注学生的情感因素，帮助学生克服紧张、焦虑等负面情绪，使学生积极地投入学习，往往会有更好的效果。现代教学提倡“以知识为中心的教学”向“以人为中心的教学”方向转变。在学习中，要突出学生的主体作用，就要将认知因素与情感支持结合起来，使学生的学习实践更好地开展。情感支持主要包括信任感和民主协商的气氛。认知科学研究表明，学习是从参与实践中获得的。而实践涉及参与者的自主决定，在学习中，学习者是做决定的重要成员之一，并且所有成员（包括教师）都应相信，学习者终将承担所有做决定的责任。虽然学习者不可能一开始就能做出所有的决定，但是所有参与者，特别是教师，在支持学习者进行自我管理的同时，都需要给予他们信任，相信他们通过实践，将来会完全自主。教师对学习者的信任在学习自主性的发展实践中是非常重要的。师生之间的关系并不一定是控制与被控制的关系，课堂上的自主性实践也不应只局限在教师所设定的框架中的自由学习过程，而应是师生之间进行民主的交流协商，并要求教师做到能在课堂上实施协商的结果，这样才能保证学生自主性行为的顺利发展。

2.资源支持

教师深知学习资源对学生学习的重要性，学习者可以掌握并根据自己的个体情况挑选多样的学习资源。一方面，教师熟悉语言结构、词语意义及使用方法，是相关文化的专家，可以为学生提供必要的信息。另一方面，教师为学生提供帮助，引导学生科学地选择合适的学习资料。在信息时代，学习资料和资源浩如烟海，学习者常常很难迅速准确地做出选择。而教师,依靠自己的专业知识和教学经验,可以为学生提供并挑选适合的学习资料,还可以根据学生的个体差异,引导学生有针对性地选择和使用各种学习资源。此外,教师还可以帮助学生拓展学习渠道,如参加学术竞赛、社会实践等活动,让学生在更广阔的天地中锻炼和成长。

3. 学习策略支持

在教学过程中,教师的职能集中体现在如何把"信息"转化为"知识"和把"知识"转化为"智能"。教师不是传递信息的工具。教师需要具备更高层次的教育教学能力,真正体现教师的"教"是为了让学生更好地"学"的现代教学思想,即教师要对学生的学习活动进行指导、计划、组织和协调,注重培养学生自我学习及获取信息和知识的能力。教师注重培养学生的自主学习能力,通过指导学生制定学习计划和目标,帮助他们明确学习方向和重点。同时,教师还教授学生有效的学习方法和策略,如记忆技巧、时间管理等,让学生在学习中更加得心应手。此外,教师还引导学生学会自我反思和评价,让学生能够及时发现自己的不足并加以改进。

4. 实践支持

教师鼓励学生将所学知识应用于实际中,通过参与实践活动和项目锻炼自己的实践能力。教师为学生提供必要的指导和支持,帮助学生在实践中发现问题、解决问题。同时,教师还关注学生的实践成果和收获,给予及时的反馈和建议,让学生在实践中不断成长和进步。

5. 合作支持

信息时代的学生学习途径多样,学习资源的丰富性使他们可以最大限度地发挥自身的主动性和积极性,从而扩大信息量。一种以学生的"学"为中心的教学模式正在逐步形成,它是围绕帮助学生的"学"而展开的。它可以将学生的主体作用充分体现出来,帮助学生确定适当的学习目标,营造好的学习环境。教师深知团队合作的重要性,因此应鼓励学生进行合作与交流。通过组织学生开展小组学习和讨论活动,教师为学生提供了相互学习、相互启发的平台。在合作过程中,教师提供必要的指导和协调,确保合作顺利进行。这种合作支持不仅培养了学生的团队精神和协作能力,还促进了知识的共享和创新思维的激发。

综上所述,教师在学生学习过程中发挥着举足轻重的作用,他们在情感、资源、学习策略、实践和合作等方面给予了学生全方位的支持。这些支持不仅提升了学生的学习效果,更促进了学生的全面发展。通过教师的悉心指导和关怀,学生能够在学习的道路上更加自信、坚定地前行,勇于迎接未来的挑战和机遇。

任务2 分析与交流——探讨如何有效地做学生学习的支持者

在完成了任务1之后,我们不仅对教师在学生学习支持方面的角色有了更深刻的理解,还积累了大量关于如何更好地提供支持的思考和感悟。然而,理论上的理解与思考是远远不够的,还需要将这些理念转化为实际教学中的有效行动。因此,接下来通过深入分析和交流,共同探索如何在实际教学中更好地扮演好学生学习支持者的角色,为学生的全面发展提供有力保障。

请阅读本章材料3,联系案例2,并结合上文内容,思考并总结当前教师如何有效地做学生学习的支持者。

表2-4 如何有效地做学生学习的支持者

支持类型	具体内容	教师角色与行动	学生受益

材料1 新型教师的指导与支持角色

1. 教师角色历史演变的多重逻辑

教师角色的历史演变是一个漫长且复杂的过程,其中蕴含了媒介技术、教育时空以及实践价值的多重逻辑。

(1)教师角色历史演变的媒介技术逻辑。媒介技术是推动教师角色变革的基本驱动力。它不仅从“器物”层面通过改变表达符号、载体种类、复制方式和传播特征来塑造教师角色,还从制度层面影响教师的地位和作用。媒介技术的变革不仅完善了教育组织制度，还唤醒了学生的主体性，改变了师生交往的方式和内容，从而推动了教师地位的变化。此外，媒介技术还通过改变教育评价制度，引导教师从“重教”的“教书者”转变为“重学”“重导”的“学习指导者和学习支持者”。

媒介技术从思想层面影响教师角色的变革。不同媒介技术以不同的方式影响人们对教师角色的感知、认识、理解和思考。媒介技术通过其自然属性和社会属性，对教师活动产生约束和规范作用，使教师不断将技术规则等要素内化为自身的素质结构。这种内化过程不仅影响教师对自我角色的认识和理解，还受到他人对教师角色的认知和期待的影响，进而促使教师进行角色转型以适应社会发展需要。

在媒介技术的推动下，教师角色经历了从权威独白的课堂主宰者到平等互动的学习指导者和支持者的转变。手抄文字媒介时代，教师有足够的空间和自由来演绎自己所想象的教师角色，如苏格拉底式的“产婆术”和孔子的“因材施教者”。然而，随着印刷媒介的普及，教师角色逐渐标准化和固定化，成为课堂教学的独白者和课程方案的忠实执行者。而在网络媒介时代，教师角色的变革更加显著，他们不再仅仅是知识的传递者，而是成为学生学习的指导者和支持者，扮演着“平等中的首席”的角色。

这一变革过程不仅体现了媒介技术对教育生态系统的深刻影响，也反映了教育时空和实践价值的演变。随着教育技术的不断发展，教育时空得以拓展，实践价值也日益凸显。教师作为教育生态系统中的重要组成部分，其角色的变革不仅是适应时代发展的必然结果，也是推动教育进步的重要力量。

因此，应该深入理解和把握媒介技术对教师角色变革的影响，积极应对挑战，把握机遇，推动教师角色的进一步转型和发展。同时也需要关注教育时空和实践价值的演变，为教师角色的变革提供有力的支持和保障。

(2)教师角色历史演变的时空逻辑。教师作为教育时空框架下的存在者，其角色演变深受时空因素的影响。在不同的教育时空背景下，教师角色展现出不同的特点和演变轨迹。

在劳作生活式教育场景中，教育空间开放且随机，时间也不固定。教师与学生在日常生活中面对面交流，这一时空特征决定了教师与部落文化传承和劳作生产经验传递的紧密联系。

随着教育时空的演变，私塾式教育场景出现。此时，教育空间开始相对稳定和封闭，为教师发挥个人才智、展现多元化和个性化角色提供了可能。例如，孔孟注重道德修养，成为立德修身教化者和示范者的代表；而苏格拉底则侧重逻辑思维培养，成为“产婆术”的代表。

进入班级授课制式教育场景，教育空间进一步窄化，时间也趋于制度化。教室布局标准化、固定化，教师分班教学，按时上下课。这种严格的教育时空限制了教师的自主性发展，培养了他们的制度化性格。因此，教师作为课程方案的忠实执行者、教育“GDP”追求者等角色应运而生。

随着泛在式教育场景的出现，教育时空发生了深刻变革。教育空间由实体空间向虚拟空间拓展，师生交流互动的障碍得以消除，师生关系更加平等、民主。同时，教育时间也突破了制度化、模式化的限制，人人可以随时随地进行学习。在这样的时空背景下，教师角色进一步转型，成为课程革新者、终身教育者以及学生学习的指导者和支持者。

教师角色历史演变的时空逻辑表明，教育时空的变革对教师角色的演变具有重要影响。在不同的教育时空背景下，教师角色呈现出不同的特点和演变轨迹，这既是教育时空发展的结果使然，也是教师适应时代发展、不断提升自身专业素养的必然选择。

(3)教师角色历史演变的实践价值逻辑。在漫长的教师角色演变历程中，除了媒介技术逻辑和时空逻辑外，还蕴含着丰富的实践价值逻辑。这一逻辑遵循着教人生存、教人知识、教人求知、教人成人的发展线索。

在口语传播时期，教师的角色价值主要聚焦于教人生存。无论是作为劳作生产经验的传递者，还是作为部落文化的传承者，他们的教育活动都指向了人类生存的价值尺度，旨在帮助族人更好地顺应和利用自然规律，实现生存和发展。

随着文字媒介的产生至网络媒介出现之前，教师角色所体现的实践价值逐渐演变为教人知识和教人求知。教人知识侧重于将现有的、固化的知识传递给学生，而教人求知则更注重对学生学习思维、学习方法的训练和引导。这一阶段，教师作为传授型知识分子、课堂教学独白者等角色，在传授知识的同时，致力于引导学生学会求知的方法。

进入信息技术革命时期，教师角色的实践价值进一步升华为教人成人。这意味着教师不仅要传授知识，更要将学生培养成一个完整、自由、发展、有个性的人。

联合国教科文组织提出的“培养完人”的教育目标，正是对教师角色在这一时期实践价值的最好诠释。教师作为课程革新者、平等中的首席、终身学习者和学生学习的指导者和支持者，都是基于培养和发展人的目标而展现出的行为特征。

2.学习指导和支持是教师的重要职责

(1)学习指导和支持是教师角色的内在规定。教师的职责自古以来就是教书育人，既为经师又为人师，学习指导和支持是教师的分内之事。“教师是随着学校产生而出现的。”离开了学校、离开了学生，教师便不复存在。从根本上来说，教师的存在并不是为了完成自己所教学科的教学任务，而是为了促进学生的发展。教师作为教育者的角色，不是为知识而存在，也不是为学科而存在，而是为学生而存在。

(2)学习指导和支持是师生关系的本然要求。师生关系就是指在教育教学过程中形成的教师与学生的人际关系。师生关系与其他人际关系的重要区别就在于它因教育而生，又为教育而存。在教育活动中，教师承担着“教”的社会角色，学生承担着“学”的社会角色。正因为存在这种特殊性，从而使得师生之间并不存在简单的平等。尽管当今的教育理念以学生为本，强调师生之间的和谐与平等。但是，在教育活动中，教师依然处在心理的上位，学生处在心理的下位，师生间存在着天然的心理位差。这种心理位差，使得教师既有必要也有可能对学生实施学习指导和支持。通过学习指导和支持，反过来又能促进师生关系向更和谐的方向发展。

(3)学习指导和支持是教学改革的必然趋势。进入21世纪，国际国内环境发生了深刻的变化。为应对时代的挑战，提高人才培养质量，各高校都在深化教学改革并形成了一些共同的改革趋势。这些趋势不仅表明了学习指导和支持在人才培养中的重要意义，而且对学习指导和支持提出了新要求。首先，教学的个性化趋势强调了对针对性学习指导和支持的需求。随着教育改革的深入，个性化教学成为重要的发展方向，要求教师能够根据不同学生的特点和需求进行有针对性的指导与支持。同时，学生选择的自由度提高，也增加了他们对学习指导和支持的渴望。其次，教学管理的弹性化和学生学习的自主化趋势呼唤常规性的学习指导和支持。在弹性学制和学分制等制度的推行下，学生可以根据自己的特点安排学习进程和方案，这要求教师在教学中不仅要关注教学内容，更要注重对学生学习方法和过程的指导和支持。最后，学习的终身化和信息化趋势要求教师提供可持续的学习指导和支持。在知识经济时代，知识的更新速度加快，终身学习成为必然。因此，教师需要帮助学生树立正确的学习观念，掌握有效的学习方法，以提高学生的终身学习能力。

知识经济时代也是信息化和网络化时代。在这个时代，学生获取知识的途径越来越多。教师不再是学生知识成长的唯一依赖者，课堂教学也不是专业知识的唯一来源。随着知识的特点和来源的改变，教师的角色与职责也必然发生相应的改变。也就是说，教师的主要职责要从传授现成的知识转变为指导和支持学生多途径自主获取知识，进而形成终身可持续学习之能力上来。因此，教师最重要的职责，就是指导与支持学生学会学习，教师最重要的角色，就是学生学习的指导者与支持者。

3. 教育数字化转型需要新型教师

教育数字化转型是教育教学从观念、思想、理论到手段、方法、模式等的根本性变革，这场变革能否顺利进行并取得成功，关键在教师，教师是最终决定教育革新成败的关键因素，没有一支高素质的教师队伍，教育信息化将无法实现。我们必须培养下一代能面对世界重大问题和迎接明天社会的挑战。为组织这样一种适应未来的教育，我们需要有新型教师。

所谓新型教师，它不是对传统教师的否定，而是对传统教师的超越。现有教师所具备的基本素质，如良好的道德素质、广博的知识素质、综合的能力素质、健康的身心素质等，也是未来教师所必需的。我们在这里所强调的是，新型教师应在已有素质的基础上，具备新的更高的素质。

（1）新型教师必须树立适应教育信息化所要求的终身教育观和智能教学观。在传统教育体系中，教育在相当大的程度上是让学生记忆各种知识或信息，无论是教师还是家长，都希望学生或孩子在学习和掌握了文化知识之后，能够很好地从事工作和生活。然而，在信息时代，随着科学技术的发展，知识的增长大大加快，知识的老化周期变短，许多知识还没等到学生学会，可能就已经过时了。事实上，学生在学校所学到的知识，可能只是他一生中所需知识的10%左右，其余90%的知识都要在工作中不断获得。只靠一次性教育即学校教育越来越行不通了，人们必须终身受教育。学校教育，即使是大学教育，也只不过是人的终身教育的一个阶段而已。因此，学校教育，无论是哪一个阶段，都应看作是学生终身教育的基础和动力。在信息时代，计算机和网络中的信息正在持续快速地增长，信息本身已经不再重要,重要的是如何获取信息,以及如何处理这些信息。这就要求学校教育应把培养学生的综合素质、创新能力和信息能力放在突出地位。相应地,学校教学在大量和有效地传授越来越多、不断发展并与认识发展水平相适应的知识的同时,应侧重使学生学会学习的方法,使学生获得种种可持续的学习能力和发展能力,使学生成为有能力在自己的一生中抓住和利用各种机会,去更新、深化和进一步充实最初获得的知识,使自己适应不断变革的世界。这是一种富有时代精神的面向未来的教育观和教学观,它对于已习惯了传统的教育教学方式,已形成了固有的教育教学观念的教师来说,无疑是一大挑战。教师只有迎接挑战,转变旧观念,树立新观念,才能与时代和教育的发展保持同步。

(2)新型教师必须具备良好的信息意识、信息能力和信息素质。在信息社会里,教师所传授的知识不再是相对稳定的知识经验,而是不断更新的信息知识。随着信息网络的扩张和教育信息化发展,未来教师的主要任务是教会学生获取信息知识的本领,把学生培养成为信息化的人。这就要求教师具备良好的信息意识,善于将信息网络上新的知识信息与课本上的知识信息有机结合起来,不断了解和掌握本学科及相关学科的新动向,以新的知识信息开阔学生视野,启迪学生思维;同时,教师还必须具有较强的获取信息、贮存信息、加工处理信息、筛选利用信息,以及更新创造信息的能力。良好的信息意识和较强的信息能力,是现代人必须具备的素质,教师作为信息化人才的塑造者,自然须具备良好的信息素质,其中也包括崇高的信息道德和健康的信息心理。目前我国教师队伍中,由于种种原因,有些教师的信息素质较低,在信息意识、信息能力和信息道德等方面,难以适应信息社会和教育信息化的要求,有待于通过教育和培训加以提高。

(3)新型教师必须具有运用信息技术手段创造性地组织教学活动的能力。教育信息化的突出表现是教学技术的信息化,是信息技术在教学过程中的广泛运用。由于教学软件、计算机、多媒体、网络等信息技术在教学中被大量运用,丰富的教学内容为学生选择符合自己需要的知识信息提供了方便,灵活的教学方法则使教学活动变得生动、形象、直观,这不仅有助于调动学生学习的兴趣和积极性,而且可提高教学效率和教学质量。但这里有个前提,那就是教师必须能熟练地操作计算机、多媒体等先进手段,能正确地指导学生进入信息高速公路检索信息、获取知识、解决问题。而且,在信息化教学条件下,教师的许多工作,如准备教材、课堂讲授和答疑解难等,大都可以由高度智能化和拟人化的电脑去做。教师的职责现在已经越来越少地传递知识,而越来越多地激励思考……教师必须集中更多的时间和精力去从事那些有效果的和有创造性的活动:互相影响、讨论、激励、了解和鼓舞。教学手段、内容和过程,以及教师职责和任务的这种变化,必然要求教师具有相当高的创新意识、创新精神和创造能力。如果教师不能熟练地操作和驾驭现代信息技术手段,不能创造性地组织教育教学活动,则将面临被淘汰的危险。

(4)新型教师必须适应教学模式和师生关系的变化,能扮演新的角色。采用信息技术手段进行教学,尤其是基于互联网的多媒体教育网络中的教学,是一种全新的教学模式。它既可以进行个别化教学,又可以进行协作型教学,还可以将"个别化"与"协作型"二者结合起来。在这种教学模式下,学生可以按照自己的意愿或需要选择教学内容、教学时间、教学方式,甚至指导教师。教师与学生之间的关系将由传统教学的"人—人"关系,变成为"人—机—人"的关系,教学方式和师生关系的这些变化,自然要求教师的角色也要作相应的转换。国内外许多学者和专家认为,未来的新型教师应从教育者的角色过渡到引导者的角色,从"独奏者"的角色过渡到"伴奏者"的角色,应成为一位顾问,一位交换意见的参加者,一位帮助发现矛盾论点而不是拿出现成真理的人。他们将不仅仅是给孩子指出,在信息高速公路的哪个地方可以找到信息,他们还要能做更多的事,成功的教师须扮演教练、伙伴、创新人物和通向世界的交流桥梁。教师角色的这种重新定位,丝毫不代表教师的任务可以减轻,而意味着对教师的期望更高,要求更严。

材料2　做学生健康成长的指导者和引路人——学习贯彻习近平总书记致全国广大教师慰问信精神

习近平总书记在致全国广大教师慰问信中提出,希望广大教师做学生健康成长的指导者和引路人。总书记的这一要求,指出了教师的重要作用,是对教师教书育人使命的深刻概括,为广大教师的健康成长指明了方向。

青少年的健康成长事关国家和民族的未来,事关中国特色社会主义事业的永续发展。在学时期,正是青少年世界观、价值观和人生观树立的关键时期,是奠定人生方向的重要阶段。教师是立教之本、兴教之源,承担着让每一个孩子健康成长、培养社会主义事业合格建设者和可靠接班人的重任和使命,对每一个孩子的成长和发展负有不可推卸的神圣责任，必须自觉地做学生健康成长的指导者和引路人。

做学生健康成长的指导者和引路人，广大教师就要志存高远，爱岗敬业。教师的神圣职责就是教书育人，为祖国和人民培养合格的人才。这就要求广大教师牢固树立中国特色社会主义理想信念，带头践行社会主义核心价值观，自觉增强立德树人、教书育人的荣誉感和责任感；忠诚于人民的教育事业，把追求理想、塑造心灵、传承知识当成人生的最大追求，以培养人才、办好人民满意的教育和推动社会发展进步为己任，积极引导和帮助青少年树立正确的世界观、价值观和人生观；关心每位学生的成长进步，努力成为学生的良师益友。

做学生健康成长的指导者和引路人，广大教师就要修身立德，为人师表。树人者必先立德，教书者必先强己，为师者必先自律。教育是心灵与心灵的沟通，灵魂与灵魂的交融，人格与人格的对话。有好的教师，才能教出好的学生；唯有教师人格高尚，才可能有学生心灵的纯洁。广大教师不仅要注重教学，更要注重育人；不仅要注重言传，更要注重身教。要自觉加强师德修养，坚持以德立身、自尊自律，以自己高尚的情操和良好的思想道德风范教育和感染学生，以自身的人格魅力和学识魅力赢得社会的尊重。

做学生健康成长的指导者和引路人，广大教师就要学为人师、不断创新。当今时代，知识的更新周期越来越短，每个人只有不断学习和进步，才能适应工作要求。教师是知识的传播者和创造者，在教育创新中承担着重要的使命，更要不断地用新知识充实自己，以适应培养创新人才的需要。广大教师要崇尚科学精神，严谨笃学，做热爱学习、善于学习和重视学习的楷模；要如饥似渴地学习新科学、新技能、新知识，不断提高教学质量和教书育人的本领；要积极投身教育教学改革，把最先进的方法、最现代的理念、最宝贵的知识传授给学生。

材料3　《中国教育现代化2035》视角下的教师角色：学生学习支持者的多维解读

《中国教育现代化2035》作为指导我国教育发展的纲领性文件，在多个方面切实体现了教师应作为学生学习支持者的角色。该政策文件从情感支持、资源支持、学习策略支持、实践支持和合作支持这五个方面，对教师提出了明确的要求和期望。

情感支持方面，文件提出教师要更加注重学生的全面发展，这自然包括了情感和心理的发展。这意味着教师不仅要关注学生的学业成绩，更要关心学生的心理健康和情感需求。通过营造积极、和谐的学习氛围，教师能够给予学生必要的情感支持，帮助学生建立自信，积极面对学习和生活中的挑战。

资源支持方面，文件强调了教育资源的优化配置和均衡发展。这要求教师根据学生的学习需求和兴趣，提供丰富多样的学习资源，包括教材、教辅资料、网络学习资源等。同时，教师还要引导学生如何有效地利用这些资源，培养学生的自主学习能力和信息素养。

在学习策略支持方面，文件提倡因材施教的理念。这意味着教师需要针对不同学生的学习特点和需求，提供个性化的学习策略指导。教师通过帮助学生分析学习问题，制定适合学生的学习计划和方法，从而提升学生的学习效率和效果。

实践支持方面，文件鼓励学校开展各种形式的实践活动，如实验教学、社会实践等。这些活动不仅有助于学生将理论知识与实际操作相结合，还能培养他们的实践能力和创新精神。作为教师，应当积极组织和参与这些活动，为学生提供必要的指导和支持。

合作支持方面，文件强调了教育领域的合作与共建。这包括教师与教师之间的合作、教师与家长的合作和教师与社区的合作等。通过加强合作，教师可以共享教育资源、交流教学经验、共同解决教育问题，从而为学生提供更全面、更优质的教育支持。

综上所述，《中国教育现代化2035》从情感支持、资源支持、学习策略支持、实践支持以及合作支持等多个方面体现了教师应成为学生学习支持者的角色。这些要求不仅有助于提升教师的教学水平和专业素养，更能为学生的全面发展提供有力的保障。

《中国教育现代化2035》

案例1 成都七中“全日制直播”改变经济欠发达地区教育

1.背景描述

在中国当前教育环境下，存在着两种反差较大的教育情形，一种是成都七中去年30多人被加州大学伯克利分校等国外名校录取，70多人考进清华北大，一本达线率超九成，号称“中国最前列的高中”。另一种是中国经济欠发达地区的248所高中，学生是周边大城市“挑剩的”，曾有学校考上一本院校的仅个位数，两地区教育水平差距过大。

2.案例情境

成都七中率先实施全日制远程直播教学，将优质教育资源通过卫星通信技术传送到贫困地区的学校。在这一教学模式下，成都七中的教师与远端学校的学生同步上课，实时互动。教师们通过提问、讲解和分析等方式，引导学生们深入思考，激发他们的学习兴趣和动力。远端学校的学生们则能够亲身体验到成都七中优良的教学氛围，学习优秀学生的学习方法和习惯。

直播带来压力也是动力，七中考完试，老师彻夜批改、分析上百份试卷，第二天就讲评。很多地方老师提出这要一周完成，但现在必须跟上成都七中的节奏，紧跟七中的脚步。崭新的教学方法不仅冲击着学生，也改变了老师。学生学习状态发生了变化，老师就必须跟着改变。一些远端老师称虽然不用“亲自上课”，但为了保证跟上进度，工作量不减反增。远端老师需要整理七中老师事前发送的课件并编制成学案；观察课堂上学生表情，记录下学生疑惑的瞬间，课后给学生补足。直播课给偏远地区的学生带来的不仅是丰富的教育资源，更让偏远地区的学生了解到别的学校的学生是如何学习的，他们有哪些好的学习习惯，有了对比之后学生学习的动力比以前强了很多。直播课堂为贫困地区的孩子打开了一扇看世界的窗户，与城里孩子“坐在同一个课堂”。他们得到的不仅仅是知识，还有敢于拼搏、敢于追求梦想的勇气。

这一教学模式不仅丰富了贫困地区学生的学习资源，更让他们了解到其他学校学生的学习状态，激发了他们的学习竞争意识和自我提升的动力。同时，远端学校的教师通过这一模式得到了成长和提升。他们不再是单纯的知识传授者，而是成为学生学习道路上的指导者和支持者。他们与成都七中的教师紧密合作，共同制定教学计划，分享教学经验，不断提升自己的教育教学水平。

目前，云南、贵州、四川、重庆、陕西、江西、甘肃、青海等地区的310所学校与成都七中实现了常态化的全日制远程直播教学。四川省内近600所高中、初中、小学、幼儿园分别与成都七中、成都七中育才学校、成都实验小学、成都金牛区机关第三幼儿园实现了全日制远程直播教学。

3.案例效果

自2005年第一届远端直播班学生毕业以来，目前，远端学校共有144名学生通过全日制远程直播教学考入清华北大，一大批学生考入名校。2002—2020年，全日制远程直播教学高中“异地同堂”受益学生累计超100万人，在线协同教学教师累计超10万人。

全日制远程教学至少有五大效果。一是大幅度提升了学生综合素质和学业成绩，增强了远端学生的信心，振奋了教育工作者的精神，坚定了其办好教育的决心。二是缩短了教师专业成长的周期，培养出一批优秀教师。三是链式发展，有效放大了名校优质教育资源。四是以现代文化为引领，塑造了一代新人。五是探索出城市名校带领边远、经济欠发达地区学校的发展之路，为城乡学校进行了教学模式的融合。采用双师制，实现城乡教师教学工作的融合；通过链式发展，实现城乡学校优质教育资源共享、文化的融合以及学校管理的融合。

成都七中全日制远程直播教学的实践充分证明了传统教育与数字教育并非相斥，而是可以相互融合、相互促进的。数字化教育手段为传统教育注入了新的活力，教师们能够更好地扮演学生学习指导者和支持者的角色。在未来的教育发展中，应继续探索和创新教育模式，充分利用数字化技术手段，为更多的学生提供优质的教育资源和个性化的学习指导。

这块屏幕改变命运了吗？听听直播班毕业生怎么说

案例2　疫情期间在线教学——以某科技大学线上教学为例

1.背景描述

突如其来的新冠疫情打乱了原有的教学安排，教育部提出的“停课不停教、停课不停学”的要求给师生们带来了前所未有的挑战。在学校和院系的有序组织下，教师们快速转变心态，努力适应新形势下的远程线上教学模式。某科技大学经济系陈老师就疫情背景下的线上教学进行了深入思考与教学实践，以情感支持为基础，结合资源支持、学习策略支持、实践支持和合作支持，为学生们打造了一个高效、互动、有趣的线上学习环境。

线上教学优秀案例——疫情背景下线上教学实践与思考

2.案例情境

陈老师的线上教学精心设计了课前准备、案例教学、巩固练习三个环节，每个环节都充分体现了她作为学生学习支持者的角色。

(1)课前准备：情感与资源的双重保障。

平台与工具选择：选择了雨课堂作为主要的授课平台，利用会员功能进行语音直播授课。为了避免网络卡顿等意外，还建立了“班级名+课程名”的QQ交流群，预期用QQ屏幕分享作为应急预案。雨课堂的语音直播支持回放，而QQ群的使用频率高，网络稳定性较好，其实时通信功能是雨课堂的有益补充。这样的选择不仅保证了教学的稳定性，还为学生提供了多种学习支持渠道。

教材与资源准备：本学期所讲授的《西方经济学》课程，教学对象为市场营销专业大一学生，基础普遍较弱，简单易懂的参考教材是契合学生需求的。此外，《西方经济学》还是国内很多高校经济学大类考研的专业课，且不乏高校选择曼昆教授主编的《经济学原理(第七版)》作为参考教材。通过辅导员得知，班级学生中有深造打算的不在少数。综上，陈老师精心挑选了《经济学原理(第七版)》作为教材，既考虑到学生的基础水平，又准备了丰富的辅助资料，确保学生能够顺利跟上教学进度。

应急预案制定：为了避免开课首日网络拥堵、卡顿和停电等意外，准备了以下几个方案,做到有备无患:上传PPT至雨课堂,并配语音讲解;雨课堂语音直播,插入习题便于测试学习效果;QQ屏幕分享直播,Word文档习题辅助。实际情况是采用了后两种方案的结合,确保教学的连贯性和学生的学习体验。

(2)案例教学:学习策略与实践的完美结合。

兴趣激发与情感共鸣:本学期第一堂课,以本校的经济学考研专业课为例,激发同学们的学习兴趣,树立经济学是实用经济学的理念。如此一来,同学们的学习热情高涨,尤其是打算考研的同学。

问题导向与思维拓展:注重问题设置,例如让学生用供求图分析疫情中"口罩"短缺、"医务人员"紧缺的经济学原因,告诉学生努力学习就是为抗疫做贡献,提升学生的获得感和责任感。通过随机点名和投稿弹幕等功能,鼓励学生积极提问。通过板书和截图功能,将板书或优秀作答发送全班,让学生体会到现代智慧教学工具的强大。通过语音回放,让学生能根据需要观看回放,以便及时复习。此外,陈老师还通过及时点评、公开表扬优秀学生并将其成果发送全班,提升学生的参与感和成就感,同时用榜样力量带动其余同学学习。

主动学习与探索精神:鼓励学生积极参与课堂讨论,提出自己的见解和疑问。她还通过分享优秀学生的作品和成果,激发学生的竞争意识和探索精神。

(3)巩固练习:合作与反馈的双向提升。

自主学习与同伴互助:少数学生依赖心理严重,遇到问题就找老师。遇到这种情况,就鼓励学生先动脑思考,尽量自行解决,培养学生的问题解决能力。此外,还提倡同伴学习,一方面可以增进同学友谊,另一方面还可通过讲解加深理解,让学生在互相帮助中共同进步。

课后巩固与效果检验:《西方经济学》强调运用,注重理论与实践结合,因此习题训练不可少。几乎每次课后,均会用适量的课后练习题检验学习效果,并通过随机抽查的形式,以确保落实到每一个人。通过随机抽查和反馈机制,确保每个学生都能得到有效的学习支持。

3.案例效果

通过陈老师的精心组织和教学实施,线上教学效果显著。学生在教师的情感支持下,更加积极地参与学习;在资源支持下,获得了丰富的学习资料和辅助工具;在学习策略支持下,掌握了有效的学习方法和技巧;在实践支持下,提升了实际应用能力；在合作支持下，增强了团队合作意识和沟通能力。整个教学过程中，师生之间的互动频繁、反馈及时，形成了良好的学习氛围和教学效果。

▶▶ 随堂自测

第二章随堂自测

▶▶ 本章思考

（1）通过阅读关于新型教师角色的材料，你认为这种转变对学生的学习和发展有何重要意义？

（2）在信息化时代背景下，新型教师如何适应新的教学方式和技术手段以更好地指导和支持学生的学习。

（3）本章介绍了新型教师要做学生学习的指导者与支持者，请思考如何评价新型教师的指导和支持能力？有哪些具体的指标或方法可以借鉴？

▶▶ 本章参考文献

[1] 祝智庭，胡姣．教育数字化转型：面向未来的教育“转基因”工程[J]. 开放教育研究，2022，28（5）：12–19.

[2] 尹后庆，祝智庭，顾建军，等．教育数字化背景下的未来教育与基础教育学建设（上）[J]. 基础教育，2022，19（4）：14–38.

[3] 徐顺，杨浩，朱莎．数字原住民是合格的数字公民？——兼论数字公民素养的提升[J]. 中国远程教育，2021（9）：8–15，76.

[4] 张家华，胡惠芝，杨刚，等．智能技术赋能教育：教育高质量发展的新动能——第二十届教育技术国际论坛综述[J]. 现代教育技术，2022，32（3）：

5–13.

[5] 黄友初.教师专业素养:内涵、构成要素与提升路径[J].教育科学,2019,35(3):27–34.

[6] 何旭明,屈林岩.学习指导:大学教师的重要职责[J].中国高等教育,2011(19):39–40.

[7] 陈雪.基础教育课程改革背景下的教师角色研究[D].沈阳师范大学,2013.

[8] 范国睿.智能时代的教师角色[J].教育发展研究,2018,38(10):69–74.

[9] 王健.疫情危机下的教师角色、行为与素养[J].教师教育研究,2020,32(2):27–31.

[10] 张景鸣.网络教学中的教师角色定位[J].上海教育科研,2010(4):70–71.

[11] 刘延胜.远程教育教师角色与定位探析[J].中国成人教育,2013(21):26–28.

第三章　获取有价值的数字化资源

学习目标

一、知识目标。了解数字化教学媒体、数字化教学资源、数字化教学环境的内涵，并且掌握相比于一般的教学媒体与教学资源所存在的优势，明晰什么是有价值的数字化资源。

二、能力目标。学会网络搜索引擎的使用，利用工具获取各类数字化资源，将资源合理地收藏和处理；能够通过案例学习感受数字化资源给课堂教学带来的变化；体验在数字化时代用互联网与学生进行沟通交流，提升教师的数字素养和数字化应用能力。

三、素养目标。通过活动思考与案例学习，帮助教师树立正确信息道德观，提升教师数字化意识、数字化思维、数字化能力，培养教师主动协作、寻幽入微、别具匠心的意识。

第三章视频简介　　第三章 PPT

活动6 探索数字知识宇宙
——精通网络搜索引擎技术

活动6 视频简介　　活动6 PPT

作为高中地理老师，佟老师面临“宇宙学基础”恒星概念的教学挑战，如学习恒星的形成、生命周期和它们在宇宙中的位置等复杂内容，因此他想要设计一种有效的教学方法来帮助学生更好地理解和吸收这些信息。

佟老师计划利用网络资源选择合适的媒体素材，如恒星图片、星系视频、天文动画和交互式恒星生命周期图表，用于创建一个生动、直观的PPT演示文稿辅助他的教学，从而激发学生的学习兴趣。

网络搜索引擎是大部分人查找资源的首选途径，常见的网络搜索引擎有百度、谷歌、搜狗、360等，以帮助教师们在纷繁海量的信息中寻找到目标资源。根据不同的工作方式，搜索引擎可以分为全文搜索引擎、目录搜索引擎、元搜索引擎、垂直搜索引擎和互动式搜索引擎。现在通常是混合使用这些引擎技术。本章以百度搜索引擎为例。

1. 关键词搜索

关键词搜索的第一要义就是找准关键词，并且能够清晰准确简练地表述出来。为了查询中国共产党第二十次全国代表大会的详细内容，应采用正式的搜索词汇。如在搜索框中键入“党的二十大报告内容”，你可能会获得更多的信息。根据图3-1所示，使用“党的二十大报告内容”作为关键词，搜索结果1亿条；相比之下，使用非正式的查询词“中国共产党第二十次全国代表大会具体讲述了哪些东西”，搜索结果约8200万条。

图3-1 使用关键词搜索

2.辅助搜索工具

在实施信息检索时,为提升查询效率并精确匹配相关结果,建议采取关键词的同义替换或相关表述,结合使用搜索引擎提供的辅助工具,如资源类型的限制、搜索网页的时间限制、文档格式的限制等,以缩小搜索范围,加快信息获取过程。

在百度网页的右上角“设置”中,点击“高级搜索”,在“高级搜索”界面,此时用户可以根据自身需求进行范围限定,如图3-2所示。

图3-2　百度“高级搜索”辅助功能

3.高级搜索

(1)站内搜索:具体网站域名+关键词。

(2)“file type”格式搜索:命令字符串指定文件格式的搜索方法,如“file type:文件格式+关键词”。

(3)排除干扰词,添加关键词:搜索时,使用一些符号语言帮助我们进行精确搜索。加号(+):用于从搜索结果中添加必须包含的内容。减号(-):表示查询结果中不能出现减号后的词。引号(“ ”)和书名号(《 》):让搜索引擎不拆分查询语句,使其成为一个整体,实现精准搜索。

4.以图搜图

“以图搜图”技术,也称为逆向图像搜索,是识别和追踪图片来源的有效工具。在使用百度搜索引擎时,用户可通过点击搜索框旁的“相机”图标激活该功能。随后,用户可选择上传本地图像或输入图像的URL,依据图像内容进行搜索,如图3-3所示。

图3-3 百度"按图片搜索"功能

活动7 判断信息是否有价值
——信息的鉴别与评价

活动7视频简介　活动7 PPT

随着全球文化融合的加速,佟老师在信息海洋中面临选择困难,需提升辨识信息真伪与价值的能力。请帮助佟老师筛选出关于"宇宙中的恒星"的有效信息,并进行分类整理填入表3-1。

表3-1 信息的整理

信息主题	信息类型	信息内容	信息来源	信息公布时间	是否可靠	备注
宇宙中的恒星	文字					
	图片					
	音频					
	视频					
	动画					

在收集了丰富的有效信息后,接下来关键的步骤是筛选出对教学过程有益的、可靠的信息资源。为此,必须进行细致甄别。通常我们认为一个人可靠是指为人诚信,事事有回应,做事踏实。类似地,可靠的信息应准确反映事实,经得住反复推敲,拥有一定的条件性和客观性。结合《信息评判标准》材料,从"价值判断"和"社会评价"两个维度对信息进行鉴别与评价。

《信息评判标准》

活动8　资源整合艺术——数字教育资源的表现形式的分类

活动8 视频简介　　活动8 PPT

网络上的资源丰富，通过活动7的学习，我们可以获得不同类型的资源。基于数字教育资源的表现形式，这些资源可被分为文字、图片、音频、视频、动画五大类。请将活动7中收集的信息按照数字教育资源的表现形式进行分类，并填入表3–2。

表3–2　信息的分类

信息主题	信息类型	下载方法	下载工具	保存地址	备注
宇宙中的恒星	文字				
	图片				
	音频				
	视频				
	动画				

任务1　图片的获取

图片作为一种强有力的视觉媒介，能够有效地补充文字描述的局限性，直观地呈现物体和情景。遵循“一图胜千言”的理念，图片往往比文字更能吸引读者的眼球，这一点在5~10岁的儿童群体中尤为显著。美的图片可以使人赏心悦目，令人心情愉悦。此外，幽默的表情包能够深入表达人物内心的情感活动，从而增强课堂互动的趣味性。

请收集不同类型恒星的高清图片，包括但不限于主序星、红巨星、白矮星、中子星等，并确保图片具有科学性和艺术性，能够准确反映恒星的基本特征。

1.“PrtSc SysRq”键截图

步骤1：打开待截图的页面。

步骤2：按“PrtSc SysRq”键获取全屏内容，使用“Alt+PrtSc SysRq”组合键截图。

步骤3：单击电脑左下角“开始”按钮，打开“画图”软件。

步骤4:在画图界面使用“Ctrl+V”组合键,粘贴截图,并另存为图像。

除电脑自带截图功能外,还有专业的截图软件,如Snagit、HyperSnap。有些应用程序自带截屏功能,如傲游浏览器、Firefox浏览器、微信、QQ。

2.网页直接获取

互联网有极其丰富的图像资源,从相关网站上查找、获取图像资源非常方便。大多数搜索引擎网站都提供了图片搜索功能,如百度图片搜索、必应图片搜索、搜狗图片搜索等。此外,互联网上有很多专门以图片、素材、壁纸、摄影、艺术设计为主题的网站,为广大用户提供了丰富的图像资源。

3.扫描仪扫描图像

扫描仪是一种捕捉影像的设备。作为一种光机电一体化的电脑外设产品,是仅次于鼠标和键盘的第三大计算机输入设备。

使用扫描仪扫描图像,对比使用数码照相机翻拍的好处:一是扫描仪使用的是平面扫描,盖板会压平纸张,使扫描出来的照片不会因为弯曲而导致照片变形。二是扫描仪是闭光扫描,没有环境光线影响照片,不会使转化成的照片上带有环境光引起的反光现象。

随着智能手机的发展,在智能手机上安装某些应用软件,结合手机摄像头,可以实现专用扫描仪的部分功能。

4.表情包编辑

步骤1:打开微信搜索,输入“神奇表情包制作器”,即可打开小程序。

步骤2:点击下方“表情制作”,可以根据自我需求实现表情包制作、搜索、添加等功能。

5.一帧秒创

一帧秒创是基于新壹大模型及秒创AIGC引擎的智能AI内容生成平台,包含多种智能创作服务。

一秒帧创操作视频

6.哩布哩布AI

哩布哩布AI是一个原创AI模型分享社区,提供本土化审美的模型和图片资源,支持免费下载和创作交流,是探索AI绘画和模型学

哩布哩布AI操作视频

习的有趣且具有创新性的平台。

任务2　音频的获取

声音作为一种媒介,承载着信息与情感的传递功能,其效果在教育领域尤为显著。音频资料在教学中的运用能够提供模拟真实情境的听觉体验,进而扩展学生的认知边界,并激发其学习动机。通过声音的多维刺激,可以有效地促进学生的想象力和思维能力的发展,增强其对知识的探索欲望。因此,在教学设计中,合理地使用音频资源,对于提升教学质量和学生学习效率具有重要的意义。

1.利用特定平台下载音频(音乐)

步骤1:在手机或电脑上下载应用软件,如酷狗音乐、QQ音乐、网易云音乐等软件,选择安装并打开。

步骤2:通过搜索关键词或者听歌识曲的方式,寻找目标音乐。

步骤3:用户可先预览音频文件,满意后在显现的界面中选择音质,并执行下载过程。

2.现场录制音频

步骤1:启动具备录音功能的数字设备,如智能手机、计算机、平板电脑及配备录音程序的记录器。

步骤2:对麦克风进行多次调整,确保录音环境良好。

步骤3:配置录音参数,包括编码格式、采样率、量化位数、压缩码率、文件存储路径等。

步骤4:将音频文件传输至计算机并保存,以便后续编辑处理。

此外,可借助专用配音软件进行音频录制,例如布谷鸟配音、唱吧、Acdacity、Goldwave、Cool Edit Pro等。

3.人声与伴奏分离

步骤1:登录歌曲人声分离网站,在左下角选择中文界面。

步骤2:点击“选择文件”,上传歌曲后可以自动快速分离人声与伴奏。

步骤3:下载并保存人声或伴奏。

4.计算机音乐创作

通过应用音乐制作软件，用户可在计算机环境中实时创作多种风格的乐曲。此类软件种类繁多，如SoundBug、FL Studio、CuteMIDI、Ableton Live、Cubase等。使用这些工具的用户通常具备基本的乐理知识，并灵活应用于音乐创作过程。

任务3　视频的获取

相比于静态图像和文本，视频内容以其生动形象的特性更易于捕获学生的注意力，且观看过程中学生的认知负荷相对较低。视频的多样化呈现手段，包括真实人物讲解或动画结合后期配音等，均能促进学生的积极参与，并提高学习效率。

1.使用摄录设备录制

数字摄录机、电脑摄像头、数码相机、智能手机都可以用来获得数字视频。数字摄录机是一种专业的数字视频获取设备，可以将视频及伴音压缩编码后记录在闪存卡、硬盘或磁带等介质上，通过相关接口传输到计算机中，图3-4所示分别为迷你型、专业型数字摄录机。数字摄录机操作便捷，光学变焦范围大，成像效果好，色彩真实，支持防抖，图像清晰度高，录制的音频保真度高。

图3-4　迷你型（左）、专业型（右）数字摄录机

电脑摄像头是一种在线获取数字视频的设备。它一般没有存储介质，通过光学镜头采集到的视频被直接转换成数字信号，并输入到计算机中。要保存这种视频，需要配合专门的软件，如录屏软件、编辑视频的软件等，常见的有Captura、OBS Studio、PotPlayer。使用普通电脑摄像头录制的视频，清晰度偏低，色彩失真，拾音性能也较差。数码相机、智能手机都具有录制视频的功能，使用也较为方便。高档数码相机、智能手机录制的视频质量较高，基本可以满足教学的要求。

2. 使用EV录屏

屏幕录制功能在多种场合中发挥重要作用，包括但不限于教育演示、重要时刻的记录、远程办公等，同时也应用于某些特定技术问题的解决。该功能允许用户以高效且直接的方式捕捉屏幕上的活动，从而满足不同需求。

EV录屏操作视频

3. 网盘分享

步骤1：单击网盘链接，输入提取码。

步骤2：勾选所需文件，保存或下载到个人网盘中。

步骤3：打开个人网盘，单击“我的资源”，在线观看或者下载观看视频。

4.Kaiber网站

步骤1：打开Kaiber网站，注册并登录账号，单击页面右上角“Create Video”按钮，创建项目。

步骤2：创建项目后，导入所需的视频、图片或音频素材。Kaiber支持多种格式的文件，可以通过“文件”菜单导入，或者直接将文件拖拽至编辑器中。

步骤3：在时间轴上选择需要剪辑的视频片段，可以使用剪切、复制、粘贴等操作对其进行编辑。

步骤4：还可以利用Kaiber AI的功能，选择“+创建视频”，并按照提示上传图片、写入描述、选择风格和设置视频时长等。

Kaiber还提供了一些高级功能，如音频反应性（Audio reactivity），它可以分析音频的节奏和旋律，为用户生成与之相匹配的动态视觉效果。

任务4　动画的获取

动画的基本原理与电视、电影一样，是“视觉暂留”原理的应用，即在第一幅画面消失之前马上播放下一幅画面，这样就会给人带来流畅的画面效果。它是通过画面中的角色形象、动作、语言、声音、特效等多重信息刺激观众的眼睛和耳朵，带来强烈的视觉冲击和听觉盛宴。在教学过程中穿插适当的动画内容，以丰富的表现力来提高学生对知识点的认同感，激发学生兴趣，拓宽视野，深入理解其背后内涵。

1.自行制作动画

常见的动画制作软件有Flash、Director、DP Animation Maker(制作情境动画)、VideoScribe(制作手绘动画)、Focusky动画演示大师等,用户按照自身需求进行下载。根据教学需求,利用软件制作动画。如果没有操作基础,可通过相关的论坛、网站对软件进行操作学习。

2.万彩动画大师制作动画

万彩动画大师是一款功能强大的动画视频制作软件,提供了丰富的动画模板和易于使用的编辑工具,帮助用户快速创作出专业级别的动画视频。

万彩动画大师操作视频

在本次的学习活动中,我们共同探索了如何获取和整合数字化资源,涵盖了图片、音频、视频和动画四种主要的媒体形式。通过一系列的实操任务,相信各位已经掌握了诸多免费资源的获取方式。然而,在海量的网络资源中,我们也注意到高质量、专业级别的资源往往需要付费获取。市场上诸如淘宝、闲鱼、小红书等平台,为用户提供了丰富的选择,无论是个人学习还是教学研发,都可以通过这些平台找到合适的资源。付费资源通常意味着更专业的制作团队,更优质的内容保障,以及更完善的客户服务。因此,在追求效率和质量的同时,合理评估并选择合适的付费资源平台,也是现代教育技术工作者必须掌握的一项重要技能。

活动9　信息动态监测与追踪策略——RSS及微信公众号的智能利用

活动9视频简介

小海作为一名职场人士,需持续关注众多行业新闻网站、技术博客及专栏以掌握最新动态。目前,他在手动逐一检查这些信息源时遇到效率低下的问题。为优化这一流程,可以考虑采用自动化工具,如RSS聚合器或定制的内容推送服务,以便集中管理并实时接收更新,从而提高工作效率。

活动9 PPT

任务1 RSS订阅

RSS的中文名称为简易信息聚合(也叫聚合内容),是一种描述和同步网站内容的格式。使用RSS订阅能更快地获取信息,网站提供RSS输出,有利于让用户获取网站内容的最新更新。RSS通过所谓的“feed”实现内容的分发。一个网站的每次更新都会生成一个新的feed,包含了最新的标题、摘要和全文链接。用户使用RSS阅读器订阅这些feed,可以在同一个界面中查看所有订阅内容的最新更新。网络用户可以在客户端借助支持RSS的聚合工具软件,在不打开网站内容页面的情况下阅读支持RSS输出的网站内容。RSS尤其适合那些希望主动控制信息来源的用户,而不是依赖于社交媒体或新闻网站推荐的用户。它适用于个人博主、新闻网站、学术文献网站等多种类型的内容更新。而拥有RSS源的网站有哔哩哔哩、知乎、微博、简书等。

步骤1:以哔哩哔哩(bilibili)网站为例,打开网站,注册并登录。

步骤2:定位感兴趣的内容创作者,访问其个人主页,并获取其唯一识别符(UID:226102317),如图3-5所示。

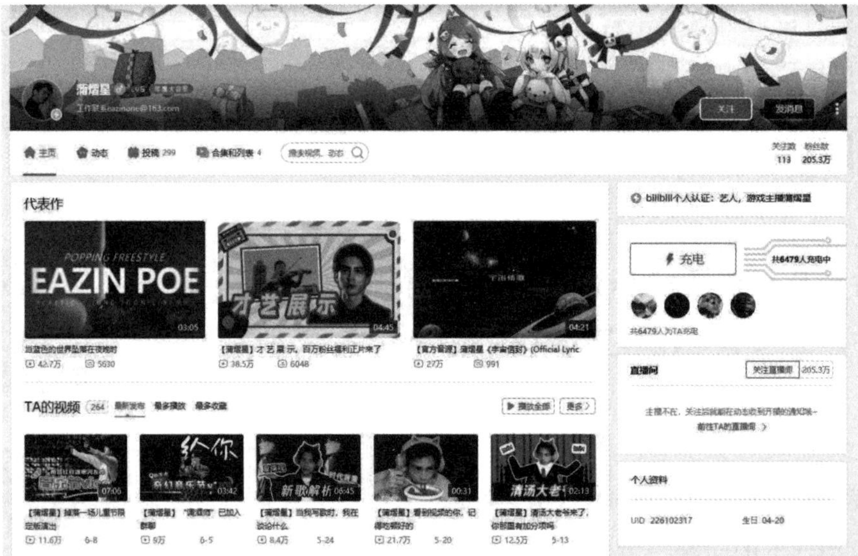

图3-5 bilibili网站

步骤3:在RSS地址后面加上UID参数,就可以得到UP主的RSS,如https://www.moerats.com/bilibili/rss/?id=226102317。

步骤4：打开RSS阅读器，打开深蓝阅读器官网，注册之后，单击页面左下角“＋添加订阅”按钮，在搜索框中输入RSS，单击“添加”按钮，即可自动添加到左侧分类栏中，如图3-6所示。

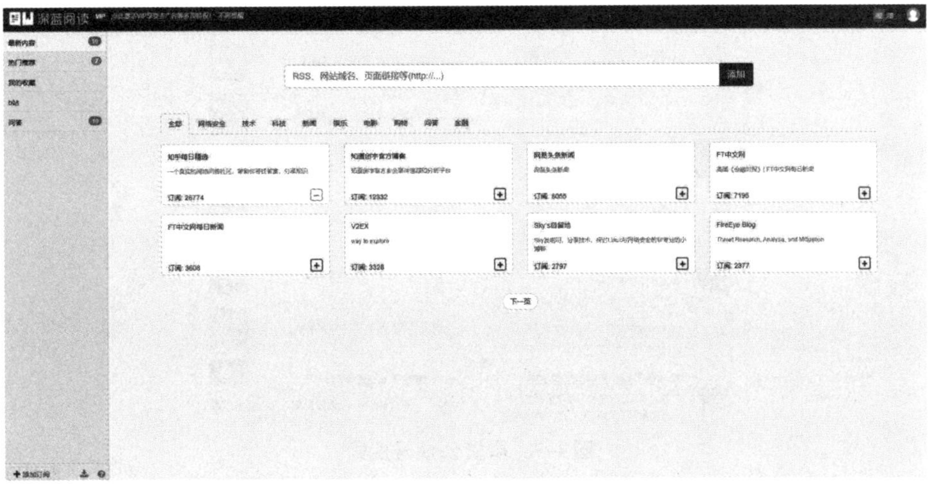

图3-6　深蓝阅读器

任务2　关注微信公众号

微信作为一种移动通信应用，已成为信息获取和人际交流的重要工具。其内置的微信公众号功能允许用户订阅特定话题或领域的信息发布源，为教师提供了一个发现与其学科相关的教学资源的便捷平台。通过关注教育或学科相关的公众号，教师可以及时接收专业内容更新，从而丰富自己的教学材料库。此外，微信的普及也反映出现代通信技术塑造社会互动模式、影响个体认知的重要作用。

打开微信应用，点击主界面右上角的放大镜图标，输入关键词，出现与之相关的公众号。例如，以“智慧课堂”为关键词搜索，结果如图3-7所示。除了公众号之外，还有一些选择推荐的视频号、文章、小程序等。

图3-7　微信公众号搜索

点击“智慧课堂云平台”公众号，便出现该公众号的基本信息，点击关注，即可进入“智慧课堂云平台”公众号的主界面。点击下方分栏可以查看资源，及时接收更新的内容。

活动10　数字资源的整合与优化
——云收藏夹与云盘的应用

活动10视频简介　　活动10 PPT

请将活动7中收集到的关于“宇宙中的恒星”的资料分门别类地收藏到云端，并填写表3-3。

表3-3　资源的收藏与管理

序号	信息主题	信息云收藏或储存方式	分类方式	备注
1	宇宙中的恒星	□百度云　□腾讯微云 □天翼云盘　□彩云 □金山网盘　□其他________		

为了维护学习、生活的有序性并有效筛选海量信息，以便收集和保存真正有价值的内容，用户可以利用云收藏夹和云盘工具进行资源的归类与管理。这些工具

支持用户跨设备存取数据，增强信息管理的效率和便捷性。

任务1　云收藏夹

用户经常面临在不同设备间切换时无法快速找到先前保存的网站链接的困扰，或者在操作系统重装后由于缺乏备份而丢失书签数据。云基础的书签服务提供了解决方案，允许用户跨多个平台同步和访问他们的收藏网站，确保了数据的连续性和可恢复性。

1.浏览器自带云收藏功能（360浏览器）

步骤1：打开浏览器，注册并登录360账号。

步骤2：单击左侧工具栏里的“收藏夹”按钮或者在想要收藏的网页空白处，单击鼠标右键，在弹出的菜单中选择“添加到收藏夹”，即可实现云收藏功能。

2.网络收藏夹工具——收趣云书签

在这个信息爆炸的时代，新的信息源源不断，看到好文章或者优美的句子想要收藏记录下来是每个人内心真实的想法。无论是稍后阅读，还是分类收藏，“收趣云书签”都能很好地为用户提供贴心服务，其独特的设计满足了用户的好奇心与依赖感。

步骤1：使用浏览器下载，注册并登录“收趣云书签”。

步骤2：点击最下方的“发现”按钮，即可在热门或订阅中寻找到自己感兴趣的内容并完成添加，如图3-8所示。

图 3-8　收趣 App“发现”界面

步骤 3:在“我的书签”中可以找到自己收藏的书签,用户可以根据需求进行分类收藏、批量编辑等。

任务 2　云盘管理

云盘是互联网存储工具,是互联网云技术的产物,它通过互联网为企业和个人提供信息的储存、读取、下载等服务。

云盘的优点:①超大的存储空间。②视频和图片等资料可通过云盘实现共享。③云盘相对于其他的实体磁盘而言更便捷,具体表现在用户直接通过互联网就可以将自己所存储的重要信息从云端下载。④云盘提供按需功能、灵活性较好的存储服务,有效防止成本失控等问题。⑤云盘既支持文件或文件夹的直接上传,又支持将其文件或文件夹进行压缩再上传。

常见的云盘如 SkyDrive、谷歌 Drive、百度云、华为网盘、阿里云盘、腾讯微云等,本节以阿里云盘为例。

步骤 1:使用浏览器下载,注册并登录“阿里云盘”。

步骤2:点击右下角“添加到云盘”图标,如图3-9所示,选择想要上传的图片、视频或文件,即可实现轻松传输。

步骤3:点击最下方中间的“文件”按钮,便可以找到自己上传的图片、视频或文件,如图3-10所示。

图3-9 阿里云盘首页

图3-10 阿里云盘文件

尽管公共云存储服务向用户提供了便捷的数据存取及共享能力,然而它们往往受到第三方服务提供商的隐私政策和法律法规的制约,这使得其在处理敏感信息时显得并不适宜。此外,用户对于在公共云环境中存储的数据具有有限的控制权,这可能会影响到数据的安全性和私密性。相对而言,私有云提供了一种更为定制化和安全的数据存储方案。它允许用户在遵循严格的合规性和安全性要求的前提下,对数据进行精确的管理和控制,从而显著增强了数据的保密性和整体的安全架构。

建立私有云

活动11　在线教育平台——国家智慧教育公共服务平台的综合应用

活动11 视频简介　　活动11 PPT

随着教育信息化的深入发展,国家智慧教育公共服务平台作为在线教学的重要载体,已成为实现教育资源优化配置和共享的关键工具。该平台不仅汇聚了大量优质教育资源,降低了地域与资源差异带来的教育不公平等问题,还通过其互动性和可访问性,为解决我国均衡教育的核心难题提供了有效途径。本活动将重点介绍该平台的操作技巧,并引导教师如何将数字资源高效整合并应用于教学实践之中,以促进教育质量的提升和学生学习方式的创新。

任务1　创建账户与初步探索

引导用户顺利完成国家智慧教育公共服务平台的账户注册,用户通过逐步熟悉界面布局和基本功能,进一步对平台提供的各类教育资源进行初步的探索和认知,为后续深入应用打下基础。

步骤1:注册和登录国家智慧教育公共服务平台。打开国家智慧教育公共服务平台官方网站(www.smartedu.cn),登录主界面,如图3-11所示,找到并点击"登录"按钮,注册智教中国通行证。

图3-11　国家智慧教育公共服务平台主界面

步骤2:熟悉用户界面和主要菜单功能。国家智慧教育公共服务平台是一个大规模的在线教育平台,旨在解决各类学习者在使用中遇到的资源分散、数据不通、管理不规范等问题。该平台由若干子平台组成,每个子平台针对不同类型的教育需求进行优化。国家智慧教育公共服务平台各板块的内容见表3-4。

表3-4　国家智慧教育公共服务平台各板块内容介绍

子平台	板块	主要内容
国家中小学智慧教育公共服务平台	专题教育	提供党史学习、品德教育、劳动教育、心理健康教育、生态文明教育等9类资源
	课程教学	多版本教材及电子版资源
	课后服务	提供科普教育、体育锻炼、文化艺术、经典阅读、研学实践、影视教育等6类资源
	教师研修	提供思政师德、通识研修、学科研修、作业命题、幼教研修、特教研修等6类资源
	家庭教育	提供家庭教育观念、家庭教育方法和家庭教育指导等3类资源
	教改实践经验	各地中小学党建德育、落实“双减”、义务教育、教育信息化、综合改革等9类典型经验
国家职业教育智慧教育平台	专业与课程服务中心	提供高效便捷职教数字资源
	教材资源中心	满足职业教育教材全周期需求
	虚拟仿真实训中心	支持职业教育实践与评估
	教师服务中心	优化干部职业教育培训
国家高等教育智慧教育平台	课程	各专业在线课程及学习路径
	教材	各学科教材内容及使用指南
	虚仿实验	虚拟仿真实验教学资源
	教师教研	教师专业发展、虚拟教研室、思政课备课资源
	研究生教育	在线开放课程、案例教学、学术研究、导师发展、产学研服务
	创课平台	创业理论、创业模拟、创业实践、创业支持
	课外成长	主题教育、校园文化、心理健康、安全教育、社会实践活动
	专题	各类课程学习、示范金课
	慕课西部行	资讯报道、共建课程
	资讯	最新学术会议、政策、研究成果等
国家24365大学生就业服务平台	就业服务	提供招聘活动、就业指导、实习岗位等
	考试服务	提供教资、英语四六级等成绩证书查询
	学历学位	验证高等教育学籍/学历/学位
	留学服务	为留学人员提供信息存档、创业就业服务等

步骤3:浏览和熟悉各板块。浏览不同的资源类别(如同步课程、微课、教案、

习题等),为每种资源类型创建简单的描述,归纳其适用场景,并使用思维导图将这些资源类型组织起来,以便应用于后续的教学设计。

任务2　资源下载

包老师是一名初中地理老师,希望利用国家中小学智慧教育平台找到优质的教学视频和课件,用于学习和借鉴,以提升自己的教学技能和学生的学习体验。

步骤1:下载资源包“国家中小学智慧教育平台 电子课本解析”。

步骤2:打开所需下载课时,复制其网址。

步骤3:将网址粘贴至“国家中小学智慧教育平台 电子课本解析”,点击下载,即可获得,如图3-12所示。

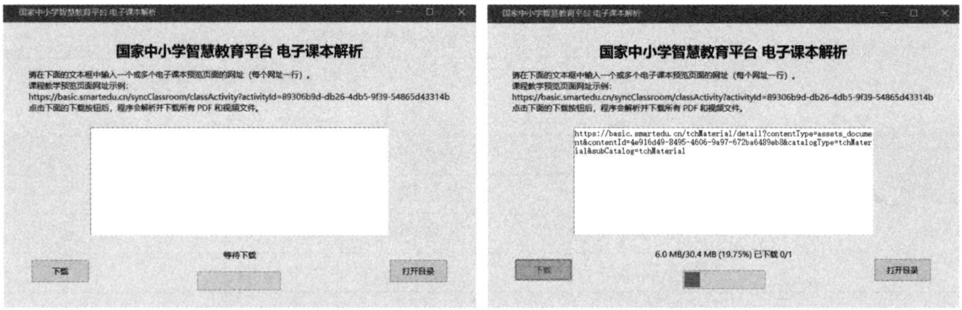

图3-12　国家中小学智慧教育平台 电子课本解析界面

任务3　融入新班

在国家高等教育智慧教育平台这一杰出的数字化学习生态系统中,汇聚了丰富而卓越的课程资源。用户可以在此平台上进行精准的个性化选课,以实现用户的学术发展与技能提升。以“程序设计基础(C&C++)”(如图3-13所示)这一课程为例,其不仅提供了扎实的编程逻辑训练,同时也涵盖了深入的编程语言理论与实践,为用户构建了坚实的计算机科学基础。

图 3-13 “程序设计基础(C&C++)”课程界面

步骤 1:参加课程。点击“立即参加”按钮,用户将面临两种精心设计的教育体验模式:认证学习模式与免费学习模式(如图 3-14 所示)。认证学习模式作为一种增值教育服务,要求用户投入一定经济成本以换取包括官方认证成绩单和证书、智能问答解析服务以及视频学习辅助资料在内的全方位学习资源。与此相反,免费学习模式开放了对课程内容的完全访问权限,允许学生无需支付任何费用即可全面接触教师课件,参与各类测验、作业及考试,并在讨论区与其他学者进行学术交流。

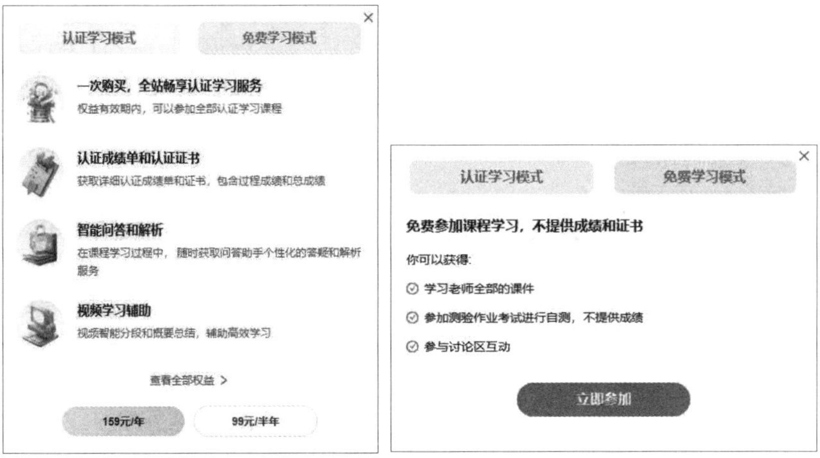

图 3-14 认证学习模式与免费学习模式

步骤 2:学习课件,参与作业测验考试。在界面左侧的功能栏中,用户可以便捷地访问一系列教育辅助工具，包括课程公告、课件、测验与作业、考试和讨论区，如图3-15所示。通过点击“课件”选项，用户能够逐章节地查阅与各讲座相对应的视频和PPT演示文稿。而选择“测验与作业”则允许用户进入并完成指定的课程任务。此外，位于界面右上角的“学习时长”功能，将精准记录每位用户的课时进度、视频学习的累计时长和完成的视频观看数量，为自我学术管理提供了一种量化且直观的方法。

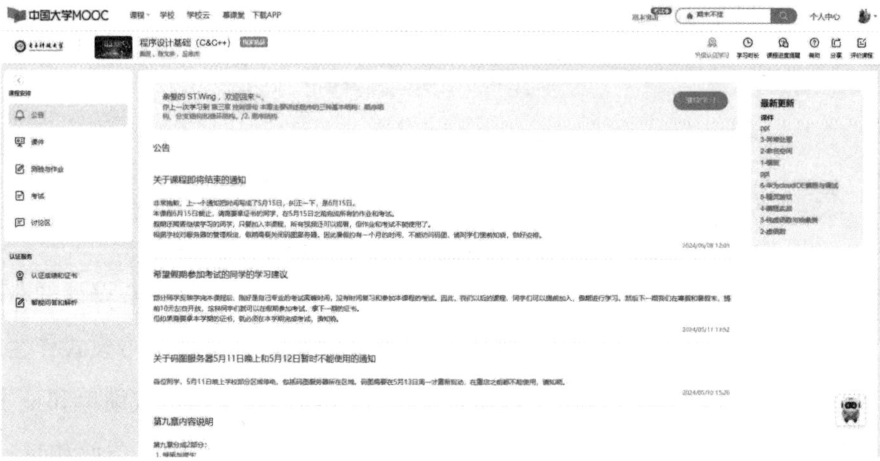

图3-15　免费学习模式界面

步骤3：积极参与讨论。在探索讨论区时，用户有机会进入多个子板块以发表和参与学术对话，包括但不仅限于教师答疑区、课堂交流区和综合讨论区。通过激活左上角的“发起主题”按钮，即可启动一个话题并分享见解或提出疑问。此外，通过点击主题帖旁的“关注”按钮，用户可对特定话题进行追踪。一旦关注了相关主题，用户便能够通过点击课程讨论区右上角的“我的讨论区主页”选项，便捷地查看和管理自己关注的话题列表，从而高效地参与并贡献于学术社区的构建与发展，如图3-16所示。

图3-16　平台讨论区界面

材料1　数字时代的教育媒介革新

网络时代的到来让我们的生活更加多元，让媒体的形式更加丰富，也使现有的信息传播方式更加具有多样性，这对于社会发展和大众生活水平提高具有十分积极的影响。正因媒体的加入，使得教师的教学过程变得生动活泼、有滋有味。它有利于师生之间的表达、加工和传递教学信息。计算机和网络技术的发展颠覆了传统课堂教学观，过去教师无法描述或难以涉入的微观世界，均可以通过视频演示让学生清晰感知，数字化的加入弥补了传统课堂的一些劣势，超越了时间、地点的限制，极大地促进了知识传播的进程。

媒体的发展史

材料2　教学资源的数字转型与优化

在当今信息技术迅猛发展的背景下，教育行业也迎来了前所未有的变革。数字化教学资源成为推动这一变革的主要力量，它不仅重塑了传统的教学方式，也为学生和教师提供了更为丰富和多元的学习途径。

数字化教学资源概览

材料3　智慧教育环境构建

面对大众教育时期的机遇和挑战，引入全新教育模式，利用先进的网络及多媒体技术，扩大教学规模，提高教育效率，提供优质的教学服务，创造先进的数字化教学环境是必不可少的。

探索数字化教学环境：从理论到实践

案例1　利用数字媒体资源优化教学准备

提升基因单元的教与学——高中生物课中数字化资源的运用

1. 背景描述

高中生物课程的下一个模块专注于基因相关的主题，这是学生理解遗传学原理和生物技术的关键部分。为了增强学生的参与度和理解能力，并帮助他们更好地掌握复杂的基因概念，生物老师沈老师计划利用有价值的数字化资源丰富教学内容。

2. 案例情境

沈老师负责一个45人班级的高中生物课教学，下一个选修主题是“基因工程”。为了使这一抽象且内容丰富的主题生动起来，并在课堂上实现更好的教学效果，他计划使用表3-5所示的教学准备实施步骤进行课前准备。

表3-5　教学准备实施步骤

实施环节	操作步骤
筛选资源	从科学数据库中筛选出最新的基因相关研究论文摘要，以及优质的动画视频和互动式基因模拟软件
整合资源	将这些资源上传到学校的学习管理系统（LMS），并为每项资源编写简短的介绍和说明，帮助学生理解和使用这些资源
设计活动	创建包括预习、课堂活动和课后作业在内的一系列以基因为主题的任务。如要求学生通过观看视频了解DNA复制的过程，然后在课堂上利用互动模拟软件进行虚拟实验
引导讨论	准备与现实世界相关的案例研究和伦理讨论问题，旨在让学生深入思考基因技术的应用和影响

续　表

实施环节	操作步骤
评价与反馈	通过在线测试和互动软件内置的评估功能,实时监控学生的学习进度,并提供个性化的反馈和辅导

3.预期课堂效果

沈老师经过课前准备和教学设计,期望实现以下效果:

(1)学生能够通过直观的视频更好地理解基因结构和功能。

(2)互动式基因模拟软件将提高学生的实验技能,使他们能够亲自操作并观察基因编辑和遗传变异的结果。

(3)现实世界的案例研究和伦理问题讨论将激发学生对生物伦理学的兴趣,并培养他们的批判性思维。

(4)及时的评价和反馈机制有助于学生自我监控学习进度,同时也让沈老师能够适时调整教学策略。

案例2　数字化资源在课堂教学中的有效运用

运用AI生成代码工具辅助C++编程教学——于老师的信息科技课

1.背景描述

某学校的信息科技课程中,于老师负责教授高中部的C++编程。他注意到学生们在理解复杂编程概念和编写代码时遇到了困难。为了提升学生的学习效率和兴趣,于老师决定在课堂上引入AI生成代码工具(AIGC)作为辅助教学资源。

2.案例情境

于老师准备了一个围绕C++面向对象编程的教学模块,并计划利用AIGC工具来帮助学生更好地理解抽象的编程概念和代码实践,具体如表3-6所示。

表3-6　教学过程实施步骤

实施环节	操作步骤
筛选资源	选择一个用户友好的AIGC工具——AI提示语，该工具能够根据用户的描述自动生成C++代码示例，并解释代码逻辑
整合资源	将工具的链接和操作指南上传到学校的学习管理系统（LMS），确保所有学生都能访问
设计活动	在讲解理论之后，安排学生使用AI提示语中的代码编写功能生成特定的C++代码段，并要求学生修改和优化生成的代码
实践应用	学生分组完成一个小项目，其中必须使用面向对象的概念。学生可以先用AI提示语生成框架代码，然后根据自己的需求进行修改和扩展
评价与反馈	通过在线提交代码和自动化测试，实时查看每位学生的项目进度，并通过LMS提供具体的反馈和建议

3. 预期课堂效果

于老师经过课前准备和使用AIGC工具，期望实现以下效果：

（1）学生能够快速理解C++编程的基本结构和语法，减少在编程初始阶段可能遇到的挫折感。

（2）通过修改和优化AI生成的代码，学生能加深对编程概念的理解，并提高解决实际问题的能力。

（3）项目式学习任务将鼓励学生主动探索和协作，同时运用所学知识解决具体问题。

（4）及时的评价和反馈将帮助学生识别和纠正错误，同时激励他们不断改进和深入学习。

▶▶ 随堂自测

第三章随堂自测

▶▶ 本章思考

(1)通过本章的学习,请寻找教育技术类的微信公众号和教育参考资源。

(2)在数字化资源的选择和使用上,如何平衡教师的主导性和学生的自主性?

(3)在现代市场中,哪些软件或平台与人工智能(AI)技术相结合,并广泛应用于获取和管理数字化资源?请从技术适应性、用户接受度、资源可访问性和在不同领域中的应用潜力等角度进行分析。

▶▶ 本章参考文献

[1] 邹红军.“人的发明”的教育意蕴及其启示——斯蒂格勒技术哲学发微[J].湖南师范大学教育科学学报,2021,20(1):21-30.

[2] 景建平.以数字化教学资源提升初中数学教学有效性[J].数字通信世界,2020(9):248-249.

[3] 侯德华.学校教学媒体的选择与应用策略[J].中共山西省直机关党校学报,2017(4):59-62.

[4] 袁涛美.数字化教育资源在小学教育中的应用研究[J].南昌教育学院学报,2017,32(1):99-101.

[5] 黄新辉.高校数字化学习资源的评价研究[J].中国教育信息化,2014(17):48-51.

[6] 禹奇才,唐连章,杨玉宝,等.以教学应用为核心,推进广州大学数字化教学环境的建设[J].中国教育信息化,2013(3):61-64.

[7] 黄荣怀,张进宝,胡永斌,等.智慧校园:数字校园发展的必然趋势[J].开放教育研究,2012,18(4):12-17.

[8] 张豪锋,李瑞萍.E-learning2.0环境下交互白板课堂教学设计及应用[J].现代教育技术,2009,19(7):38,56-59.

[9] 李辉.基于OpenStack的私有云计算平台的研究和实现[D].南昌:江西师范大学,2013.

[10] 李小宁,李磊,金连文,等.基于OpenStack构建私有云计算平台[J].电信科学,2012,28(9):1-8.

第四章　有效的资源处理技术

学习目标

一、知识目标。了解图像资源、音频资源、视频资源等数字化资源的含义、特点，了解各种数字化资源的表示方法。

二、能力目标。能够熟练使用常用的资源处理软件，并举一反三，熟练使用同类软件。

三、素养目标。通过活动思考与案例学习，能够独立地获取、处理、使用数字化教学资源。

第四章视频简介　　第四章PPT

活动12　图像资源处理技术

活动12 视频简介　活动12 PPT

计算机内的图像用二进制数值表示和处理，称为数字化图像。根据图像在计算机内存储方法的不同，可以分为位图图像（Image，简称图像）和矢量图（Graphic，简称图形）两种类型。位图图像以像素（Pixel）为基本构成单位，其存储方式为点阵存储，也称为点阵图像。一幅位图图像就是一个像素集合。使用数码相机、扫描仪获得的图像都是位图图像。矢量图不存储像素，而是用数学方法描述存储。矢量图显示的实际上是计算机执行由多个数学表达式构成的指令。矢量图适合表示简单图形，如CAD绘图、几何图形等。

任务1　对比与归纳——图像的编码及存储格式

图像经过数字化后，如果不进行压缩，数据量很大，将占用很多存储空间和信道带宽，不论是存储还是传输，都不方便。我们在计算机中看到的图像，绝大多数是用某种算法进行压缩、编码后再存储的。

不同的数字图像压缩算法，对应着不同的编码方案。常见的JPG、JPEG图像格式，是遵循JPEG（联合图片专家组）提出的一种静态图像编码方案。这种编码属于有损压缩，能够将图像文件大小压缩到原始文件的1/40~1/5。

PNG图像格式也很常见。这种图像编码格式是由一个名为PNG（Portable Network Graphics）的工作组制定的，是一种无损压缩，压缩率不高。

BMP图像格式是Windows操作系统中常见的图像格式。Windows系统内部各图像绘制、处理操作都以BMP为基础。这种编码几乎不采用任何压缩算法，因此它是无损存储的，这也导致BMP图像所占用的存储空间较大。

WEBP、AVIF图像格式在网络上应用较多，主流的网络浏览器都可识别。但目前较多教学应用软件不能直接支持，使用前需要对其进行转码。

除了以上介绍的图像格式，还有多种其他类型的图像格式。请结合以往的学习经验，对比归纳各种图像格式的特点、应用场景，并填写表4-1。

表4-1 常见图像格式的特点及应用场景

图像格式	特点	应用场景
JPG		
PNG		
BMP		
WEBP		
AVIF		
……		

任务2 探究与实践——图像转码

通过任务1，我们已经了解了各种图像格式的特点及应用场景，接下来请阅读材料1，从网上获取一幅WEBP格式的图像，使用Imagine软件进行适当的裁剪，并将其转码存储为JPG格式。

任务3 能力与提高——图像设计与处理

阅读材料2和材料3，然后自己拍摄或用其他方式，获取一幅“阴天背景的山水图”、一幅晴天“蓝天白云图”，利用Photoshop软件，采用两幅图像抠图替换的方法，将图中的“阴天”背景改为“蓝天白云”背景。

活动13 音频资源处理技术

活动13 视频简介

活动13 PPT

音频是数字化教学、学习中的重要资源之一。常用的音频资源包括语音解说、语言口语学习、自然界的各种声音等。

前文学习图像资源处理技术的时候提到，计算机内的图像包括位图图像和矢量图像两种类型，数字音频与之相似，也有两种类型。一种类型是对自然界的真实声音录音、采样，按照特定算法用二进制的方式存储。其特点是保真度好，可以表示自然界的任意声音，但存储数据量偏大。另一种类型是存储声音的“指令”，预先定义好各种乐器的音色数据，播放时，类似于用软件“唱乐谱”。其特点是听感不太自然，只能表示乐器，不能用于人声，数据量小。本章只介绍第一种类型的数字音频。

任务1　阅读并探究——数字音频的表示与编码

阅读本章材料4和材料5，了解数字音频的表示方法和编码格式，并尝试探究电脑、平板、手机、录音笔等设备上音频文件的编码格式。

任务2　探究与实践——获取并处理数字化音频

阅读本章材料6，然后录制一段音频，如朗读或旁白，之后用Adobe Audition对这段音频进行相关处理，如删除头部尾部的空白、降低底噪、去除啸叫音、添加配乐等。处理完成后，将其存储为128 k码率的MP3格式文件。

活动14　视频资源处理技术

活动14 视频简介　活动14 PPT

计算机视频是由一系列的静止画面按照一定的顺序排列而成的。这些静止画面称为帧，每一帧与相邻帧略有不同。当帧画面以一定的速度连续播放时（如每秒播放25幅帧画面，简写为25 FPS），由于人眼的视觉暂留现象造成了连续的动态效果。

任务1　阅读并探究——数字视频的表示与编码

阅读本章材料7，了解数字视频的表示方法与编码格式，并尝试探究电脑、平板、手机等设备上视频文件的编码格式。

任务2 探究与实践——录制屏幕并转码

阅读本章材料7和材料8，使用录屏软件，录制一段屏幕操作视频，然后用格式工厂(Format Factory)转码软件将视频转换为AVI格式。

任务3 能力与提高——处理数字化视频

阅读本章材料8，录制一段分辨率为720 P或1 080 P的视频。之后用Adobe Premiere或其他软件对这段视频进行处理，如增加片头片尾、添加字幕、添加配音等。处理完后，将其存储为MP4格式。

材料1 Imagine软件的安装与使用

操作系统自带查看图片的软件，其功能比较简单，使用第三方的图片查看软件可以实现更丰富的功能、更便捷的操作。这类软件包括Imagine、XnView、IrfanView等。这里以Imagine软件为例，介绍其用法。

1. 下载Imagine软件及插件

Imagine是一款免费软件，该软件设计精巧，识别迅速，运行流畅，用法简单，还支持通过插件扩展软件功能。在浏览器地址栏输入该软件的官网网址“https://www.nyam.pe.kr/dev/imagine”，如图4-1所示，在网站上方菜单栏单击“download”文字链接，跳转到下载界面。

说明：此处以安装Imagine为例介绍软件的安装方法，本章用到的其他软件的安装过程不再详细介绍。

图4-1 Imagine网站

在下载界面的“Main Program”栏目下载主程序。选择与操作系统相适应的主程序版本，可以选择“ZIP Version”或“EXE(installer) Version”，如图4-2所示。“ZIP Version”即压缩包版本，该版本不需要执行安装过程，解压后即可使用。“EXE(installer) Version”版本需要执行安装过程后才可以使用。对计算机操作或软件不熟悉的同学，建议选择“EXE(installer) Version”，由安装向导自动配置软件。

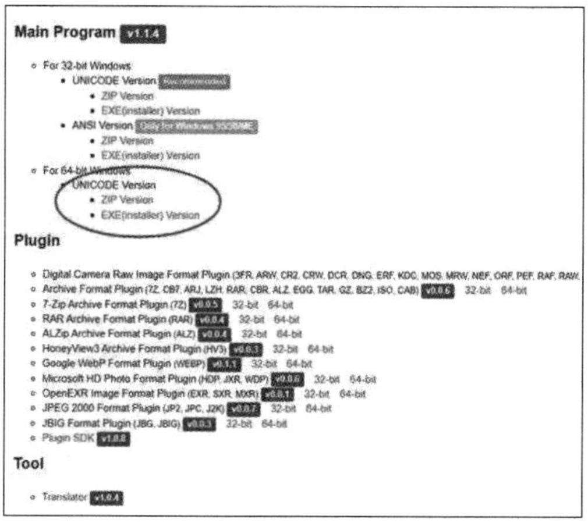

图4-2 Imagine软件下载界面

下载Imagine主程序后，在下载界面的“Plugin”栏目下载常用插件，以扩充Imagine软件功能，使之支持压缩文件操作、支持更多的图像格式。“Digital Camera Raw Image Format Plugin”插件用于打开数码相机拍摄的源码照片；“Archive Format Plugin”插件用于打开多种压缩文档里面的图像；“Google WebP Format Plugin”插件用于打开WEBP格式的图像。

2. 安装Imagine主程序

双击下载到计算机上的“Imagine_1.1.4_x64_Unicode.exe”文件，显示初始安装界面，单击“Next”按钮开始安装。

安装过程中，出现选择程序界面“语言”对话框，选择“Simplified Chinese”(简体中文)。

接着勾选允许软件Imagine关联打开的图像格式。BMP、GIF、JPG、PNG、TIFF格式为常用的图像格式，其他扩展名根据需求自行选择。

3.安装插件

Imagine主程序安装完成便可以直接使用，而安装插件可以扩展软件的功能。解压已下载的插件程序，把程序的文件复制到Imagine安装目录下的Plugin文件夹中即可。

4.使用Imagine

默认设置下，按一下空格键“Space”，查看下一幅图像，按一下退格键“Backspace”查看上一幅图像。点击软件的“选项”菜单，可以定制适合自己的软件工作环境，比如键盘快捷键、背景颜色、鼠标动作等。除了查看图像，还可以用Imagine对图像做某些常用的编辑，如图像格式转换、裁剪图像、调整图像颜色、旋转图像、调整图像尺寸、添加滤镜等，并支持批量转换。

(1)图像格式转换。用Imagine打开一幅图像，然后点击“文件”菜单下的“另存为”命令，打开“另存为”对话框，在对话框的“保存类型”下拉列表中选择需要转换的图像格式，如图4-3所示。如有必要可以单击对话框中的“选项(O)…”按钮，设置新图像格式的编码属性。图像命名后点击“保存”按钮即可完成图像格式转换。

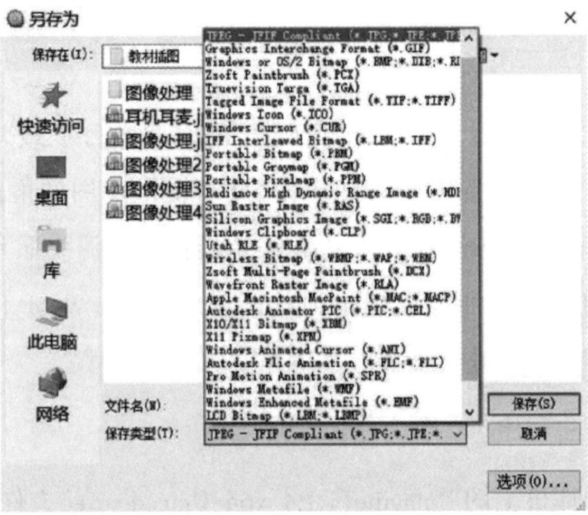

图4-3 “保存类型”下拉列表

（2）裁剪图像。用Imagine打开一幅图像，拖拽鼠标绘制一个矩形虚线框，虚线框内包含想要保留的部分图片。然后选择“编辑”菜单下的“裁剪”命令，如图4-4所示，完成后保存裁剪的图像。

图4-4　“编辑”菜单中的“裁剪”命令

材料2　使用 Photoshop处理图像

图像处理，除了图像格式转换、裁剪图像外，还包括修复图像、去除噪点、去除瑕疵、调整曝光、替换颜色、去除水印、全局或局部增强与减弱、把多幅图像合成一幅图像等。此处以Photoshop软件为例，介绍图像处理的方法。

Photoshop，简称PS，是目前市面上最为流行的平面图像处理软件之一。Photoshop主要处理位图图像，其功能有图像编辑、合成、校色、特效制作等。它在平面设计、课件设计、网页设计、装帧设计、摄影、印刷等领域的应用十分广泛。下面通过“调整图像背景色调——将黄绿色的背景改为绿色背景”示例初步了解该软件的用法。

用PS打开位图图像“草原.jpg”，如图4-5所示。

图4-5　打开图像初始界面

选取PS工具栏中的“魔棒工具”，在对应属性栏的“选区模式”区域选择“添加到选区”，输入合适的容差值，此处初始输入“32”，然后用鼠标左键多次单击图像背景区域。若操作过程中发现选区过大，把背景色以外的颜色也包括进选区，则在“历史记录”面板中撤销某个步骤，改小容差值，再次选择背景区域，直至选中整个背景区域。然后单击“图像”菜单下的“调整→色相/饱和度”命令，用鼠标拖拽“色相”滑竿，直至背景色调变为绿色，如图4-6所示。完成颜色调整后点击“确定”按钮，保存调整后的图像即可。

图4-6　调整图像背景色调界面

材料3　处理图像的其他方式

用Photoshop处理图像，对某些初学者有一定的难度，命令多，操作步骤复杂，较难理解其中的专业术语。若只是仅对图像做简单的处理，如去除图像水印、去除图像上的瑕疵物品、简单抠图等，可以使用功能简单一些的软件，如美图秀秀、光影魔术手、Inpaint或其他小程序。

随着人工智能技术的发展，某些网站可以利用AI技术对图像进行在线处理。使用这类网站处理图像，用户不需要专业知识、不需要了解详细的操作原理与步骤。如removebg网（https://www.remove.bg/zh），用户把待处理的图像上传到网站，可以去掉图像的背景色或进行抠图，处理完后把图像下载回本地即可；也有网站可以实现对图像进行比较复杂的在线编辑、设计，如Canva（可画）（https://www.canva.cn）。Canva的设计编辑器拥有丰富的智能编辑功能，用户可以零门槛、拖拽式设计，初学者、专业设计师都适用。

材料4　数字音频的表示方法

数字音频是一个数字序列，在时间上只能是断续的。因此当把在时间上连续的模拟声音变成数字声音时，需要每隔一小段时间在模拟声音波形上取一个幅度值（样本），称之为采样。采样率是指每秒钟采集的样本数，以赫兹（Hz）为单位。如果我们把一秒钟的声音波形均匀分成8 000份，记录下这8 000个声波幅度值，则采样率为8 kHz。

原则上说，要使声音的音质好，则采样率必须高，但采样率高数据量必然大。不同应用领域的数字音频对音质要求不同，可以使用不同的采样率。如语音电话使用8 kHz采样率，FM调频无线广播使用22.05 kHz或24 kHz采样率，音乐CD唱片使用44.1 kHz采样率，Blu-ray蓝光光碟使用96 kHz—192 kHz采样率。

模拟音频经过采样后，再进行量化、编码，转变为数字音频用二进制数字存储下来。音频转换的基本过程：a. 信号（模拟声音）→b. 采样→c. 量化→d. 编码→e. 数字音频，如图4-7所示。

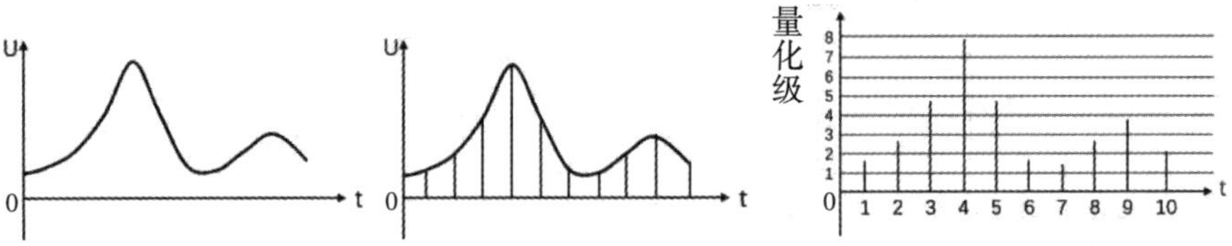

a.信号　　b.采样　　c.量化

样本序号	1	2	3	4	5	6	7	8	9	10
十进制样本值	2	3	5	8	5	2	2	3	4	3
二进制编码	010	011	101	111	101	010	010	011	100	011

d.编码

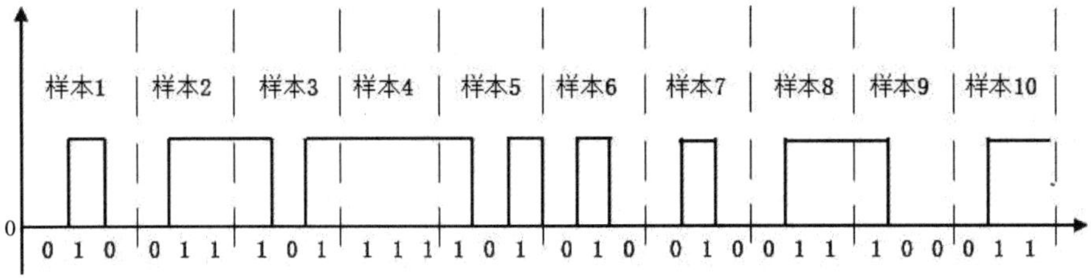

e.数字音频

图4-7　音频转换的基本过程

材料5　数字音频的编码格式

音频编码,是指把采集到的音频数据用某种算法表示出来。在Windows系统中,默认的音频编码方案是脉冲编码调制(Pulse Code Modulation,PCM),对应的音频文件扩展名为“.WAV”。Windows系统可以很好地支持WAV文件,常被用于其他编码文件的基础文件,或不同编码文件相互转换的中间文件。然而,并非所有的WAV文件都采用PCM编码,WAV格式对音频流的编码没有硬性规定,这就是为什么有些WAV文件无法用默认的播放器打开的原因。

非压缩的WAV音频文件数据量大,占用很大的存储空间,传输时也会受到一些限制。在Windows系统中,一般用WAV格式存储时间很短的音频,如提示音、效果音、简短的人声等。长时间的音频,一般用压缩编码方案。

压缩编码又分为无损压缩、有损压缩两种类型。常见的无损压缩音频格式有APE、FLAC、WMA-Lossless、ALAC等,它们对减小音频数据量的效果有限,只能达到压缩前音频数据量的三分之二。这类文件适合存储高保真音乐,在普通教学软件、课件中很少使用。

常见的有损压缩音频格式包括MP3、WMA、M4A、OGG、AAC等。根据应用场合的不同，各种编码都可以选择不同的码率，使编码后的音频数据量变为压缩前的1/18—1/3。码率越低，音频文件越小，音质越差。对于音乐音频，一般使用128 k的码率，对于人声，如对白、朗读，可以使用64k的码率。

MP3（MPEG-1 layer3）格式采用动态图像专家组（MPEG）制定的音频编码方案，WMA（Windows Media Audio）格式是微软公司制定的音频编码方案，这两种音频格式目前使用广泛，被大多数软件支持，兼容性很好。MPEG-4音频标准的文件扩展名为".M4A"，Windows 10系统支持M4A格式，之前的版本则不支持。OGG、AAC都是优秀的编码方案，但在Windows系统中，它们没有普及。

材料6　处理数字音频的常用软件

1. 音频转码或格式转换

在制作教学软件、课件时，为了能在软件中使用某个音频，需要进行音频转码或格式转换。大多数音频播放器都有转码功能，也可以使用专门的转码软件。

Windows系统自带音频播放器"Windows Media Player"，可以用它把CD唱片中的声音转码翻录到计算机中（CD唱片中的声音不能被复制，只能翻录）。具体操作：点击"工具"菜单，选择"选项"命令，在打开的"选项"对话框中单击"翻录音乐"选项卡，如图4-8所示，在"格式"下拉列表中选择目标音频格式，单击"更改"按钮完成转码。

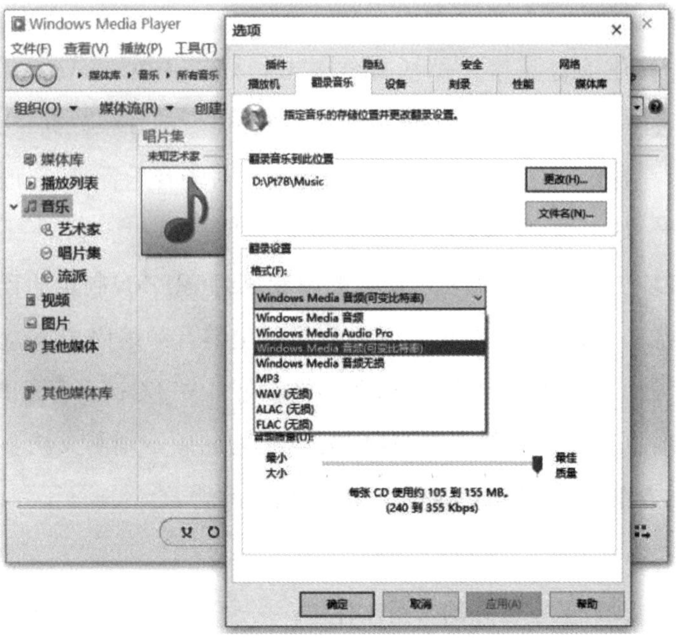

图4-8 音频转换的基本过程示意图

使用专门的转码软件操作更为便捷。这类软件很多,本章介绍一款方便、易操作的国产软件Format Factory(格式工厂)。这是一款面向全球用户的免费软件,可以用它转换各类音频编码,如把非压缩的WAV格式转为压缩的MP3、WMA格式,把AAC格式转码为MP3、WMA格式等。除了音频转码,还可以用它转换各类图像编码、视频编码。此外,还可以利用Format Factory从视频中提取音频。

2.使用Adobe Audition处理音频

Adobe Audition,简称AU,是一款专业的音频编辑、混音软件。该软件功能全面,操作比较简单,界面美观,如图4-9所示。它是制作教学课件、教学视频的好帮手。使用这款软件可以实现录音、音频格式转换、裁剪音频、消除麦克风爆音、消除底噪、修改响度、改变音调、扩展立体声、合并声音等效果。

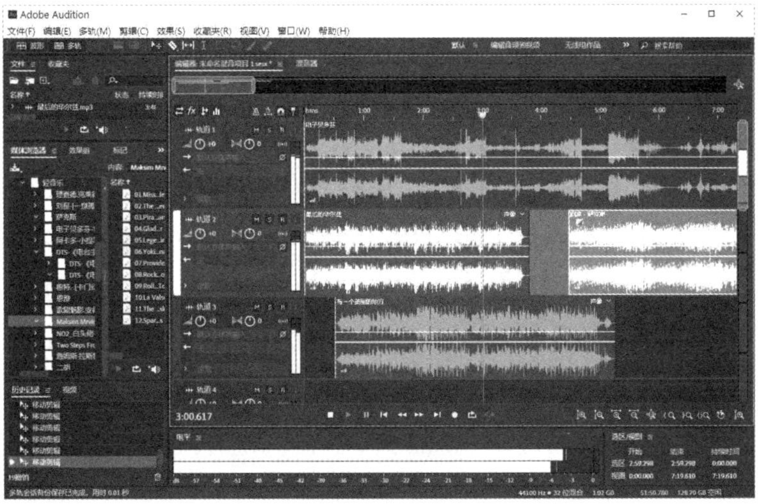

图4-9　Adobe Audition工作界面

3. 使用GarageBand处理音频

对于使用苹果计算机macOS操作系统的用户，可以使用软件GarageBand处理音频，如图4-10所示。该软件操作方便，容易上手，音效专业。

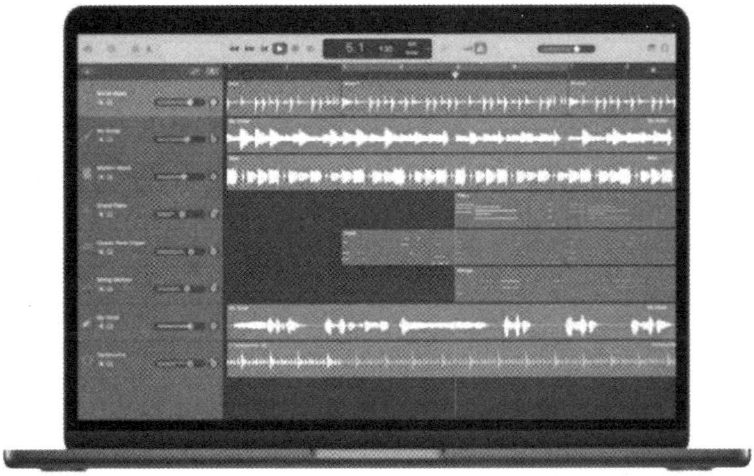

图4-10　GarageBand工作界面

材料7　数字视频的表示与编码

视频信号数字化后，数据带宽很高，通常在20 MB/s以上，计算机很难对之进行存储和处理。采用压缩技术可以将数据带宽降到1 MB/s~10 MB/s。视频压缩技术是计算机处理视频的前提。进行压缩时,各种压缩算法都允许调整压缩码率。码率越大,音画质量越高,视频文件越大。我们要根据应用场合的不同,选择合适的码率。

Windows操作系统里最基本的视频格式是AVI(Audio Video Interleaved)格式,几乎所有运行在Windows系统上的视频编辑软件,都以AVI为基础。在教学软件的片头片尾、教育多媒体光盘、教育游戏中,大量使用AVI格式的视频。

AVI格式的视频可以使用各种不同的编码方案。微软、MPEG、Intel、国际电信联盟电信标准分局、索尼、松下等组织或公司制定的编码方案都可以使用,常用的有MPEG-1、MPEG-2、MS-MPEG4、WMV9、VC-1、DV、MPEG-4、H.264/AVC等。

常见的视频格式还有MPG、MP4、WMV、MOV,它们在各种版本的Windows系统中,都被很好支持,兼容性也很好。不同视频格式在视频分辨率、应用场景、画面清晰度、码率、文件大小、软硬件环境等方面有所差异。我们在使用视频时,需要综合考虑各种因素,选择最恰当的一种格式。

材料8　处理数字视频

1.视频转码或格式转换

视频编码方案有很多,但被操作系统、教学应用软件原生支持的却有限。另外,由于数字视频的扩展名实际上是一种封装格式,而不是编码格式,所以有的视频扩展名虽然是AVI、WMV等常见的格式,在教学应用软件中却无法正常使用。

使用转码软件可以解决以上问题,如格式工厂(Format Factory)、AVS Video Converter、福昕视频转换等。

2.使用Captura软件录屏

Captura录屏软件是一款免费软件,操作简单、功能实用。它能够将屏幕上的任意区域、窗口录制成视频,支持捕捉屏幕、摄像头、音频、光标、鼠标点击和按键,可以轻松完成屏幕录制、制作视频教程等操作。软件界面如图4-11所示。

图4-11　Captura录屏软件界面

使用Captura软件时，需要配合FFmpeg软件才能完成录制音频、视频等操作。FFmpeg也是免费软件，它包含了非常先进的音频、视频编解码库libavcodec，其作用是对音频和视频进行压缩编码。把FFmpeg下载到计算机，将解压缩后的文件放在一个文件夹里，不需要安装。打开软件Captura的设置对话框，指定FFmpeg的主程序存放目录即可，如图4-12所示。

图4-12　在Captura中设置FFmpeg存储目录

3. 使用软件编辑视频

使用编辑软件，可以进行视频的分割、合并，修改配音、片头片尾、字幕，调节视频的亮度、对比度、色调,添加滤镜,进行蒙太奇创意剪辑等。

在Windows系统下,有很多视频编辑软件可供使用,如OpenShot、爱剪辑、Shutcut、Adobe Premiere(PR)等。相对而言,OpenShot、爱剪辑两款软件操作简单,界面直观,适合非专业人员使用;Shutcut操作稍微复杂,但功能完善;Premiere在国内知名度较高,很多教材将它作为非线性编辑的代表性软件。

在macOS系统下,可以使用iMovie、Final Cut Pro等视频编辑软件。

案例1 《视频的获取与加工》教学案例

1.案例背景

《视频的获取与加工》是苏科版《初中信息技术》上册第7章第2节的内容,作为初中信息技术必修内容的最后一个章节,其教学的内容比较多,学习难度比较大,涵盖了信息的获取、存储、加工、发布一整套流程。从目前初中信息技术课程体系来看,它既是独立的视频作品创作,又为今后的多媒体创作、网页制作等积累相关素材,有着承上启下的地位和作用,重点是让学生对今后完整的视频作品创作有着全局的感知,因此本课在学期整体教学结构中显得尤为重要。

2.教学目标

了解视频表达的意义,了解视频的获取途径与方法,了解视频的格式并学会常用格式的转换,学会选择合适的软件进行视频的剪辑合成等简单编辑方法。

3.案例设计

(1)创设氛围,引入课题。

教师活动:提出问题——一年之中有许多节日,每个节日都传递着一种爱的情感,在即将到来的母亲节里,我们可以为妈妈做些什么来报答她的养育之恩呢?要求学生观看同学制作的视频——《爱的礼物》。

学生活动:观看视频,进入情境,展开联想与思考问题。

设计意图:通过一段与生活息息相关的视频,创设一种能够触动学生情感的情境,渲染气氛,使学生学会欣赏优秀视频,从中感受所表达和传递的思想内涵,激发创作的热情,利用所学的知识为母亲送上一份特别的礼物,从而引入本节课的课题——视频的获取与加工。

（2）获取素材，认识格式。

教师：巧妇难为无米之炊，在创作视频作品前，我们首先要做什么？（确定主题、收集素材）有哪些途径和方法能够收集视频素材？下载是一种常用的获取方法，请同学上台展示一下。

学生活动：思考并回答问题（网络下载、从光盘里获得、用DV拍摄等）。学生上台展示视频的下载方法，其他同学观察学习。

设计意图：此环节主要是让学生了解视频图像的原理及视频文件的获取途径与方法。关于视频的获取，学生首先想到的可能是网络下载，教师一方面要告诉学生网络资源的使用要尊重原作者的知识版权，不可盲目依赖，另一方面要鼓励学生学会自主创作，如DV拍摄。本环节基于学生已有的认知水平进行引导和梳理，扩展知识面，利用学生展示激发表现欲望和学习热情。

教师活动：通过不同途径获取的视频文件是有区别的，仔细观察一下文件的属性，看看有什么不同？布置练习任务一：找不同。

学生活动：小组合作探究，播放任务一中的视频，观察文件类型与特点，并记录在表格中。

设计意图：通过"找不同"的游戏活动，鼓励学生对视频文件的格式和大小等要素进行观察和分析，总结并归纳出特点，引出对视频格式的理解和认识，为下一环节的学习做好铺垫。

（3）格式转换，剪辑视频。

教师活动：视频文件的格式五花八门，为了方便使用常常需要统一格式，如何转换呢？引出"格式工厂"软件，讲授格式转换的方法。布置练习任务二：将素材包中视频文件转换成MPG格式。

学生活动：聆听教师讲授，观察学习转换的方法。分小组选择练习素材，进行格式转换。

教师活动：（任务拓展）在视频转换中发现有些不需要的内容如何剪辑？布置任务三（拓展练习）：剪辑视频中间的图片部分。

学生活动：完成教师布置的分层任务，在转换格式的过程中，掌握剪辑的关键——开始时间和结束时间。

设计意图:在生活中经常会遇见类似格式转换的问题,通过实践学习,讲解格式转换的必要性和方法,主要的知识点集中在:①根据不同需要转换相对应的格式;②对不需要的部分在转换中可以直接进行剪辑。

(4)合成视频,分享发布。

教师活动:一部优秀视频作品都是由多个素材(片段)合成制作完成的,合成制作通常称之为后期制作,先由老师演示讲解合成步骤:选择输出格式—导入素材—合成视频。接下来布置练习任务四:合成视频。巡视课堂,指导学生练习。

学生活动:先观察教师操作方法,再参照课件,实践练习,保存并上传作品。小组代表展示作品,评价同学作品,畅谈体会,分享收获,思考小结学习。

设计意图:经过前面的学习,学生对软件的操作已经不再陌生,故此环节以学生合作探究为主,教师加以指导,学生利用作品展示学会评价和欣赏作品。

教师活动:通过今天的学习,你们离导演的距离已经不远了,只要继续学习下去,就一定能够制作出优秀的视频来回报关心爱护我们的人。

设计意图:通过实践练习,在创作中体验软件的各项功能,学会选择合适的视频编辑软件。通过小结梳理本节课的主要知识内容,在分享完成作品的喜悦的同时,学生对视频制作已经有了一个整体的印象,同时也开始不满足于简单加工,渴望学到更高级的处理技术。

4.案例反思

本课以主题创作的形式贯穿整个教学活动,围绕视频的获取、文件格式转换和简单的剪辑合成操作,将各个知识点有选择地进行整合,以发现问题、解决问题的思路进行自然串接。选择比较简易的工具进行加工,降低学习难度。通过本课的学习能呈现出一个简单的视频作品,提升学生视频创作的成就感和学习信心。

▶▶ 随堂自测

第四章随堂自测

▶▶ 本章思考

(1)在制作教学软件、课件时,为什么需要对文本、图像、音频或视频进行转码?

(2)在网上找一段视频,用录屏的方式将其保存到本地计算机。

第五章　教学资源的整合与应用

学习目标

一、知识目标。了解教学演示文稿中“母版”“动画”“图片”等知识；掌握“利用多媒体创设情景”“利用Focusky制作交互课件”“利用AI生成课件”等方法。

二、能力目标。通过加强信息技术在教学中的应用，使教师学会利用信息技术优化课堂教学，从而提高其运用信息技术进行教学活动的能力；通过引导教师转变教学方式，学会运用信息技术促进学生的自主学习，进而提高教师帮助学生转变学习方式的能力。

三、素养目标。实现新课标所明晰的信息技术学科核心素养。包括“信息意识”“计算思维”“数字化学习与创新”及“信息社会责任”四个核心内容；培养具有扎实信息技术理论基础和较强信息技术实践能力的现代化教师。

第五章视频简介　　第五章PPT

活动15　制作动态PPT

活动15 视频简介　　活动15 PPT

在教学过程中，时常需要课件来辅助教学。教师可以通过PowerPoint演示文稿制作课件，包含文本、图片、媒体等内容，丰富课堂教学。课件中的动画效果和切换效果可以使页面更加生动有趣。本活动我们主要学习利用PowerPoint制作动态PPT。

1.PowerPoint使用说明

(1)新建演示文稿。

打开PowerPoint软件，选择“开始”→“新建空白演示文稿”，或“新建”→“新建空白演示文稿”。

(2)幻灯片操作。

复制幻灯片：在幻灯片缩略图区域选择幻灯片，单击鼠标右键，在下拉列表中选择“复制”，再次单击鼠标右键，在下拉列表中选择“粘贴”。

删除幻灯片：在幻灯片缩略图区域选择要删除的幻灯片，在下拉列表中选择“删除”。

调整幻灯片顺序：在幻灯片缩略图区域通过拖拽幻灯片来改变其顺序。

放映幻灯片：选择“幻灯片放映”→“从头开始”表示从第一页幻灯片开始放映；选择“幻灯片放映”→“从当前幻灯片开始”，或单击界面右下方“播放”按钮表示从所选幻灯片开始放映。

(3)设计幻灯片母版。

选择“视图”→“幻灯片母版”，在此模式下设计统一的背景、标题和内容样式。设计完成后，选择“关闭母版视图”应用母版。

(4)添加文本和图片内容。

使用文本框工具添加文本内容，并设置字体、字号、颜色、背景、正斜体等。

选择“插入”→“图片”，调整图片大小和位置。使用“图片工具”进行裁剪、效果设置等操作。

(5)使用图形和媒体。

利用“形状”工具绘制圆、正方形、矩形等图形，用于布局和美化幻灯片。

插入视频、音频媒体文件时，选择“插入”→“媒体”→“视频”或“音频”。调整媒体文件的大小和位置，并设置播放属性。

（6）设置超链接和动画效果。

选中要设置超链接的对象，选择“插入”→“超链接”，输入跳转的目标幻灯片或网址。

为对象添加动画效果时，选择“动画”，然后选择适当的动画类型。

设置幻灯片切换效果时，选择“切换”，然后选择切换方式和速度。

（7）保存和发布。

直接点击“保存”或快捷键“Ctrl+S”另存文件。

任务1　制作与思考——制作“恰同学少年”动态PPT

相信大家对于PPT制作并不陌生，PowerPoint的基本操作都已经掌握了。本任务以制作“恰同学少年”动态PPT为例，学习制作PPT的进阶技巧。

“恰同学少年制作”素材

制作动态PPT操作视频

“恰同学少年”PPT最终效果

一、制作步骤

步骤1：设置幻灯片母版：打开PowerPoint软件，新建“空白演示文稿”。选择“视图”→“幻灯片母版”（图5-1）→“设置背景格式”→“图片或纹理填充”→“插入”→“来自文件”→选择相应图片（图5-2），填充整张幻灯片，设置完成后关闭母版视图（图5-3）。

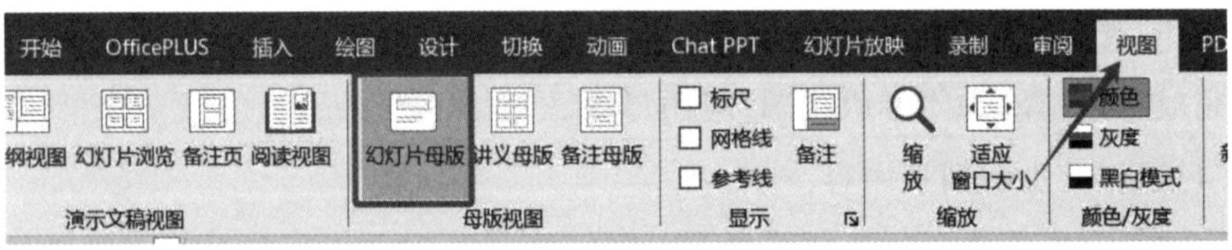

图5-1　打开母版视图

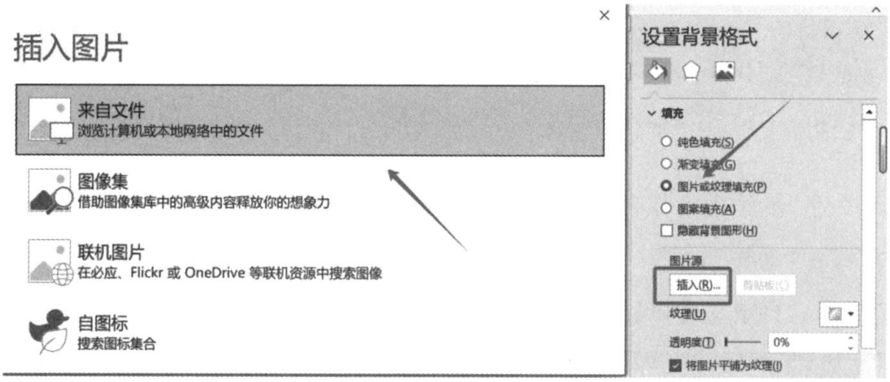

图 5-2 设置背景格式和插入图片

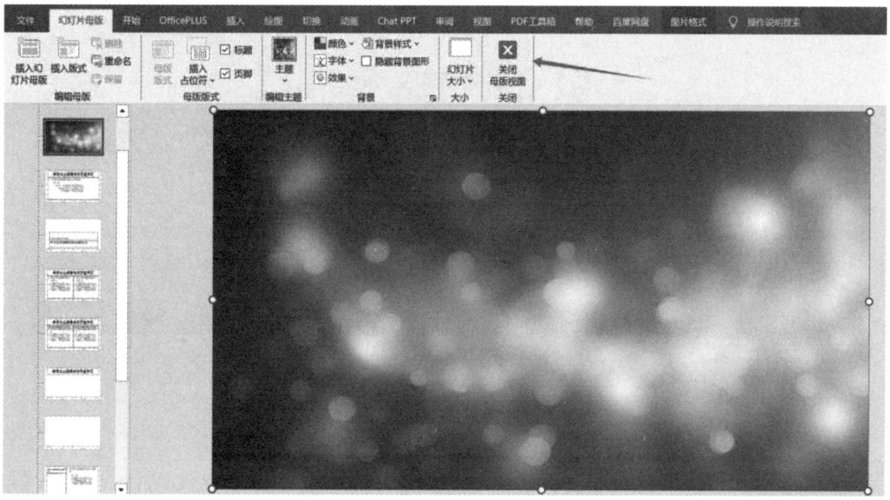

图 5-3 设置完成后关闭母版视图

步骤 2:添加动画:在第一张幻灯片插入飘动的气泡,添加文字,改变文字的字体样式,给文字添加动画。分别给文字“三十年梦回师大”“三十人重聚赭麓”添加进入动画“缩放”,计时选择“与上一动画同时”,设置动画持续时间(图 5-4)。添加退出动画“浮出”,计时选择“与上一动画同时”,设置动画持续时间(图 5-5)。

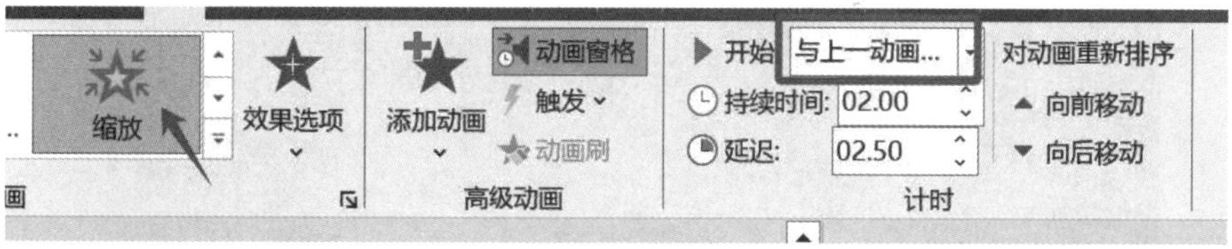

图 5-4 设置进入动画

图5-5　设置退出动画

给文字“献给教育系首届毕业生”添加动画。添加进入动画“出现”，设置动画格式。添加“动作路径”→“自定义路径”（图5-6），画出动画路径（按住“Shift”键画一条直线）。自定义动画路径设置结果如图5-7所示。

图5-6　设置自定义动画路径

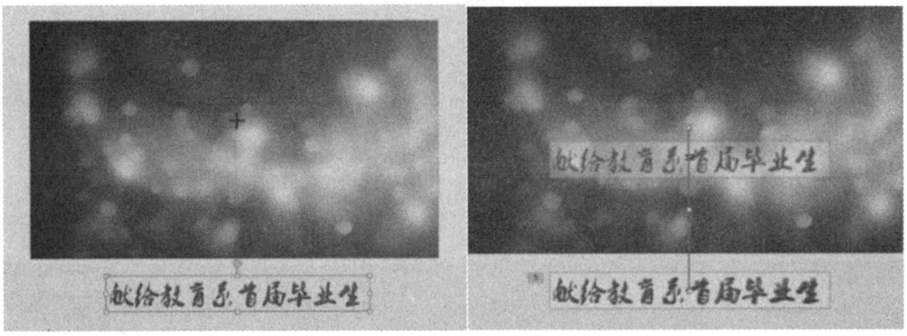

图5-7　自定义动画路径效果

新建第二张幻灯片，插入图片进行装饰，同样地给图片插入动画效果。插入文字，修改文字的字体、大小、颜色及文本轮廓。给文字添加动画。标题页面设置如图5-8所示。

图5-8　标题页面

在幻灯片缩略图区域选择第一张幻灯片，复制该页幻灯片，并移到第二张后面，新建第三张幻灯片。“开始”→“选择”→“选择窗格”（图 5-9），其中“眼睛”代表“显示”或“隐藏”，隐藏不需要的页面元素，添加新的文字，并添加动画。第三张幻灯片效果如图 5-10 所示。

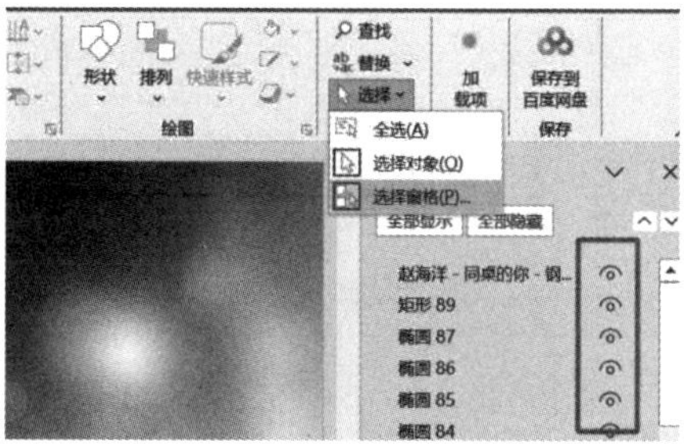

图 5-9　选择窗格

图 5-10　第三张幻灯片效果

新建第四张幻灯片，插入 GIF 格式图片和“图片 1.png”；插入竖排文本框，将准备好的文字复制到文本框里（图 5-11）。修改文字的字体、大小、颜色及文本轮廓。对文字添加动画“出现”，对添加的动画设置效果，如图 5-12 所示。

图 5-11　插入图片和文本框

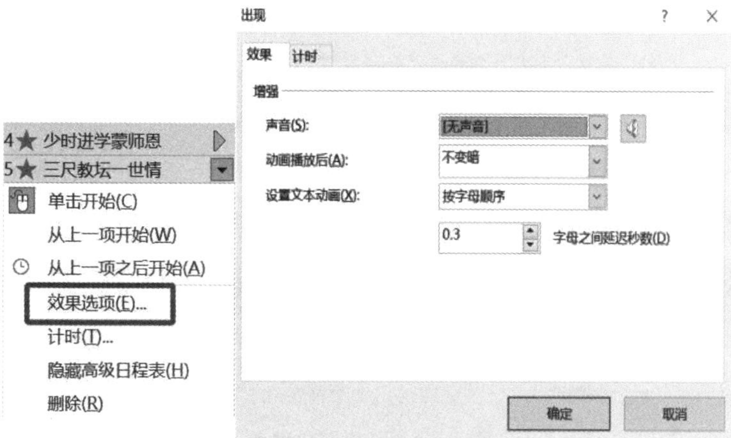

图 5-12　设置文本框动画效果

插入图片“1.jpg”，给图片插入进入动画，“更多进入效果”→“曲线上升”。插入退出动画“向下曲线”，设置动画时间、出场顺序等，如图 5-13 所示。

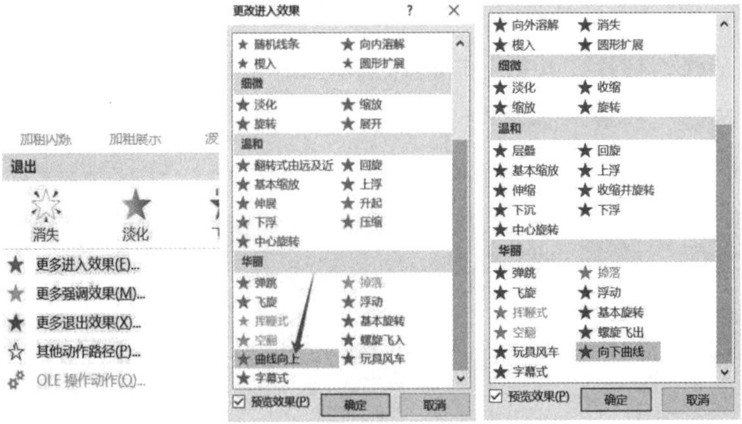

图5-13　设置动画进入和退出效果

插入其他照片，调整图片的大小和图层顺序。调整图层顺序，选择对象→“开始”→“排列”→“排列对象”，或选择对象，单击鼠标右键→“置于顶层”或“置于底层”，如图5-14所示。

图5-14　设置图片图层顺序

设置图片样式。选择图片→“图片格式”→“图片样式”。可以选择预设样式，也可以自己修改图片的边框、效果、版式等，如图5-15所示。

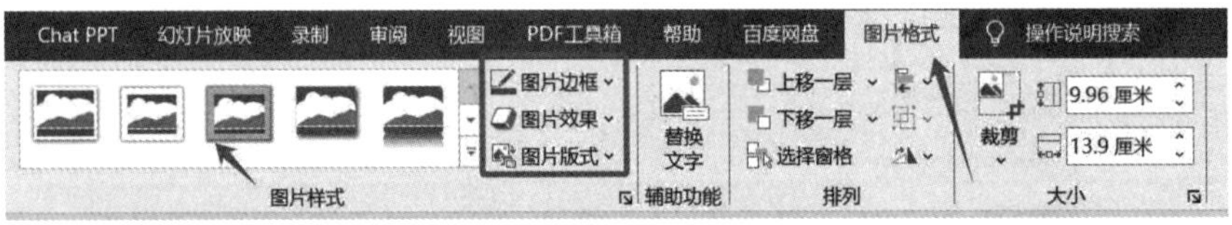

图5-15　设置图片样式

给图片加入动画，并设置动画格式。动画全部设置完毕后，点击“预览”可以预览动画，如图5-16所示。

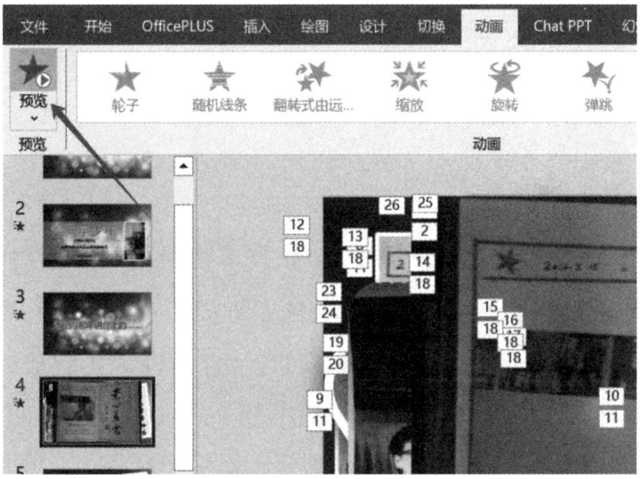

图5-16　预览动画

复制第三张幻灯片，将其移动到第四张幻灯片后，修改文字内容，其他格式不需要修改。复制幻灯片时添加的动画、切换效果等都会复制。

其他幻灯片操作基本相似，添加图片、文字后添加动画，根据需求设置相应动画格式和动画效果。

步骤3：设置幻灯片切换：选择幻灯片缩略图，点击“切换”选项卡，如图5-17所示，设置幻灯片切换效果。

图5-17　“切换”选项卡

幻灯片1、9、10、11、12切换效果为“推入”；幻灯片3、5、7切换效果为“涟漪”；幻灯片2切换效果为“分割”；幻灯片4切换效果为“剥离”；幻灯片6切换效果为“百叶窗”；幻灯片8切换效果为“棋盘”。

步骤4：插入音频：选择第一张幻灯片，“插入”→“音频”→“PC上的音频”，选择“同桌的你.mp3”。点击音频对象，设置播放格式，如图5-18所示。

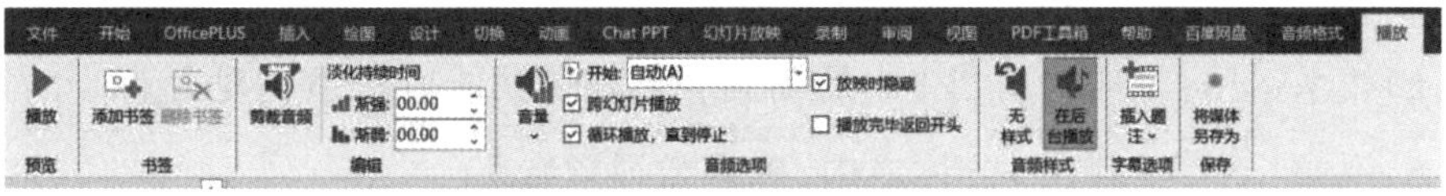

图5-18　设置音频播放格式

任务2　实践与提高——制作“感受人工智能的魅力”微视频

1.任务目标

“感受人工智能的魅力”为人教版《信息技术必修一:数据与计算》第4章“走进智能时代”的子内容,主要从人机交互、图像识别、生物特征识别、自然语言处理、机器学习和深度学习来感受人工智能的魅力。本任务以“感受人工智能的魅力”为例,用PowerPoint制作一个微视频,提高使用PPT软件设计视觉内容和制作视频的技能。

教材内容:感受人工智能的魅力

2.任务内容

(1)研究:围绕人工智能的历史、主要技术、应用案例进行研究。

(2)策划:确定视频的主题、受众、信息框架和视觉风格。

(3)内容收集:搜集相关的图片、图表、视频片段和音频素材。

(4)PPT设计:使用PPT软件设计每一帧内容,包括幻灯片背景、文字、图形和动画效果。

(5)叙事脚本:撰写简洁有力的旁白文本,引导观众理解视频主题。

(6)音频录制:录制清晰的旁白和背景音乐,并与PPT内容同步。

(7)视频导出:将PPT内容和录制音频的合成最终的微视频。

3.任务要求

(1)原创性:确保内容原创,避免侵犯版权。

(2)信息准确性:保证所传达的人工智能相关信息准确无误。

(3)视觉效果:设计美观、专业,符合视觉传达原则。

(4)易理解性:信息表达清晰,适合非专业观众理解。

(5)技术运用:合理利用PPT中的动画和多媒体功能以增强表现力。

(6)视频长度:控制在5分钟之内,确保微视频精练。

4.任务成果

(1)一份完整的PPT文件,包含所有幻灯片和设计元素。

(2)一份导出为mp4格式的微视频文件。

(3)一份简短的书面报告或说明,描述设计理念、所采用的技术和方法和在制作过程中的体会。

活动16　利用Focusky制作交互课件

活动16视频简介　　活动16 PPT

Focusky是一款新型多媒体课件制作软件,集演示文稿制作、动画宣传视频制作于一身。Focusky界面自带交互功能,采用整体到局部的演示方式,加入生动的3D特效,给观众视觉带来强烈冲击。使用时可以根据各学科的不同特点选择思维导图模式,对资源进行系统整合,突破教学时空界限,呈现可视化师生思维。

Focusky使用说明

1.下载Focusky软件

登录Focusky官网(https://www.focusky.com.cn/)首页,如图5-19所示,下载并根据指引安装软件。

图5-19　Focusky官网首页

2.认识界面

打开Focusky软件,可以选择“新建工程”“打开工程”“导入PPT”,如图5-20所示。

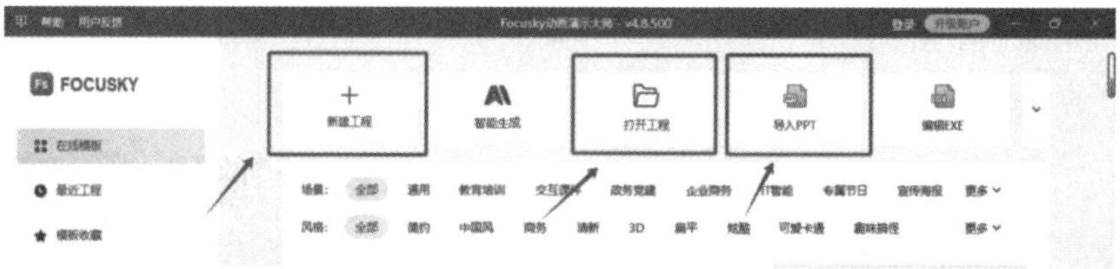

图5-20　Focusky软件首页

点击“新建工程”后，界面中上部分为项目功能栏，如图5-21所示。

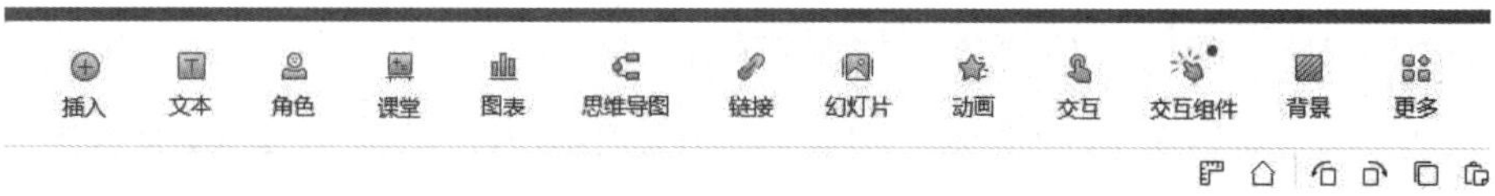

图5-21　项目功能栏

3.认识“帧”

（1）新建“帧”，即新建一个页面。“帧”分为“镜头帧”“矩形帧”“方括号帧”“圆形帧”“不可见帧”。

（2）点击“帧”，中间会出现一个类似十字箭头的图形，如图5-22所示，鼠标点击这个图形可以实现“帧”的移动。“帧”四周的圆圈可以调节“帧”的大小，即下一页面的区域在该页面所占的区域比例。不想要该“帧”，则可以点击“帧”右边的“垃圾桶”图标删除。

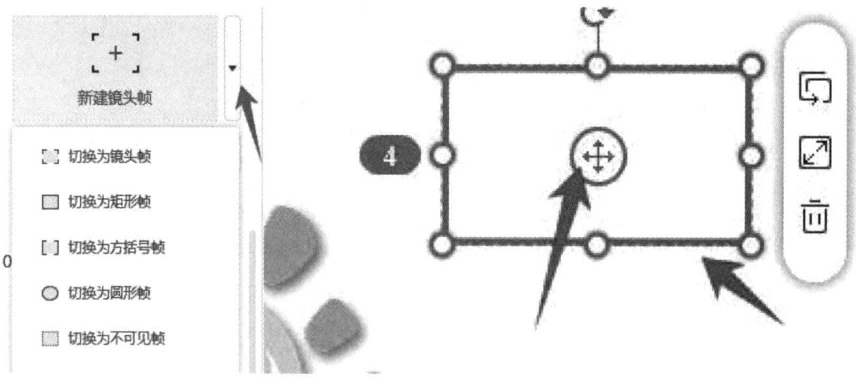

图5-22　新建“帧”和移动“帧”

（3）“矩形帧”（图5-23）“方括号帧”“圆形帧”均为可见帧，即页面边缘或页面中会对应出现“矩形”“方括号”“圆形”。“镜头帧”“不可见帧”则不显示边框。

图 5-23　矩形帧

改变帧的顺序：选中帧，按住鼠标左键上下拖动即可。删除帧：选中帧，会出现“删除”按钮，点击该按钮即可删除。如图 5-24 所示。

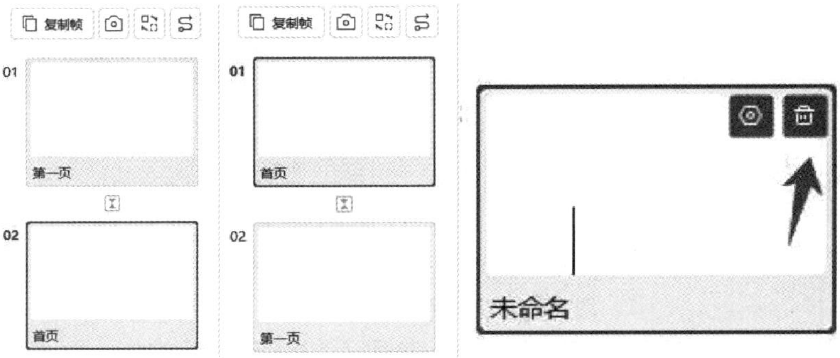

图 5-24　改变帧的顺序和删除帧

任务 1　制作与分析——课堂答题小游戏制作：以“感受人工智能的魅力”为例

1. 制作交互课件步骤

步骤 1：打开 Focusky 软件，选择“新建工程”→“创建空白项目”。

保存项目，命名为“《感受人工智能的魅力》课堂互动小游戏.fs”。

步骤 2：插入背景图片。选择“背景”→“图片背景”，如图 5-2 5 所示。适当调整“镜头帧”的范围。

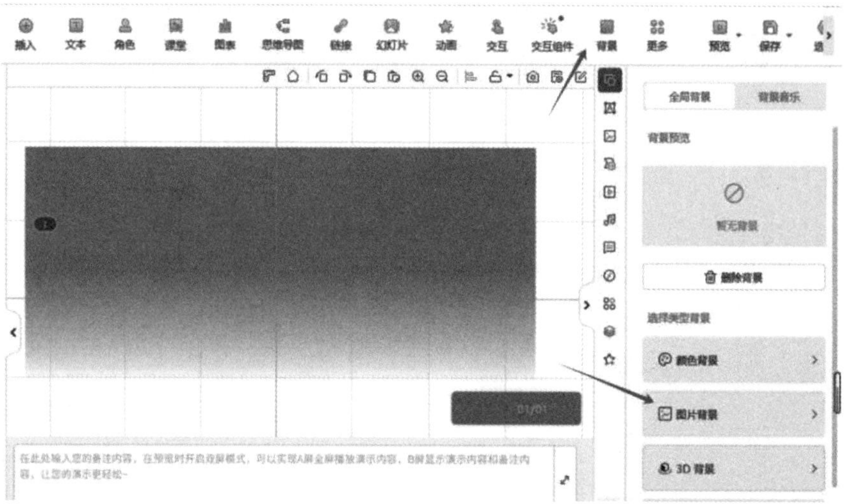

图5-25 插入背景图片

插入本地图片，将图片“等比例填充至帧大小”，如图5-26所示。。

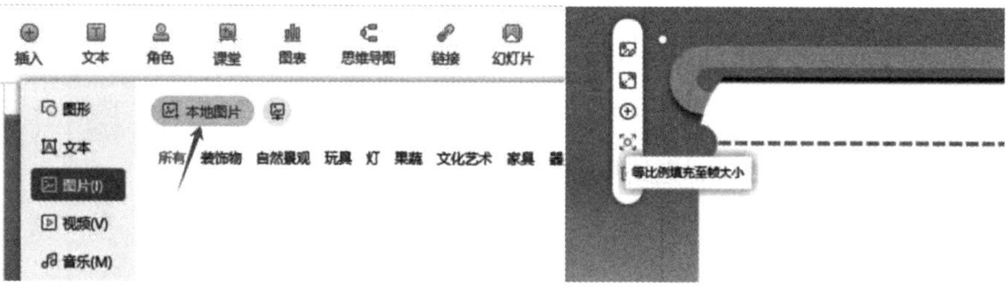

图5-26 插入图片与调整图片

插入文本“课堂答题小游戏”和图标，并插入“开始游戏”按钮。适当修改标题的字体和大小，最后的标题页面如图5-27所示。

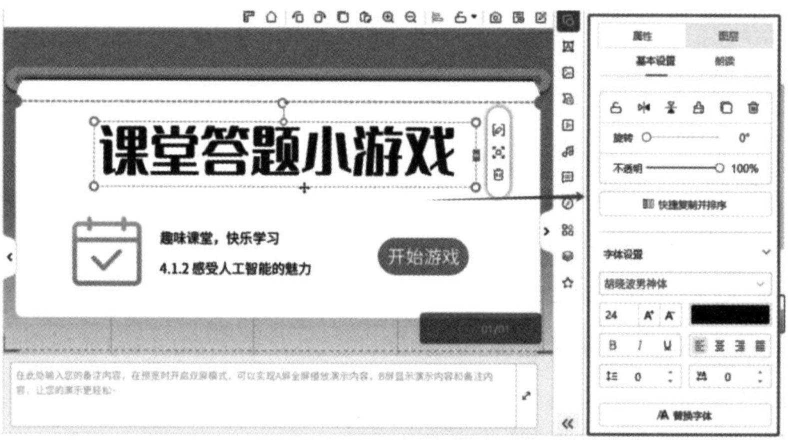

图5-27 最终的标题页面

步骤3：新建“镜头帧”，位置在“4.1.2 感受人工智能的魅力”左下角，如图5-28

所示。点击左边栏的第二帧，编辑第二个页面。

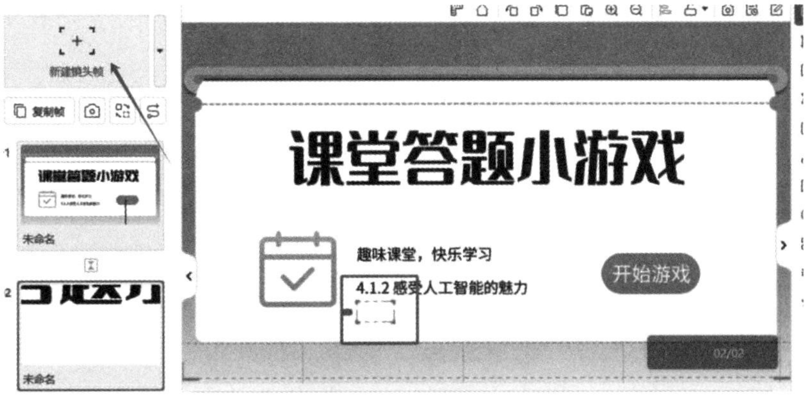

图 5-28　新建镜头帧

插入图片，对图片添加适当的效果，如图 5-29 所示。

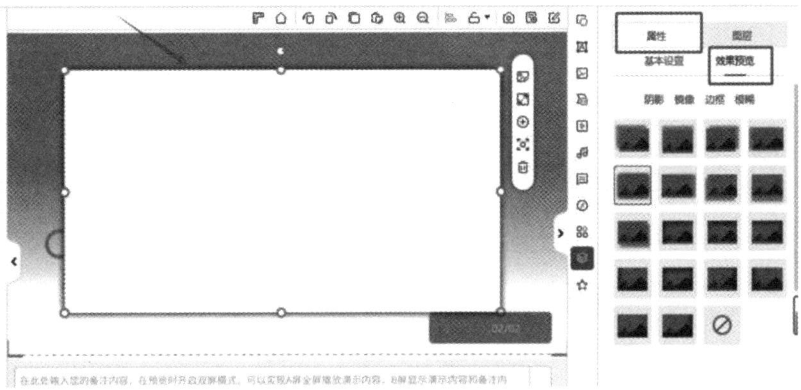

图 5-29　图片添加效果

插入文字和气泡图，点击图层中元素的缩略图拖动，即可调整页面中元素图层的位置，将“目录”置于“气泡图”上层，如图 5-30 所示。

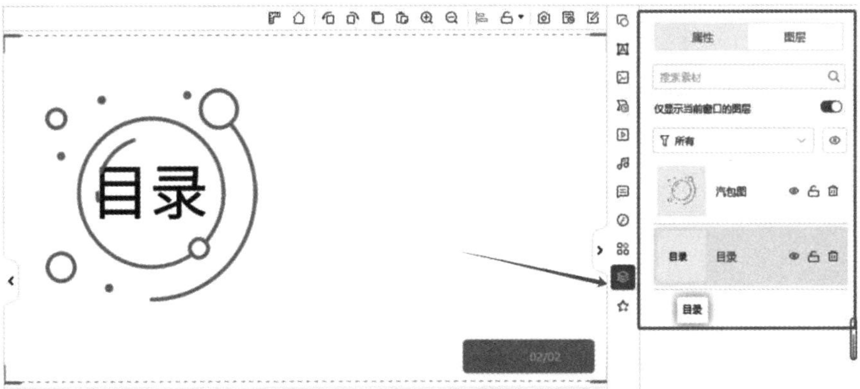

图 5-30　调整元素图层顺序

给页面中的元素添加动画效果。选择“动画”→“添加动画”，选择一个动画效果，对添加的动画进行设置，如图5-31所示。

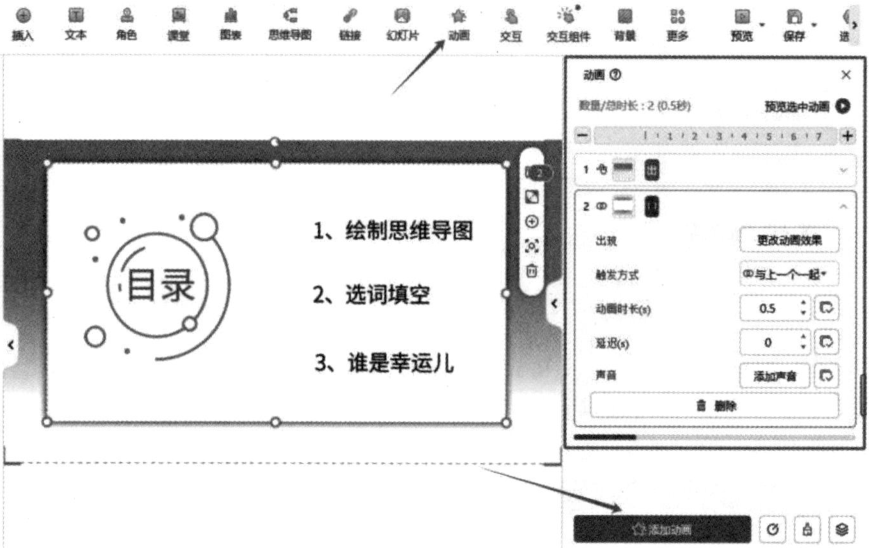

图5-31　给元素添加动画

动画添加完毕之后新建第三帧，在左边栏的页面缩略图可以命名帧，如图5-32所示。

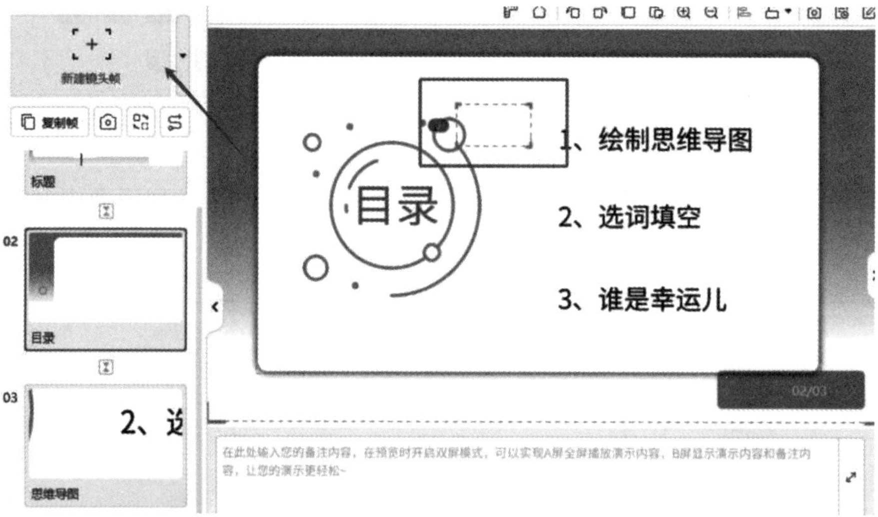

图5-32　新建帧和命名缩略图

步骤4：新建“思维导图”（图5-33），在“思维导图结构”中选择“水平结构”（图5-34），再选择一个主题，点击确定。根据内容进行绘制，思维导图可以加入线条和图形框，绘制完成添加动画效果。

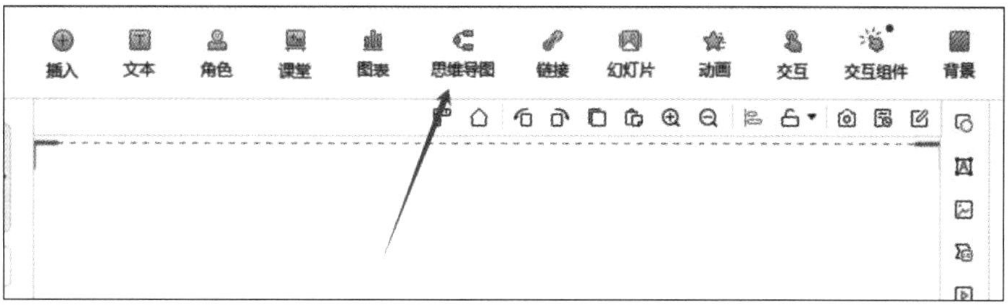

图5-33　添加思维导图

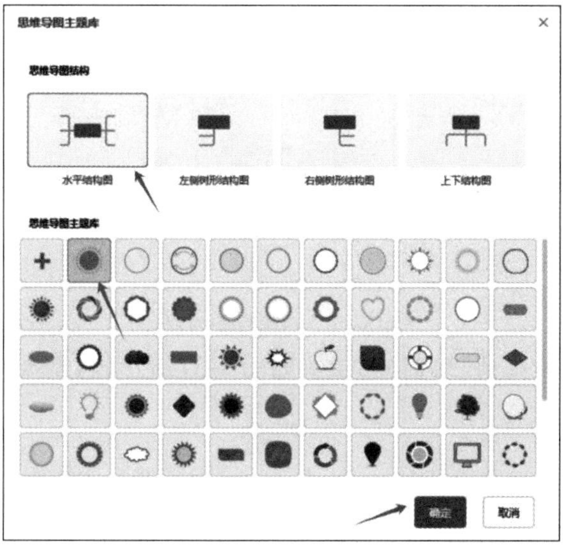

图5-34　选择思维导图的结构和主题

将下列教材内容转为思维导图，教材内容截图如图5-35所示。

人机交互

人机交互技术主要是研究人与计算机之间的信息交换，包括人到计算机和计算机到人的信息交换两部分。人们可以借助键盘、鼠标、话筒、操纵杆、压力笔、数据手套或服装、眼动跟踪器、位置跟踪器等设备，用手、脚、声音、姿势或动作、眼睛甚至脑电波等向计算机传递信息；同时，计算机通过打印机、绘图仪、显示器、头盔式显示器和音箱等输出设备给人提供信息。人机交互技术除了传统的基本交互（键盘、鼠标等）和图形交互外，还包括语音交互、情感交互、体感交互及脑机交互等技术，其中语音交互是一种高效的交互方式，是人以自然语音或机器合成语音同计算机进行交互的综合性技术。语音交互过程包括四部分：语音采集、语音识别、语义理解和语音合成。

语音采集完成音频的获取、采样及编码；语音识别完成语音信息到机器可识别的文本信息的转换；语义理解根据语音识别转换后的文本字符或命令完成相应的操作；语音合成完成文本信息到音频信息的转换。作为人类沟通和获取信息最自然、便捷的手段，语音交互比其他交互方式具备更多优势，能为人机交互带来根本性变革。它在智能电视、智能导航、智能家居等方面都有着广泛的应用。

图5-35　教材内容截图

制作完成的思维导图效果如图5-36所示，在播放时，可以点击分支上的“+”和“-”来显示或隐藏分支，实现课堂的互动。

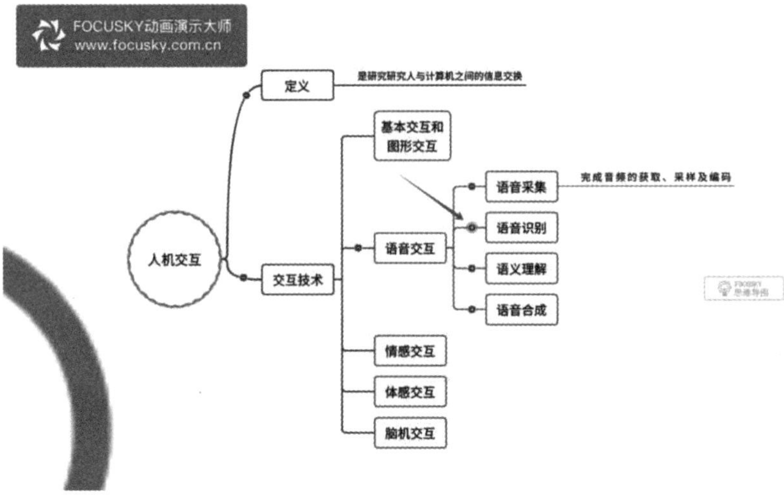

图5-36　思维导图效果

步骤5：新建“镜头帧”第四帧，位置如图5-37所示，将新添帧的缩略图移动到第三帧的后面。

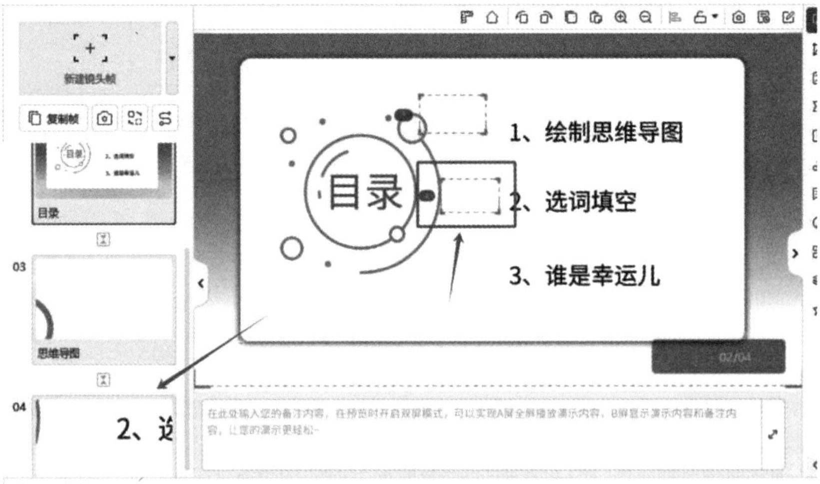

图5-37　新建第四帧的位置

给第四帧插入图片，并设置图片效果。选择“课堂”→“基础测验”→“选词填空”，选择合适的模板，如“学习ipad”，如图5-38所示。根据提示进行题目和答案的设置，如图5-39所示。

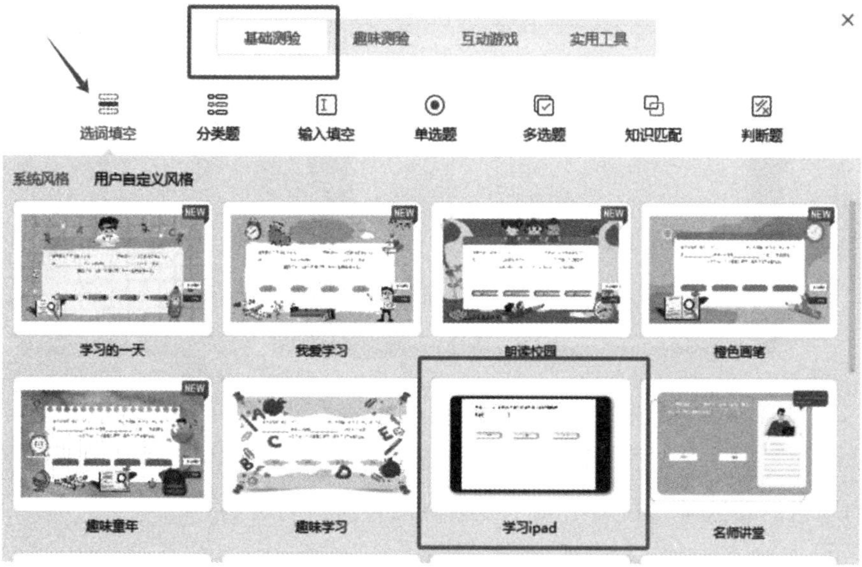

图5-38　添加“选词填空”功能

图5-39　设置题目和答案

题目设置完成后，点击模板自带的背景，右边栏选择“删除背景”，如图5-40所示。

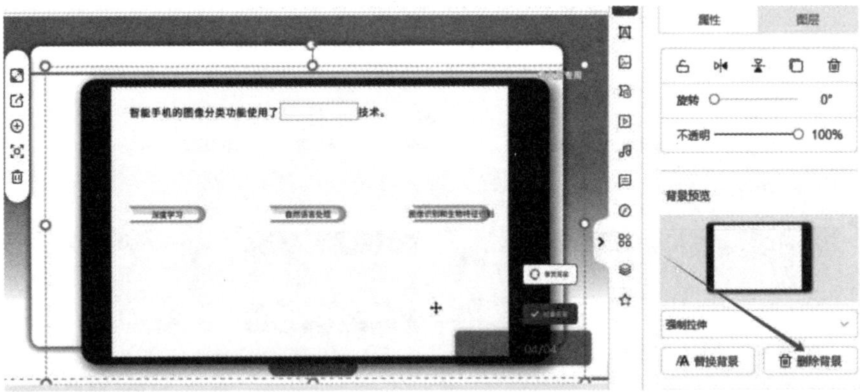

图5-40　删除模板背景

修改题目的字体、字号和字体样式，最终的效果展示如图5-41所示。页面最下方为题目的总数量。最后给每个元素添加合适的动画。

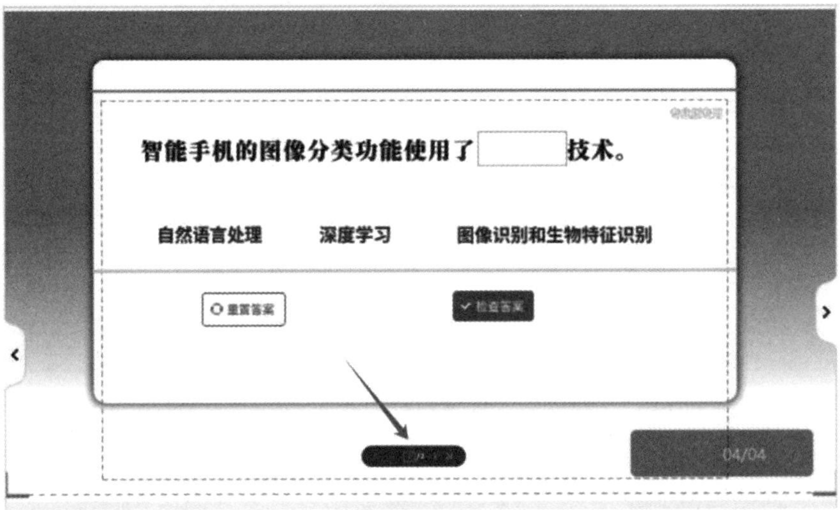

图5-41　最终题目的效果

步骤6：请同学们根据以上操作，制作第三个交互游戏“谁是幸运儿”。

提示：使用的功能：“课堂”→“小游戏”→“随机数字”。

步骤7：作品全部完成之后，输出为“.exe”格式，如图5-42所示，该格式可以使作品更换设备后演示而页面不受影响。

图5-42　输出“.exe”格式

二、对比分析

请结合本章所学习的知识和日常学习积累，归纳出用PowerPoint制作课件与用Focusky制作课件的区别，并填写表5-1。

表5-1　用PowerPoint制作课件与用Focusky制作课件的区别

序号	区别

任务2　实践与提高——制作寻宝闯关大冒险：以“走进智能时代”为例

1.任务目标

“走进智能时代”为人教版《信息技术必修一：数据与计算》第4章内容。通过制作寻宝大冒险游戏复习第4章知识，在游戏中学习，更能调动学生的积极性。通过本次任务，学生将学会使用Focusky制作有趣精美的交互课件，在掌握基本的操作技能的基础上学习进阶技能，理解现代教育技术在课件中的应用，提升信息素养和操作能力，提高课件制作的质量和效率。

2.任务内容

(1)教材理解与素材准备。

①扫描二维码获取教材内容，在熟悉教材知识后设计游戏关卡和内容(脚本)。

①根据脚本进行素材收集。

(2)利用镜头、图片、动画、课堂游戏等制作生动场景。

(3)通过添加音效、语音功能、音乐等媒体给课件添彩。

①给“动画”添加音效，如答对或答错、开始游戏等音效。

②添加语音或字幕，闯关活动更加生动有趣。

③添加适当的背景音乐。

教材内容：
走进智能时代

3.任务要求

(1)创意性:设计的闯关活动应具有创新性和吸引力,能够激发参与者的学习兴趣。

(2)互动性:要求任务设计中包含丰富的互动元素,鼓励参与者主动探索和学习。

(3)教育性:游戏内容必须准确无误,有助于参与者正确理解知识。

(4)学生小组合作或独立完成均可;明确游戏机制和奖励,如每通过一关,玩家都会获得相应的知识卡片,可以在游戏结束后用作复习材料。

4.任务成果

(1)学生需提交完成的作品作为任务成果,每个学生都要提交一份简短的说明或报告。

(2)若小组协作完成,除说明外,还需要附上小组分工表。

活动 17　利用万彩动画大师制作微课

活动 17 视频简介　活动 17 PPT

万彩动画大师是一款功能丰富的图文动画视频制作软件,它以简洁明了的界面和易上手的操作体验被广大用户所喜爱。利用万彩动画大师可以制作微课、知识科普、课堂引入等动画视频。软件提供了多种人物角色,并且为每个角色都配备了各种动作,方便用户创建生动的动画场景。同时支持语音合成功能、手绘效果。用户可以在宽阔的视频画布上自由编辑,添加文字、图片、视频、SWF 文件、声音文件等,制作富有动感的动画视频效果。

任务 1　学习与实践——制作创意水墨片头:以“野望”为例

创意水墨片头素材

一、制作步骤

步骤 1:打开万彩动画大师软件。“新建工程”→“所有”→“新建工程”。新建页面上方有“新建”“预览”“保存”“发布”等按钮,中间为画布编辑区,右侧为元素工具栏，左侧为场景，下方为时间轴，如图5-43所示。

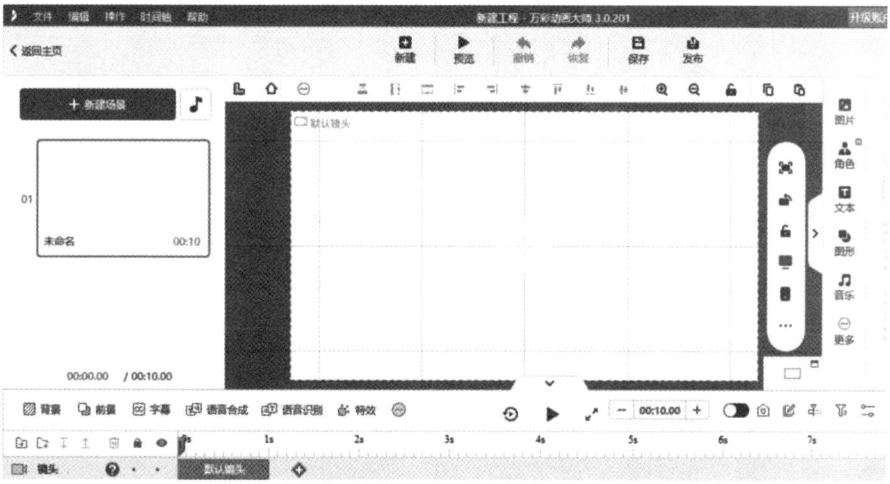

图5-43　新建工程界面

保存项目，命名为“创意水墨片头.am”。

步骤2：插入背景图片。可以在软件自带的素材库进行搜索，也可以插入准备好的图片。适当调整镜头帧的范围。

调整背景图片的大小，使之和窗口相符合，或手动调节，图片四周的方框均可调节图片的大小，如图5-44所示。若使图片原比例保持不变，则需要按“shift”键进行调节。

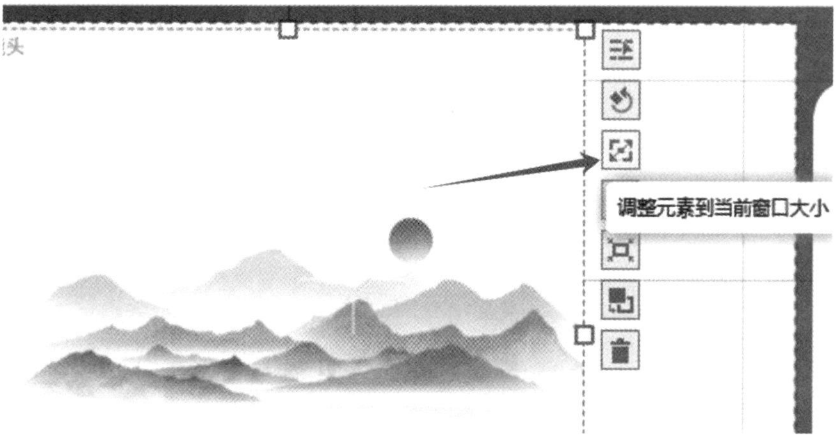

图5-44　调整元素大小

滚动滚轮可以实现窗口视图的放大或缩小，点击右边的“恢复”，即可使窗口视图恢复默认，如图5-45所示。插入“山在水中的倒影”图片，最终的页面如图5-46所示。

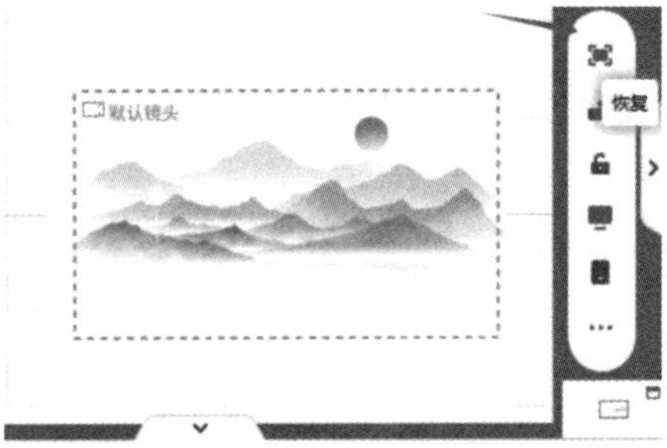

图 5-45　恢复镜头窗口

图 5-46　最终的背景图

在时间轴区域(图 5-47),选择背景图片,双击蓝色矩形,即可为元素添加、修改进场/出场动画效果;蓝色矩形可以左右移动位置,设置动画出场/退场的顺序。黄色的菱形小方块可以调节动画时长,绿色的加号可以添加“强调效果”,如图 5-48 所示。

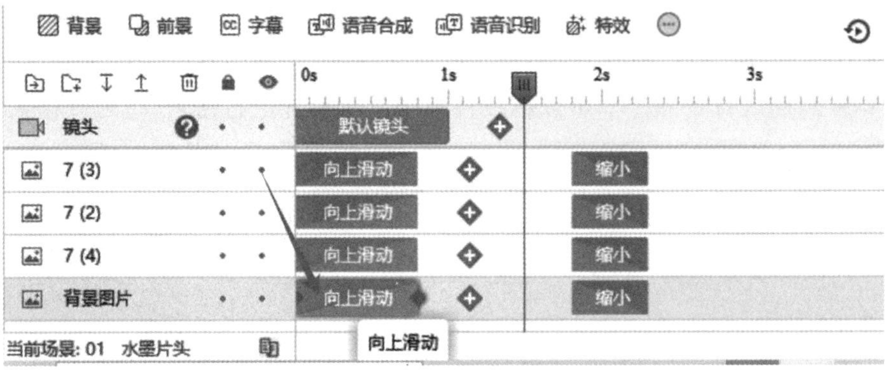

图 5-47　时间轴区域

图 5-48　进场动画效果和强调动画效果

也可以选择多个元素对象,批量修改动画效果,如图 5-49 所示。将背景所用图片的退场效果均改为“一直显示”。

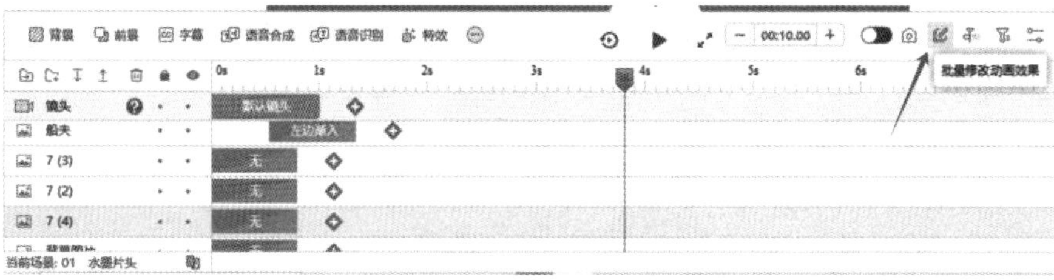

图5-49　批量修改动画效果

插入“船夫”图片，添加“左边进入”进场动画效果和强调效果“移动”，如图5-50所示。设置移动路径，调整图片的圆点位置，可以调节路径的弧度，如图5-51所示。

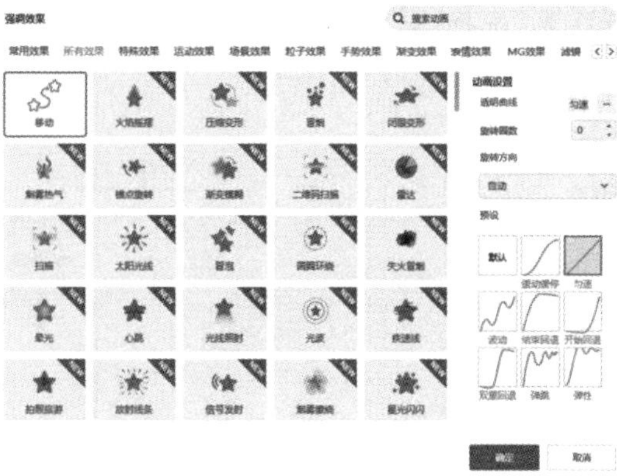

图5-50　移动动画效果

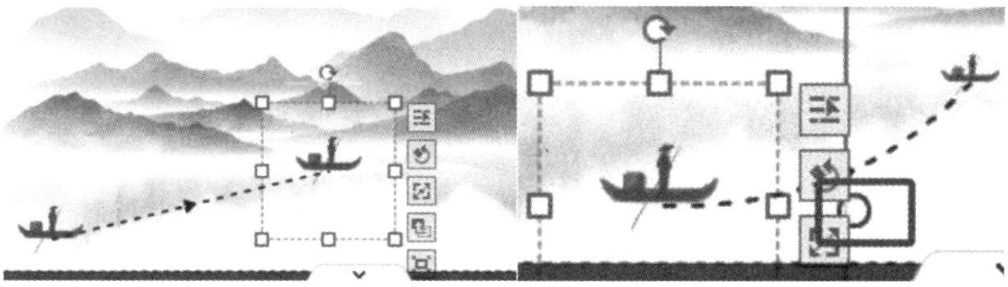

图5-51　设置移动路径和调节路径弧度

修改移动效果时长，时间轴上方的预览或界面中上方的预览，预览动画效果，如图5-52所示。

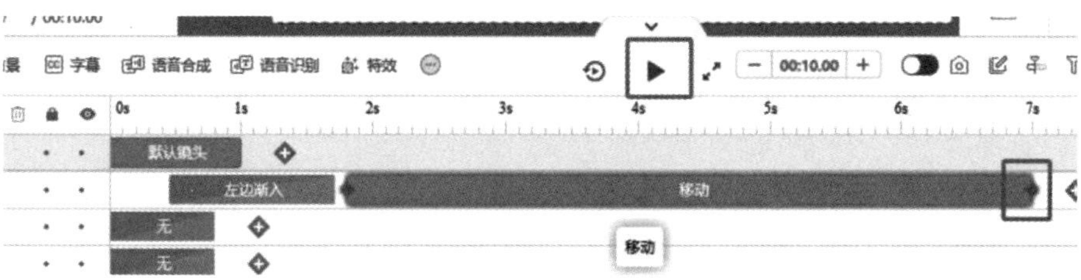

图5-52　预览按钮和调节移动效果时间

步骤3:添加飘动的文字。文本添加后可以修改文字的字体、字号等。

在对文字进行操作时,可以将页面中其他元素锁定,这样可以防止误触其他元素,选择“时间轴”→“锁定”,如图5-53所示。

图5-53　锁定页面元素

对文字添加动画效果,选择“自定义入场”→“编辑自定义动画”,设置动画参数,如图5-54所示。

图5-54　添加自定义入场动画效果

给文字添加“自定义退场”,动画设置参数,如图5-55所示,即可实现文字从页面下端一直上升到离开页面上端。

图5-55　添加自定义退场动画效果

复制文字,修改文字内容,移动文字位置,如图5-56所示。适当改变文字大小和透明度,如图5-57所示。需要注意的是,只有在空白处才可修改文字。

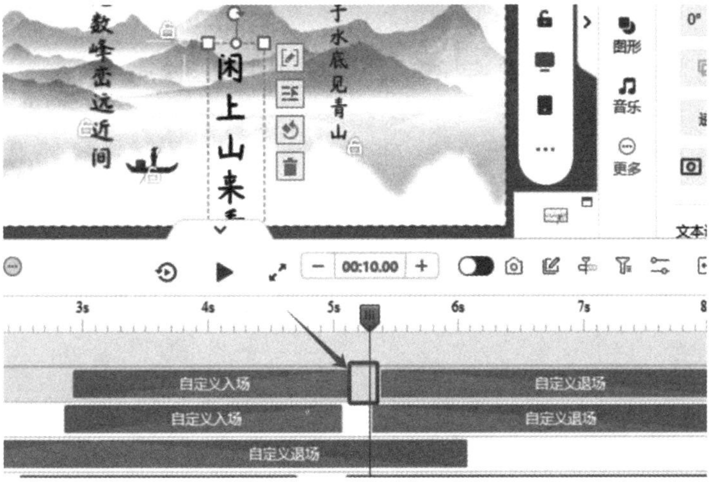

图5-56 对文本进行编辑

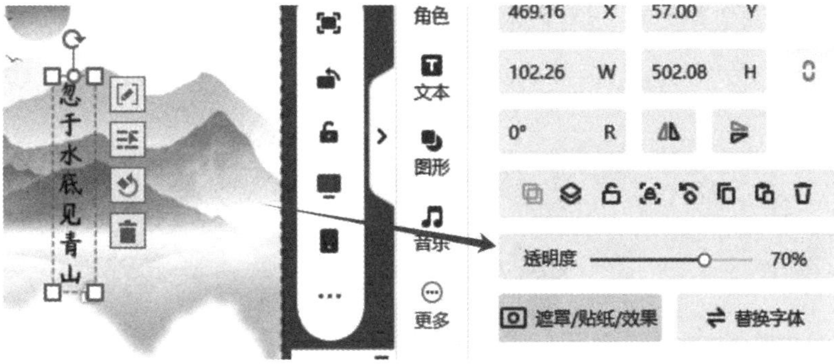

图5-57 改变文字透明度

若场景时长不够，可以增加时长。最终效果如图5-58所示。

图5-58 文字漂浮效果

再复制诗句，排列成完整的诗，更改退场动画效果为“清晰变模糊”。选择四句诗句，点击时间轴上的更多，选择“对齐”，实现退场效果的精准对齐，如图5-59所示。

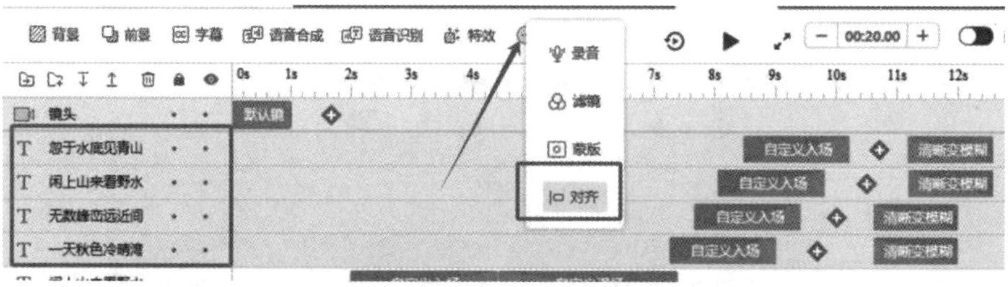

图5-59 “对齐”功能

步骤4：制作标题。输入标题“野望”，设置退场动画为“一直显示”。插入飞鹤的图片，设置入场动画为“右侧放大进入”，退场动画为“一直显示”，如图5-60所示。

图5-60 标题页面

步骤5：添加相应的音乐。选择“音乐”→“添加音乐”。“背景音乐”顾名思义每个场景都可以播放，“添加到当前场景”则只有本场景可以使用，其他场景不适用。如选择“添加为背景音乐”，此时会出现一个音乐图标，可以对音乐进行音量的调整和音乐的修改，如图5-61所示。

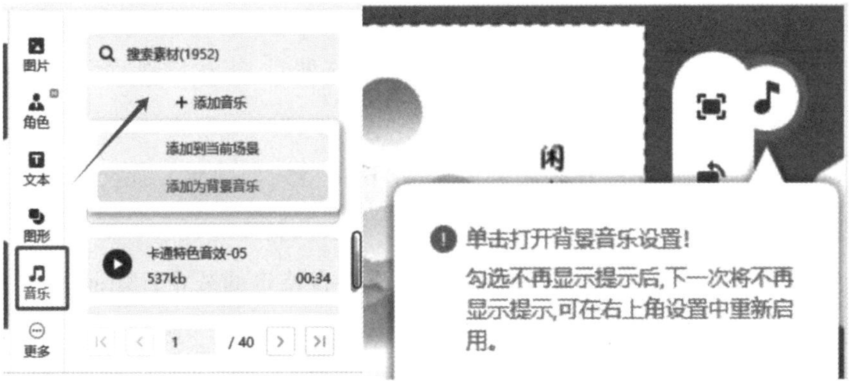

图5-61　添加音乐

步骤6:发布。制作完成后点击“发布”,导出格式为“.mp4”。根据需要选择相应的清晰度,可以自定义保存路径,如图5-62所示。

图5-62　输出格式

2. 实践操作

利用万彩动画大师软件,综合运用本章课程所学习的基础知识和技能,结合课外知识,独立完成一个具有个性化特色的片头动画。具体要求:

(1)内容具有原创性。

(2)技术运用:合理运用万彩动画大师中的角色、动作、语音合成、元素动画等各项功能。确保动画流畅,各元素配合协调,动画效果自然。

(3)创意表现:在确保技术运用得当的基础上,鼓励进行创意想象,加入独特的设计理念或故事线。动画应具有鲜明的视觉风格和艺术感，能够吸引观众注意。

(4)片头主题明确：片头动画的内容应紧扣自选题目，表达清晰，给观众留下深刻印象。

(5)作业提交格式：完成片头动画后，导出mp4格式的视频。提交作品时附上简短的创作说明文档，阐述创作理念、使用的技术点及制作过程。

(6)截止时间：根据课程安排或教师指定，作品在特定的截止日期前提交。

任务2　实践与提高——制作动画微课：以“走进智能时代”为例

1.任务目标

利用万彩动画大师，制作一个以“走进智能时代”为主题的微课，提高动画设计和制作能力，同时培养学生整合信息、编写脚本、设计教学流程等综合技能，提升教学表达和微课制作水平。

2.任务内容

(1)总体要求。

在本章活动1中的任务2的基础上编写微课脚本，使内容以动画的形式展现。

(2)动画设计。

①根据脚本规划动画场景、人物角色和动作。

②利用万彩动画大师创建相应的动画元素，如文字动画、图像展示、角色动作等。

(3)音频录制与编辑。

录制清晰的旁白和音效，并使用软件进行音频编辑，保证声音质量和同步性。

(4)微课视频制作。

①将动画、音频以及其他视觉元素(如图表、关键点提示)结合起来，完成微课视频的制作。

②导出视频，并进行必要的剪辑和调整。根据脚本规划动画场景、人物角色和动作。

3.任务成果

（1）一个完整的“走进智能时代”主题微课视频，包含动画、旁白解说、音乐和交互元素。

（2）一份关于微课制作过程的报告，包括设计理念、使用到的技术手段、可能遇到的挑战和解决方案。

4.任务评价

（1）内容质量：微课是否提供了丰富、准确的信息，是否有助于学生理解“智能时代”。

（2）设计与创意：动画设计是否具有吸引力，创意是否新颖，是否能够有效地传达教学内容。

（3）技术运用：动画制作技术是否熟练，包括动画流畅度、音频质量、视频剪辑等。

（4）教学效果：微课是否容易理解，学习效果是否良好，是否能够激发观众的兴趣。

活动18　利用ChatPPT生成课件

活动18 视频简介　活动18 PPT

1.ChatPPT简介

ChatPPT是一款基于AI技术的在线聊天机器人，旨在帮助用户更轻松地创建和编辑PowerPoint演示文稿。通过与ChatPPT进行实时对话，用户可以快速获取有关演示文稿设计、布局、内容和格式的建议和指导。此外，ChatPPT还可以回答与PowerPoint相关的技术问题，提供有关如何使用特定功能的教程和技巧。总之，ChatPPT是一个实用的在线工具，可以帮助用户更高效地创建和编辑PowerPoint演示文稿，提高工作和学习效率。

2.具体操作（以“未来教育趋势”为主题）

步骤1：访问与注册。进入ChatPPT官网（https://chat-ppt.com/），进入首页，如

图5-63所示，完成注册并登录 。

图5-63　ChatPPT首页

步骤2：输入指令。输入“请帮我生成一份关于未来教育趋势的PPT”，同时可以选择文件转PPT，也可以选择PPT的内容风格，如图5-64所示。

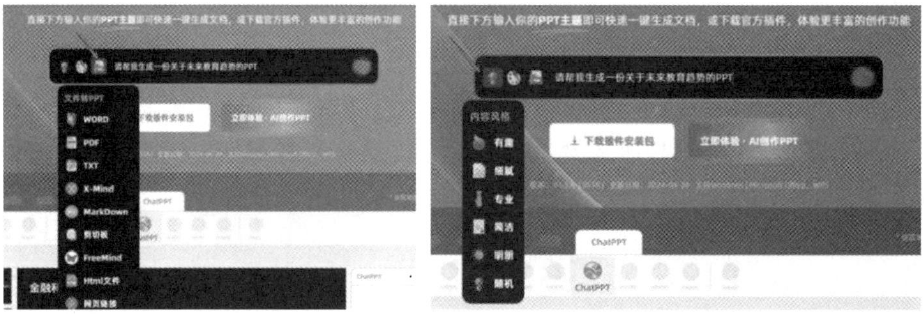

图5-64　输入指令界面

步骤3：选择。根据自己的需求，选择主题和PPT内容的丰富程度。如选择“标题1未来教育的新形态：技术驱动的教育变革”，内容丰富度“中等”，如图5-65所示。

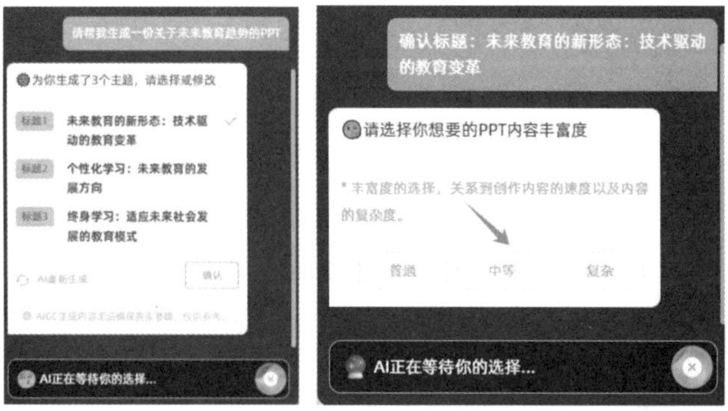

图5-65　选择标题和内容丰富度

ChatPPT会根据以上所选生成PPT目录和风格，若符合自己所想，即可点击“使用”，如图 5-66 所示。若不符合自己所想，则可以选择“AI 重新生成”，如图 5-67 所示。

图 5-66　选择目录

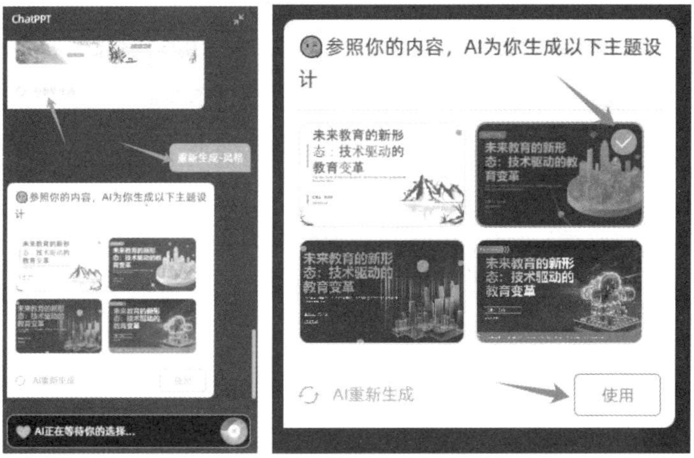

图 5-67　重新生成风格和选择风格

步骤 4：下载与调整。创作成功之后可以进行查看，支持下载到本地。下载之后可以用 WPS 或 PowerPoint 打开，进行修改。或在线进行修改，然后再下载。如图 5-68 所示。

图5-68　创作成功与下载

注意:ChatPPT的功能远不止以上这些,这里不一一介绍,本活动是为了带领读者学习基础操作,感受和体验如何用AI生成PPT。想要了解更多功能,可以在首页点击“产品手册”→“产品体验指南”进行详细学习,如图5-69所示。

图5-69　ChatPPT产品体验指南

任务1　对比与归纳——ChatPPT生成课件与PowerPoint制作课件

1.任务背景和目标

利用ChatPPT完成本章活动1中的任务2(只需制作PPT),并对比PowerPoint和ChatPPT两款工具,以理解两者的优势、局限和适用场景,提高学生信息技术的应用能力和批判性思维。

2.展示两组课件的成果,进行效果对比分析

(1)设计美观度:外观、布局、色彩搭配等。

(2)内容表达:信息清晰度、逻辑性、易于理解程度等。

(3)制作效率:完成课件所花费的时间。

(4)功能性:交互性、动画效果、媒体集成等。

3. 展示评价与讨论

（1）在课堂上，展示学习者制作的课件，并对作品进行评价，可以采用自评、互评、教师评等方式；

（2）组织一次小组讨论，让学习者分享各自的体会和发现，探讨每种方法的优缺点及其背后的原因。

材料1　教学资源

教学资源是指在学校教育过程中，用于支持教师教学和学生学习的所有工具和材料。这些资源可以分为以下几类：

（1）学习材料：包括教科书、参考书、实验指导书、习题集等，它们是学生学习的基础材料。

（2）媒体设备：如电脑、投影仪、平板电脑、智能黑板等，这些设备可以帮助展示教学内容，提高教学互动性。

（3）网络平台：国家教育资源公共服务平台等提供了丰富的教育资源，包括电子书籍、在线课程、教学视频等。

（4）教学软件：各种教育软件和应用程序，如模拟实验软件、语言学习软件等，可以辅助教学和学习。

（5）社区和家庭资源：社区图书馆、博物馆、家庭中的教育资源也是重要的教学资源。

（6）人力资源：教师、辅导员、家长和其他能够提供教育支持的人员也是教学资源的一部分。

教学资源的丰富性和多样性对于满足不同学生的学习需求、提高教学质量以及激发学生的学习兴趣都至关重要。随着技术的发展，数字化教学资源越来越受到重视，它们为教育提供了更多的可能性和便利。教师和学生应当善于利用这些资源，以实现更有效的教学和学习。

材料2 数字化教学资源

数字化教学资源是指经过数字化处理,能够在计算机或网络环境下运用的教学材料和工具。数字化教学资源是教育信息化的重要组成部分,它们不仅推动了教育教学改革,还是构建新型教学模式的基础。这些资源让教师和学生在一个数字化的教学环境中,遵循现代教育理论和规律,使用数字化的教学内容和方法,以培养适应新世纪需求的创新型人才。

数字化教学资源包括多种类型:

(1)教学资源库:包括题库、教材库、课件库、案例库等,它们为教师和学生提供了丰富的教学和学习材料。

(2)网络课程:是在网络上开设的课程,具有交互性、开放性、共享性、协作性和自主性,允许人们直接在网上学习完整的课程内容。

(3)教学网站:专为教师或教学小组开设的网络空间,用于存放他们自己收集、加工或制作的教学资源、课件、讲义、论文等。

(4)声像资料与电子教案:包括声音和图像材料以及电子格式的教案,方便教师进行多媒体教学。

(5)数字化素材库:集中了各种数字化的教学素材,如图片、视频、音频文件等,供教师和学生使用。

(6)特色数据库:根据馆藏资源建立的具有特定主题或领域特色的数据库,这些资源通常具有较高的教学和研究价值。

(7)教育平台资源:国家和省级教育部门建设的网络平台,提供教材版本课程教学资源和其他富有本地特色的专题教育资源。

材料3 利用数字化教学资源提高教学质量

(1)多样化呈现:利用数字化资源,如动画、视频、音频等多媒体形式,可以使教学内容更加生动有趣,增加学生的参与度和学习兴趣。

(2)个性化学习:数字化资源可以根据学生的不同需求和水平提供个性化的学

习材料和练习题，帮助每个学生得到适合他们的学习内容和难度。

(3)实时互动与反馈：利用在线平台，教师可以实时监控学生的学习进度和表现，及时给予反馈和指导。同时，学生也可以通过在线测试、讨论等方式与教师进行互动，提高学习效果。

交互课件知多少

(4)扩展学习范围：数字化资源可以打破时间和空间的限制，使学生能够在学校之外继续学习和探索。通过连接到外部网站、数据库等资源，学生可以获得更广泛的知识和信息。

(5)协作学习：通过网络平台，学生可以在小组内进行合作学习，共同完成任务或项目。这不仅有助于培养团队合作能力，还能促进知识的交流和分享。

(6)自主学习：数字化资源可以为学生提供自主学习的环境和条件。学生可以根据自己的兴趣选择学习内容，自主安排学习进度，培养自主学习能力。

(7)数据驱动决策：通过收集和分析学生的学习数据，教师可以了解学生的学习情况和学习中的问题，从而调整教学策略和方法，提高教学效果。

案例　微课在小学高年级语文写作中的应用

X小学陈老师巧借微课，赋能语文写作

1.背景描述

近年来，随着信息技术在教育领域的不断普及，微课作为一种新兴的教学手段，在语文教学中得到了广泛应用。语文写作是小学阶段培养学生综合语言运用能力的重要环节之一。如何激发学生的兴趣，提高学生的写作水平，对于老师来说是一项挑战。而陈老师利用微课的优势，优化语文写作教学，给学生带来了丰富的学习体验，提升了学生的写作效果。

2.案例情境

陈老师是一位语文老师，在进行语文写作教学中，陈老师为了能提高学生的写作兴趣，采用了微课的教学方法。因此，陈老师制定了一套微课在语文写作中的应用策略，如表5-2所示。

表5-2　微课在语文写作中的应用策略

作用	实施案例
优化导入环节	以“中国的世界文化遗产”为例，陈老师通过展示故宫的雄伟宫殿、长城的壮丽景色、丝绸之路的历史意义等，激发学生对于中国传统文化的兴趣和好奇心
梳理写作思路	以“介绍一种事物”为例，陈老师选择的事物为花朵，通过微课展示丰富多样的花卉图片，让学生产生对花朵的兴趣，并明确写作要点：外观特征、生长环境、用途等
提供写作素材	以“二十年后的家乡”为例，在微课中呈现一个富有想象力的背景：一个风景宜人、繁华兴旺的“未来家乡”，与现在相比已经发生了翻天覆地的变化，从而引导学生发挥自己的想象力

3.教学效果

（1）微课既能够使语文写作教学更加有趣和生动，还能够激发学生的参与积极性和思维活力。

（2）学生在观看微课的过程中，不仅可以直观了解到写作主题，还能够拓宽他们的知识视野，培养审美情趣和创新思维。

（3）微课课堂氛围更加轻松愉快，能够减轻学生的学习压力，帮助部分学生克服习作中的畏难情绪，提高写作动力。

微课以其独特的魅力和便利性，为语文写作教学注入了新的活力和动力，赋予其源源不断的能量。微课在课堂教学的应用与实践，不仅仅局限于语文课堂，其他学科也适用。微课不仅提升了学生的学习体验和教师的教学质量，也为学校的数字化转型探索出了一条有效的路径。

►► 随堂自测

第五章随堂自测

▶▶ 本章思考

(1)在本章节中,我们学习了 PowerPoint、Focusky 和 ChatPPT,请结合任务操作实践,分析比较这三种工具在创建演示文稿方面的优势和局限性。

(2)在制作微课(动画)方面,比较万彩动画大师和 PowerPoint 的优缺点。

(3)思考在何种情况下选择何种方式制作演示文稿,并简述理由。

▶▶ 本章参考文献

[1] 陈明选,来智玲,蔡慧英.我国基础教育数字资源及服务:现状、问题与对策 [J]. 中国远程教育,2022(6):11-20,76.

[2] 周伟.例谈多媒体课件在小学数学教学中的有效运用[J]. 国家通用语言文字教学与研究,2022(4):144-146.

[3] 许佳.交互式课件在教学中的应用研究 [J]. 信息技术与信息化,2020(3):129-131.

[4] 孙宏伟.如何利用 Focusky 动画演示大师制作多媒体课件 [J]. 职业,2017(17):116.

[5] 金燕,杨江.妙用"动画演示大师"软件 提升教师信息技术能力 [J]. 福建教育学院学报,2023,24(3):115-118.

[6] 高丹阳,贾雪倩.基于教学设计的动画型微课设计与制作 [J]. 中国教育技术装备,2018(22):47-48,55.

[7] 林晓芬.利用万彩动画大师制作微课的尝试 [J]. 电脑知识与技术,2020,16(17):191-192.

[8] 陈蕾.巧借微课 赋能写作——微课在高年级语文写作教学中的应用 [J]. 读写算,2024(13):41-43.

第六章　教学评价工具的有效应用

学习目标

一、知识目标。了解一系列数字化转型中新型教师教学评价标准和新型教学评价技术。

二、能力目标。在现代教育理念的指导下，会运用一系列评价技术和工具，对信息化教学过程进行测量和价值判断，为教学问题的解决提供依据，并保证教与学的效果。

三、素养目标。着眼于促进学生素质的发展，坚持形成性评价和终结性评价并重的原则，将评价过程和教学过程相结合；有利于学生分析问题、解决问题的培养，注重给予学生更大的自主选择空间，使学生从被动接受评价转变为评价的主体和积极参与者。

第六章视频简介　　第六章PPT

活动19　利用问卷星获取学前和学后数据

活动19视频简介　　活动19 PPT

在教学活动中，时常需要获得学生的反馈信息，发放调查问卷是最为常用的一种调查方式。在问卷编写完成后，可以使用问卷星等工具进行数据的收集整理。使用步骤如下。

步骤1：进入问卷星官网，注册并登录，然后单击“创建问卷”按钮，弹出如图6-1所示的界面，选择“调查”→“+创建”。

图6-1　创建调查问卷

步骤2：在文本框中输入问卷名称，单击“立即创建”，即可在动画引导下创建问卷。问卷星还为用户提供了复制模板问卷、文本导入、人工录入服务、AI自动生成内容4种创建问卷方式，如图6-2所示，可以依据实际情况进行选择。

图6-2　创建调查问卷

步骤3:当问卷编写完成之后,网站将自动生成该问卷的有效链接和二维码。可以通过分享链接、扫描二维码等方式发放问卷,如图6-3所示。

图6-3　生成调查问卷链接和二维码

注意:问卷星除了可以创建调查问卷,还可以创建试卷、投票、报名表等。问卷回收之后,它还提供简单的统计、分析和下载功能。

任务1　制作与自测——考试问卷制作:教育技术学基本知识自测

1.问卷背景

(1)评估学生对教育技术学基本概念的理解。

(2)检验学生将理论应用于实践的能力。

(3)了解学生对当前教育技术趋势的认识。

教育技术学基本知识自测试卷

2.发放方式

发放方式:问卷调查采用线上方式进行,请大家扫码填写考试问卷。

3.收齐时间

为了保证问卷调查的有效性,将在发放问卷后半个小时收回问卷。

4.问卷内容

教育技术学基本知识测试,包括选择题、填空题和判断题,不设置解答题。

5.数据分析与反馈

在收集到所有问卷数据后，请参照“分析&下载”按钮步骤将对数据进行整理和分析，找出学生对教育技术学哪些不熟悉的知识模块。根据分析结果，制定相应的教学改进措施。

6.总结

(1)了解学生的基础知识。通过问卷了解学生对教育技术学的初步认识和已有知识，帮助教师评估学生的背景，以便调整教学计划和内容。

(2)评估学生的兴趣和动机。了解学生选择这门课程的原因和他们对于学习主题的兴趣程度，可以增加课程的互动性和参与度。

(3)检测技能水平。确定学生在技术使用、研究方法等方面的技能水平，从而提供个性化的学习支持。

(4)收集学生的期望和目标。询问学生对课程的期望和自己希望达到的学习目标，以便课程能够尽可能地满足这些期望和目标。

(5)促进自我反思。鼓励学生思考自己对教育技术的看法和已有的学习经验，为即将开始的课程内容做好准备。

(6)建立基线数据。收集的数据可以作为后续评估学生学习进步的基线，如与课程结束时的数据进行对比分析。

(7)增强学生的参与感。通过参与问卷的填写，学生可以感觉到他们的意见被重视，从而提高他们对课程的投入和参与。

(8)课程规划和改进。教师可以根据问卷结果调整教学方法、课程内容和资源分配，以提高教学效果。

任务2　制作与评价——投票问卷制作：学生作品评价

教师创建一个作品评比的投票活动，在规定时间内，学生完成教师布置的作品作业，上传每个小组的代表作品，让学生进行投票。学生登录自己的问卷星账号，打开教师共享的自评、他评、师评表的评价模板，略加修改后，发布评价表，将链接放到班级的维基平台上，等待小组内其他成员的评价。组内评价完成后，小组内部选出一幅相对较优秀的作品，提交给教师，参加全班的评比。投票完成后，投票结果实时出现在教师问卷星账号的后台中。具体步骤如下。

步骤1：进入问卷星官网，注册并登录，然后单击“创建问卷”按钮，弹出如图6-4所示的界面，选择“投票”→“创建”。

图6-4　创建投票问卷

步骤2：在文本框中输入票问卷名称“多媒体制作作品小组投票”，单击“立即创建”，即可在动画引导下创建投票问卷。在“文件上传”中上传学生作品，如图6-5所示。设置投票详情，如图6-6所示。

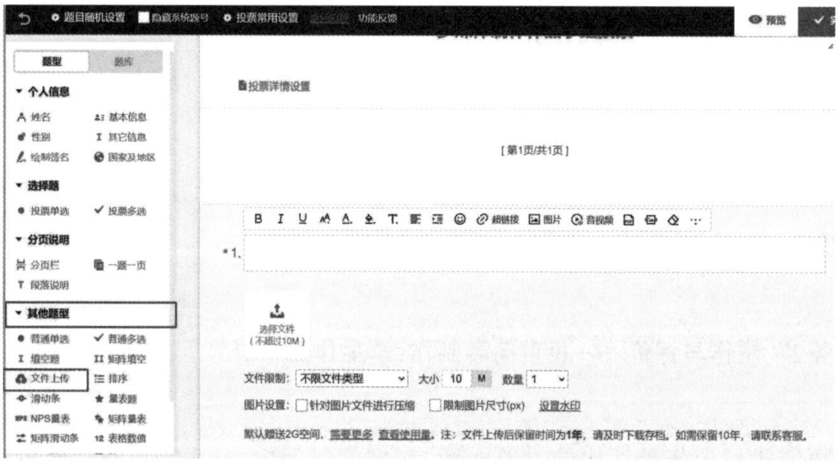

图6-5　作品上传

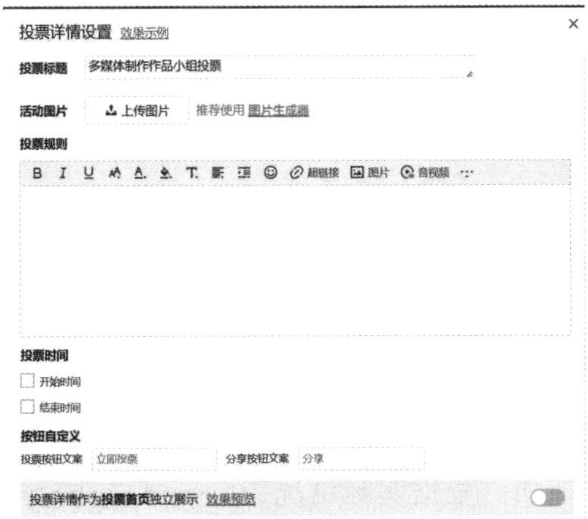

图6-6　设置投票详情

【步骤3】当投票问卷编写完成之后，网站将自动生成该问卷的有效链接和二维码，可以通过分享链接、扫描二维码等方式发放问卷，如图6-7所示。

图6-7　生成投票问卷链接和二维码

步骤4：在收集到所有问卷数据后，请参照“分析&下载”按钮步骤将对数据进行整理和分析，即可看到学生的投票情况。

活动20　利用Excel对数据进行快速有效的录入

活动20 视频简介　　活动20 PPT

教学管理是教学工作的重要环节，主要包括课程安排、学籍管理、课程管理、成绩管理等内容。每个学期学校都有许多大大小小的考试，每次考试结束后，任课老师要对考试进行分析，利用Excel编制好所用到的表格，把学生的考试成绩输入进去。有了这些准确的数据，我们就能够制作各种能反映这些数据的图表，实行量化分析。教师可以通过 Excel 表格（采用WPS软件）制作一个简易的成绩管理系统，实现对多个班级、多学科成绩录入和学生成绩综合分析等功，以此提高教师的工作效率，了解学生的总体情况。本活动以某班学生语文、数学、英语成绩的综合分析进行实践操作讲解。

1.传统录入方式

步骤1：设置对齐选项。根据实际情况，在Excel中选择多个单元格，合并居中后输入标题。

设置对齐方式：单击“开始”→“对齐方式”→“合并后居中”。

设置单元格格式：单击鼠标右键，在快捷菜单中单击“设置单元格格式”，在“单元格格式”对话框的“对齐”选项卡中设置“文本对齐方式”为“居中”，“文本控制”为“合并单元格”，单击“确定”，如图6-8所示。

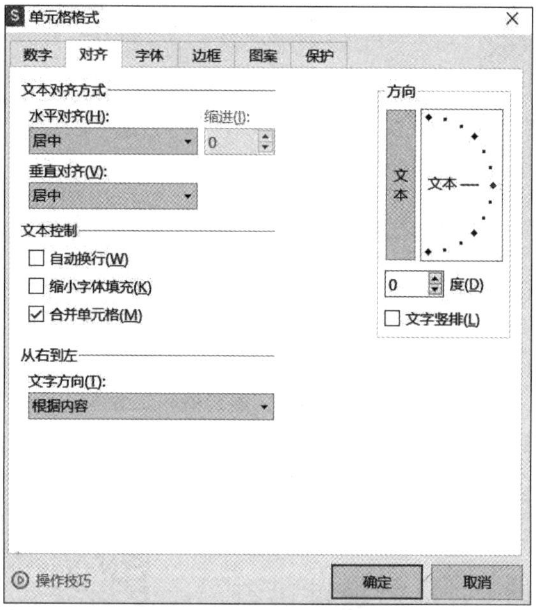

图6-8 设置单元格格式

步骤2：双击合并好的单元格，输入标题——“XX班成绩管理与统计”。

步骤3：在A2：G2单元格中分别输入“姓名”“学号”“语文”“数学”“英语”“总分”“平均分”，在A3：A12输入姓名。同时设置单元格对齐方式。

步骤4:学号填充。在“学号”列输入学生学号,如果学生学号是连续的,可使用填充柄自动填充学号。Excel表格序列填充功能有两种方法。

①鼠标拖拽:在B3单元格中输入“1”,在B4单元格中输入“2”,选中B3:B4,拖动该区域右下角的填充柄,完成学号序列填空。

②利用“列”:在B3单元格中填输入“1”,选中B3:B12,选择“开始”→“编辑”→“填充”→“序列”命令,在“序列”对话框中将“序列产生在”设为“列”,将“类型”设为“等差序列”,将“步长值”设为“1”,单击“确定”按钮,如图6-9所示,即可完成填充。

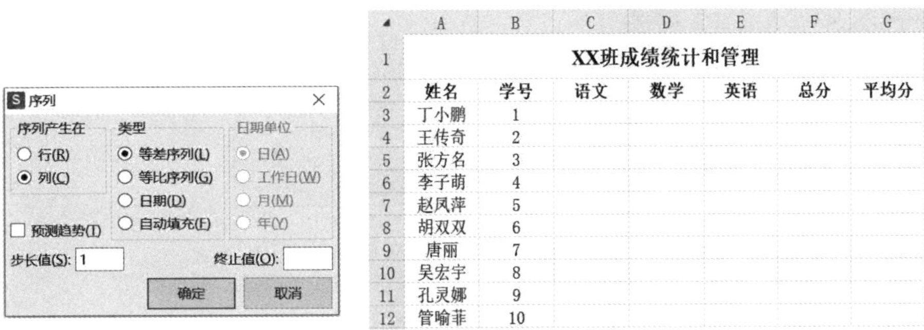

图6-9　学号填充

步骤5:输入成绩。为了保证数据的有效性,以免教师在输入成绩数据时超出限定范围,可以事先设置数值范围。选择“数据”→“数据工具”→“数据有效性”命令,然后在弹出的“数据有效性”对话框内设置有效性条件,如图6-10所示。将要输入的数据设置为0~100之间的整数,一旦输入数据不符合条件系统会自动进行提示,从而保证数据的有效性。

图6-10　数据有效性的设置

注意:“数据有效性”不仅可以对单元格的数据范围进行设置,还可以利用其中的“序列”选项在单元格中创建下拉列表方便用户选择输入。如要在工作表中再添加一个“性别”列，那么可以在“数据有效性”对话框中设置有效性条件为“序列”，然后在“来源”框内直接输入“男，女”（词组之间要用半角的逗号隔开），如图6-11、6-12所示。

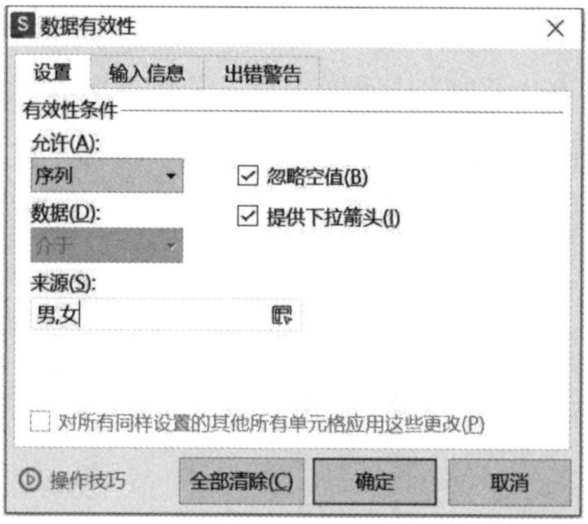

图6-11 “序列”设置

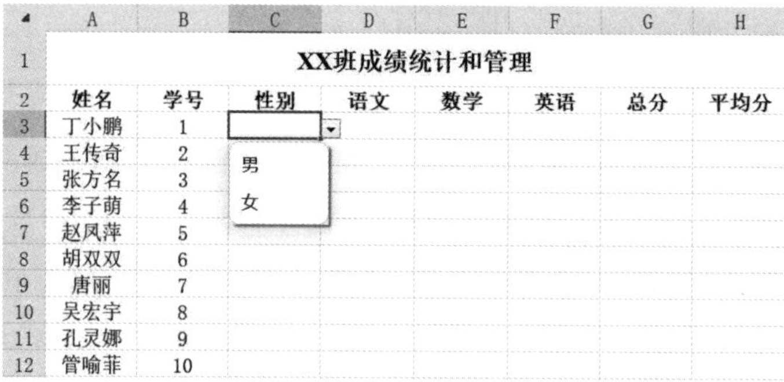

图6-12 下拉列表创建

如果数据有效性的内容较多（如输入学生作品名称、所在的地区等），可以用“来源”文本框右侧的“拾取”按钮选择工作表内的单元格区域，或以其他工作表的数据作为数据来源。

2. 智能录入方式

点击Excel“数据”选项卡中的“获取数据”，如图6-13所示，具体操作方式请观看视频自行学习，包括导入数据、自网站链接、WPS云数据、从图片导出、连接数据库、跨工作簿连接等。

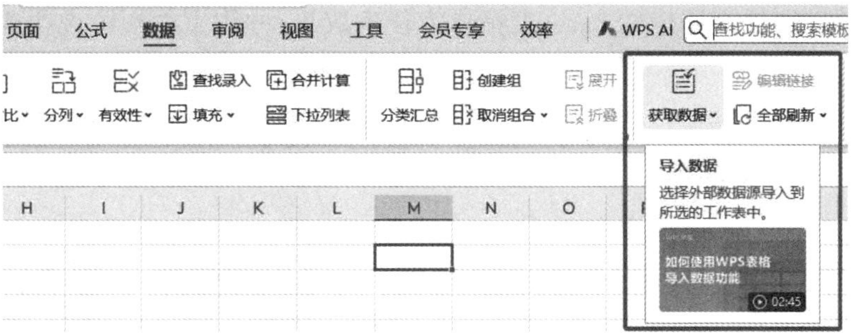

图6-13　获取数据

任务1　学习与实践——Excel表格录入数据:以2022年教育统计数据集为例

1.任务目标

通过本次任务,学生将学会使用Excel表格进行数据录入和整理,掌握基本的数据处理技能,理解现代教育技术在数据管理中的应用,提升信息素养和数据处理能力。

2022年教育统计数据

2.任务内容

(1)数据准备:提供2022教育统计数据集的样本,包括全国基本情况和各地基本情况两项数据集。录入数据要求把"2022年教育统计数据"中全国基本情况和各地基本情况的所有数据录入。

(2)Excel表格操作。

①学生自行打开Excel软件,新建工作簿,并设置合适的列标题。

②在Excel中录入数据,包括文本、数字、日期等类型的数据录入方法。

③学生熟悉Excel的基本操作,如单元格的选中、编辑、格式设置等。

(3)数据录入实践。

①学生根据提供的2022教育统计数据集,自行录入数据到Excel表格中。

②强调数据录入的准确性和完整性,提醒学生注意数据的核对和修正。

3.任务要求

(1)学生需独立完成数据录入工作,确保数据的准确性和完整性。

(2)学生在数据录入过程中,应遵守数据保护原则,不得泄漏或滥用数据。

(3)学生须提交完成的Excel表格作为任务成果,并附上简短的说明或报告。

4.结果展示

随机抽取学生演示Excel表格录入数据。

活动21 利用SPSS对数据进行高级统计分析

活动21 视频简介

活动21 PPT

1.SPSS介绍

SPSS是Statistical Package for Social Science的英文缩写,即社会科学统计分析软件包。它是当今世界上公认和流行的综合统计分析软件包。SPSS应用范围广阔,在经济、金融、商业、心理学、生物学、医疗卫生、体育、农业、林业等领域均有广泛的应用。SPSS提供了通过简单的菜单式操作,就可以非常方便地规范和融合收集到的原始数据,并能实施从简单的描述性统计分析到复杂的时序分析等多种方法,对收集到的数据进行建模,返回有意义的分析结果,比如所要研究对象的特征、分类、发展趋势和未来预测等。把这些结果应用于实际,可以帮助使用者发掘潜在客户及制定长远的发展规划,对未来做出更加准确的判断。

SPSS软件的功能强大,主要包括经典统计方法与SPSS的实现,如统计描述、统计推断、方差分析、非参数检验、相关分析和回归分析等。现代统计分析方法与SPSS的实现,如多元回归析、聚类分析、判别分析、因子分析、相应分析、主成分分析和典型相关分析等。本活动主要介绍统计分析中涉及或需要用到的理论和方法,然后进一步说明其支持决策的功能指向,为管理者进行决策提供一个坚实的理论和操作基础。

2.SPSS在教学评价中的应用

(1)SPSS软件在试卷分析中的应用。成绩分析是教学工作中很重要的一环,SPSS是一个很好的统计分析软件。用SPSS软件对成绩进行一些常用分析,比如SPSS统计软件的描述性统计分析、相关分析和回归分析,不仅可以提高分析整理数据的效率,更能帮助教师定性、定量地了解考生的学习水准,从而发现教学过程中存在的、试卷成绩里面体现的问题,以便更好的指导教学,为改进教学策略提供科学的手段。除此之外，在相关的教育教学中，可以利用 SPSS 统计软件对学生的考试成绩进行合理的分析，诊断学生的学习动向，挖掘出成绩背后隐藏的信息和规律，并制定出相关的改进办法和措施，及时对教学进行调整，更好地促进教育教学的发展。

(2)SPSS 在考试结果分析中的应用。在以往对考试的结果分析中，教师由于工作量繁重，往往对考试结果数据进行简单的处理。教师通常看一下最高分和最低分、算一下平均分就对考试的结果进行分析，得出结论。这种方法很容易受一些极端学生的影响，分析的结果并不准确。我们对数据的处理往往希望大部分数据参与到运算里。这一点 SPSS 可以轻松地帮助我们。利用 SPSS 的功能菜单轻松地算出一些想要的数据结果，例如平均值、最大值、最小值、各分数段的频数，方差、标准差等。

SPSS在教学评价中还有哪些应用？为什么要使用SPSS？请完善表6-1。

表6-1　SPSS在教学评价中的其他应用

序号	其他应用	具体用途
1		
2		
3		

3.利用SPSS分析数据的基本方法

在教学评价，教师可以利用SPSS分析教学中的相关数据，获取对教学中有价值的信息和数据，制定相应的方案，以提高教学质量。以下是利用SPSS分析数据的基本方法。

步骤1:数据的编码。教师利用SPSS进行统计分析的前提是对问卷调查获得的数据进行编码。以下是问卷中数据编码的要点:

①数值型数据的编码:根据调查问卷的评分标准赋分。

②非数值型数据的编码:确立编码规则，根据此规则对相应变量赋分。一般来说，对于双值型变量的编码，多采用“1,0”;对于多值型变量的编码，可采用“1,2,3…”赋值。

③多项选择题的编码:多项选择题的答案有很多个。多选项又分为限定多项和任意多项。限定多项的编码方法是先给每个选项建立一个变量，再给每个变量

用一个代码，如1，2，3…表示。任意多项二分法是对于可以选择任意个数问题的编码，是把每个选项作为一个变量定义，每个变量只有“0”或者“1”，“0”代表不选，“1”代表选中。

④缺失值处理：缺失值有用户缺失值和系统缺失值两种。用户缺失值是问卷调查中，把被试者未回答的一些选项当作缺失值来处理。用户缺失值的编码一般用研究者自己能够识别的数字来表示，如“0”，“9“等。系统缺失值主要是计算机默认的缺失方式，如果在输入数据时空缺了某些数据或输入了非法的字符，计算机就把其界定为缺失值，这时的数据用“.”表示。缺失值往往会给统计分析带来一些麻烦和误差，特别是在时间分析序列中。通常，缺失值处理有两种方法，一是代替法：采用统计命令“转换”→“替换缺失值”进行替代；二是剔除法：剔除有缺失值的题目或者剔除有缺失值的整份问卷。

步骤2：定义变量。打开SPSS数据编辑窗口，点击视图转换栏中“变量视图”，进入变量视图界面，如图6-14所示。

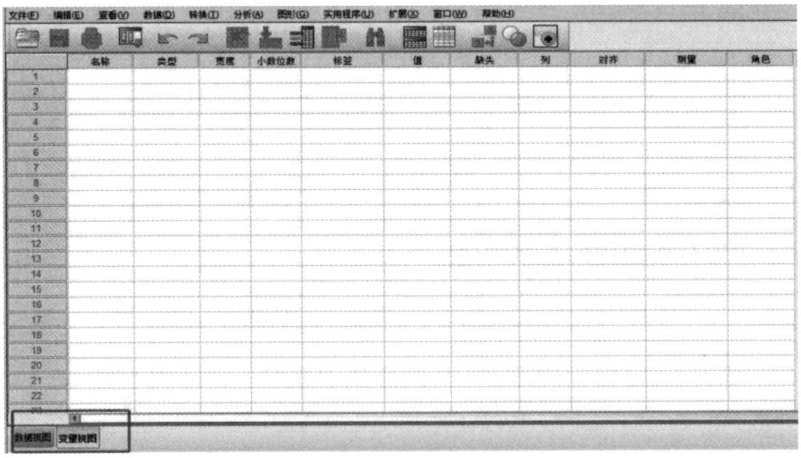

图6-14　变量视图界面

①定义变量名称：选中某个变量的名称单击单元格，即可编辑变量名称。若未预先编辑变量名而直接输入数据，如图6-15所示。

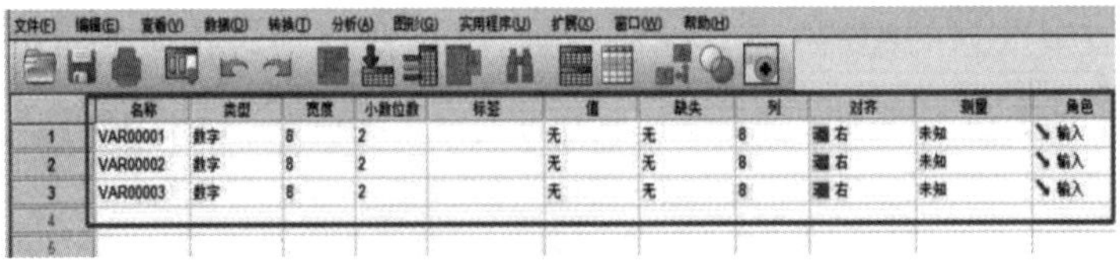

图6-15　未预先编辑变量名而直接输入数据

②定义变量类型：选中某个变量的“类型”单元格，单击即可弹出如图6-16所

示对话框，选取和变量相应的类型。如“性别”变量一般选择“字符串”，只用于分类，而“年龄”变量一般选择“数值”，可计算平均年龄。

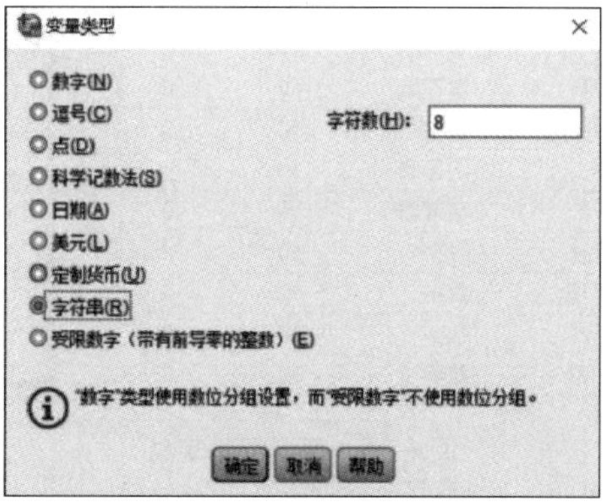

图6-16　变量类型对话框

③宽度和小数位数定义：宽度定义指变量的宽度，即变量的整数位数，一般系统默认为8；而小数位数指的是变量的小数位，系统默认为2。如图6-17所示，字符串变量没有小数位。

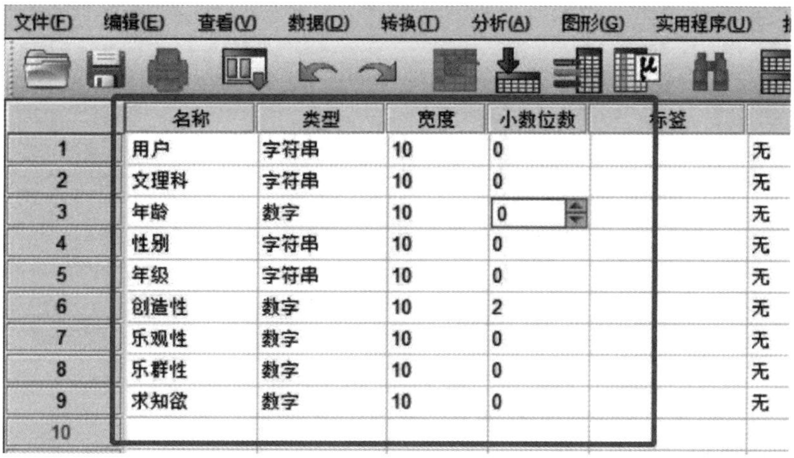

	名称	类型	宽度	小数位数	标签	
1	用户	字符串	10	0		无
2	文理科	字符串	10	0		无
3	年龄	数字	10	0		无
4	性别	字符串	10	0		无
5	年级	字符串	10	0		无
6	创造性	数字	10	2		无
7	乐观性	数字	10	0		无
8	乐群性	数字	10	0		无
9	求知欲	数字	10	0		无
10						

图6-17　宽度和小数位数定义

④变量标签定义：选中某个变量的“标签”单元格，直接输入相应的内容即可。它的作用是对变量名称做出进一步的解释和说明。

图6-18　变量标签定义

⑤变量值标签定义：选中某个变量的“值”单元格，弹出以下对话框。如图6-19所示，定义“性别”变量值时，“0”代表女生，“1”代表男生。

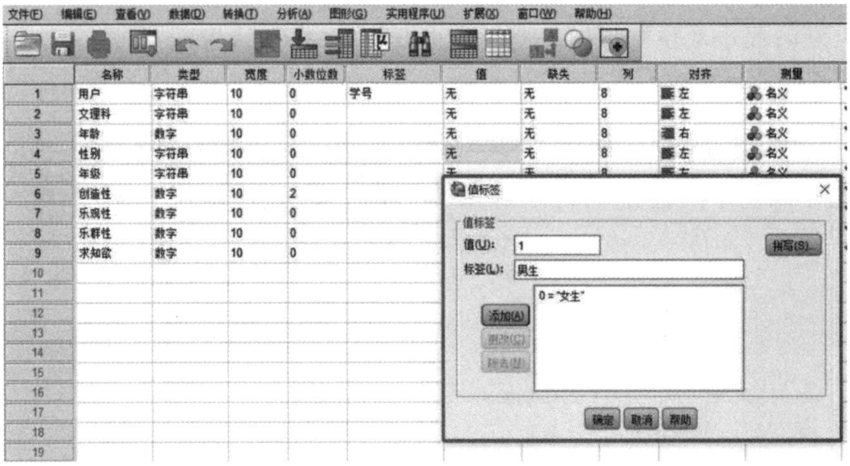

图6-19　变量值标签定义

步骤3：数据录入：SPSS有多种数据录入方式。

①直接录入：打开SPSS，选择窗口下方的“Data View”选项卡，即可直接在表格中录入数据，完成录入后保存。

②用SPSS命令程序录入数据：使用SPSS命令程序录入数据，最基本的命令有四条：Data List、Variable Labels、Value Labels和Missing Values。利用这四条命令，可以编写一个SPSS数据录入的小程序并录入数据，最后得到SPSS软件可以直接使用的数据。

③在Excel中录入数据：用户既可以在SPSS中打开需要分析的Excel文件，也可以在Excel中录入、保存，然后在SPSS中打开保存的Excel文件。在Excel中录入数

据时，一般第一行录入变量，第二行开始录入数据，在录入完毕后，将文件保存为Excel默认格式(*.xlsx)即可。

4.两种分析方法

录入数据后，接着就是利用SPSS分析数据。选择何种统计分析方法，即使用哪个统计分析过程，是得到正确分析结果的关键。这需要根据我们录入的数据调查目的和需要什么样的结果来选择。

(1)描述性统计分析。

描述性统计分析是指运用制表、分类、图形，以及计算概括性数据来描述数据特征的各项活动。描述性统计分析要对调查总体所有变量的有关数据进行统计性描述，主要包括数据的频数分析、集中趋势分析、离散程度分析、分布和一些基本的统计图形。

在SPSS中，选择“文件”→“打开”→“数据”，如图6-20所示。

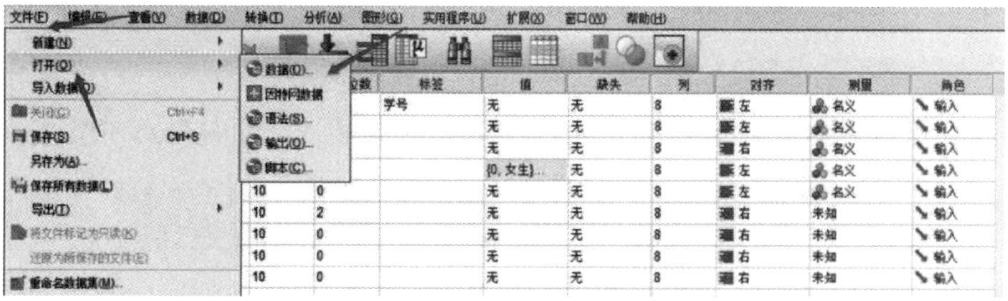

图6-20　“数据”选项

在界面上方的“分析”选项卡中找到“描述统计”，然后选择“探索”选项，如图6-21所示。

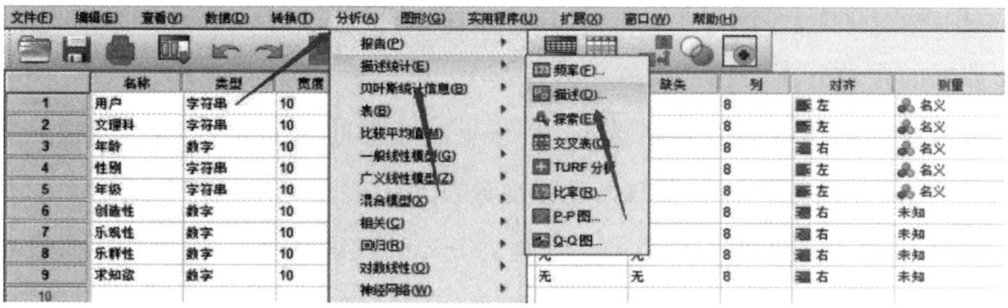

图6-21　“探索”选项

在“探索”对话框中“因变量列表”和“因子列表”分别进行填入，然后可以在右侧菜单中进行设置，如图6-22所示。

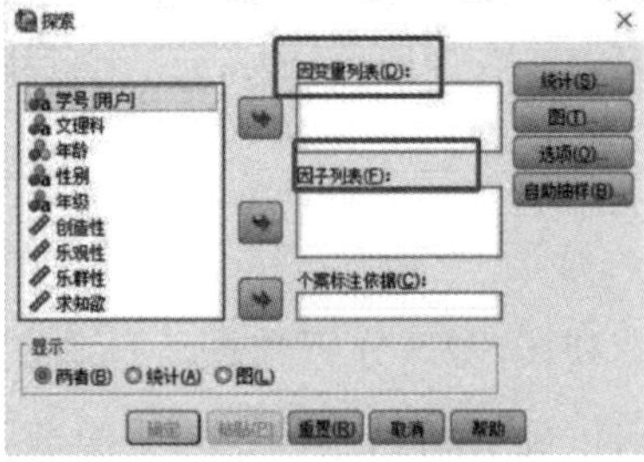

图6-22 “探索”对话框

选择“统计”菜单，在“统计”菜单中勾选“描述”，设置“平均值的置信区间”之后单击“继续”，然后单击“确定”进行查看，如图6-23所示。

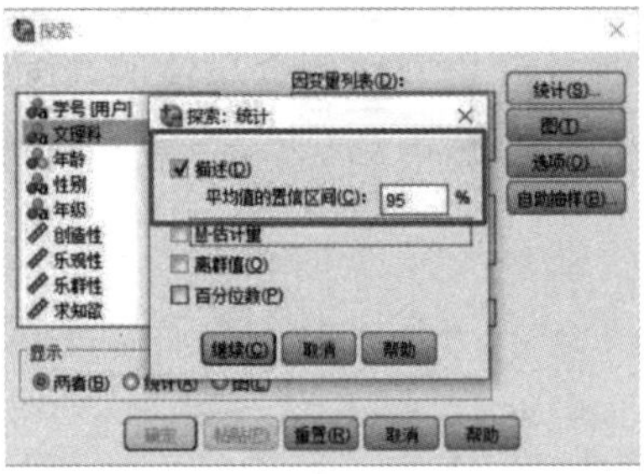

图6-23 “探索”对话框“统计”菜单

在弹出的SPSS查看器中，可以看到数据的“描述统计”，如图6-24所示。

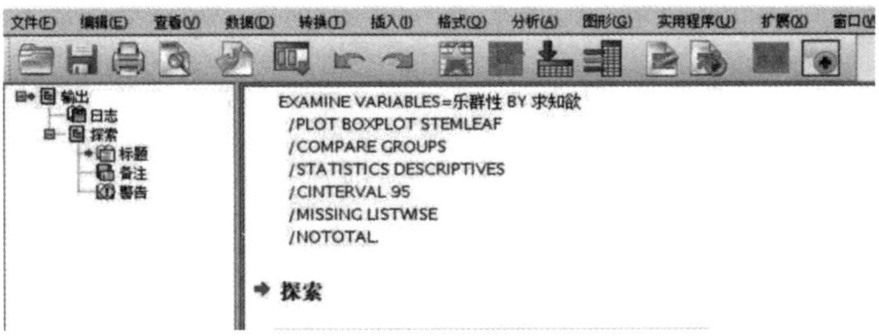

图6-24 数据的“描述统计”

数据的频数分析。在数据的预处理部分，利用频数分析和交叉频数分析可以检验异常值。数据的集中趋势分析。用来反映数据的一般水平，常用的指标有平均值、中位数和众数等。数据的离散程度分析。主要是用来反映数据之间的差异程度，常用的指标有方差和标准差。数据的分布。在统计分析中，通常要假设样本所属总体的分布属于正态分布，因此需要用偏度和峰度两个指标来检查样本数据是否符合正态分布。绘制统计图。用图形的形式来表达数据，比用文字表达更清晰、更简明。在SPSS软件里，可以很容易地绘制各个变量的统计图形，包括条形图、饼图和折线图等。

（2）推断性统计分析。

推断性统计可以根据分析得到的趋势应用于整体，也可以根据样本资料的特性对总体的特性作估计或推论，还可以对总体的未知参数进行估计、对关于参数的假设进行检查、对总体进行预测预报等。

①单一样本T检验：用于检验单个变量的均值与假设检验值（给定的常数）之间是否存在差异。

②独立样本T检验：用于检验对于两组来自独立总体的样本，其独立总体的均值或中位置是否一样。如果两组样本彼此不独立，应使用配对T检验。如果分组不止一个，应使用One-Way ANOVA过程进行单变量方差分析。如果比较的变量是分类变量，应使用Crosstabs功能。独立样本T检验还要求总体服从正态分布，如果总体明显不服从正态分布，则应使用非参数检验过程。

③配对样本T检验：用于检验两个相关的样本是否来自具有相同均值的总体。

④单因素方差分析：检验由单一因素影响的多组样本某因变量的均值是否有显著差异的问题。如果各组之间有显著差异，说明这个因素（分类变量）对因变量是有显著影响的，因素的不同水平会影响到因变量的取值。

利用SPSS推断性统计分析视频

请通过网上学习或者扫二维码观看利用SPSS推断性统计分析视频，并总结相关步骤，填写在下列空白处。

请同学们结合任务一和日常学习积累，归纳出描述性统计和推断性统计的区别，并完善表6-2。

表6-2　描述性统计和推断性统计的区别

序号	区别
1	
2	
3	
4	

任务1　探究与实践——SPSS描述性统计分析:以2022年教育统计数据集为例

1.任务目标

本任务旨在通过实际操作SPSS软件,对2022年教育统计数据集进行描述性统计分析,以帮助学生掌握SPSS软件的基本操作方法和描述性统计分析的基本原理,提高数据分析和处理的能力。

2.任务内容

(1)数据准备。

①从教师处获取2022年教育统计数据集,并熟悉数据集的基本结构和内容。

②导入数据集到SPSS软件中,并检查数据的完整性和准确性。

(2)描述性统计分析操作。

①使用SPSS的描述性统计分析功能,计算数据集中各个变量的均值、标准差、中位数、众数等统计量。

②了解并掌握如何设置统计量的计算选项和输出格式。

③根据需要,对特定变量进行分组描述性统计分析,比较不同组别的差异。

(3)结果解读与分析。

①根据SPSS的输出结果,解读各个统计量的含义和计算方法。

②分析数据的分布情况,判断数据的集中趋势、离散程度以及分布形态。

③结合实际情况,对统计结果进行解释和讨论,提出有针对性的建议或意见。

3.任务要求

(1)学生能独立完成数据的导入、描述性统计分析的操作和结果的解读。

(2)学生能准确计算各个统计量,并理解其在实际应用中的意义。

(3)学生能够结合实际情况,对统计结果进行合理的分析和讨论。

4.任务成果

(1)提交一份包含SPSS操作过程截图和描述性统计分析结果的报告。

(2)在报告中,需包含对统计结果的解读和分析,以及相关的建议或意见。

任务2　能力与提高——SPSS分析数据相关性：以2022年教育统计数据集为例

1. 任务目标

通过本任务，学生将学会使用SPSS软件分析数据的相关性，以揭示2022年教育统计数据集中各地教育资源分配均衡性【高等教育资产情况（学校产权）（普通高校）、高等教育资产情况（学校产权）（总计）等数据】。通过实际操作，学生将理解相关性分析的基本原理和SPSS中的相关分析方法，提高数据处理和分析能力。

2. 任务内容

（1）数据准备与导入。

①从教师处获取2022年教育统计数据集，并了解数据集中各个变量及其含义。

②将数据集导入SPSS软件中，并进行必要的数据清理和预处理。

（2）变量选择与假设设定。

①根据研究目的和问题，选择需要分析相关性的变量。

②设定相关性分析的假设，明确变量之间可能存在的关联关系。

（3）相关性分析操作。

①在SPSS中，使用“分析”菜单下的“相关”功能，选择适当的相关性分析方法（如皮尔逊相关系数、斯皮尔曼秩相关系数等）。

②将选定的变量添加到相关性分析的对话框中，并设置相关参数。

③运行相关性分析，并查看输出结果。

3. 结果解读与讨论

（1）根据SPSS输出的相关性系数和显著性水平，解读变量之间的相关程度。

（2）分析相关性系数的正负、大小以及显著性水平，判断变量之间是否存在正相关、负相关或无相关关系。

（3）结合实际情况和理论背景，对相关性分析结果进行讨论和解释。

4.任务要求

(1)学生须独立完成数据的导入、变量选择和相关性分析的操作。

(2)学生能准确解读相关性分析结果,并能够结合实际情况进行讨论和解释。

(3)学生须对相关性分析的基本原理和方法有清晰的理解,并能够选择合适的分析方法。

5.任务成果

(1)提交一份包含SPSS操作过程截图和相关性分析结果的报告。

(2)在报告中,需对相关性分析结果进行详细解读和讨论,提出相关的见解或建议。

活动22　利用可视化思维工具评价师生思维

活动22 视频简介　　活动22 PPT

可视化思维工具盛行于国外,是欧美国家的一种教学工具,在中小学课堂中被广泛应用并取得了很好的教学效果。思维可视化,是一种以数据可视化、计算可视化和信息可视化为基础,促进知识的传播和创新的技术。思维可视化工具能够帮助实现快速清晰的可视化交流。

1.八种可视化思维工具

(1)圆圈图(Circle Map):围绕一个主题进行联想和发散思维的可视化思维工具,如图6-25所示。

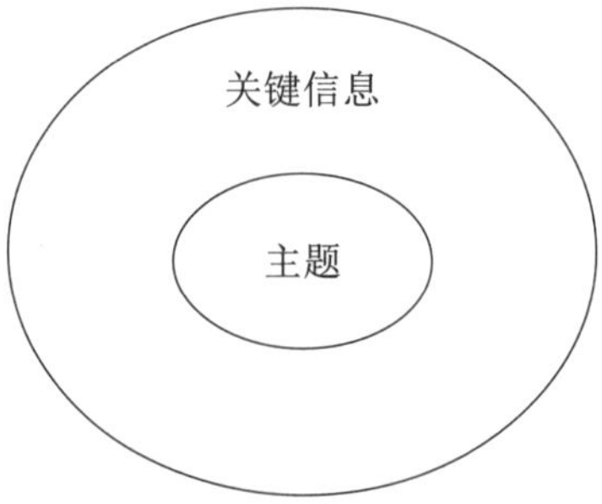

图6-25　圆圈图

(2)气泡图(Bubble Map):通过制作气泡图,人们可以增强对事物的认识,提高对事物描述的准确性和全面性，增进思考的深度和广度，如图6–26所示。

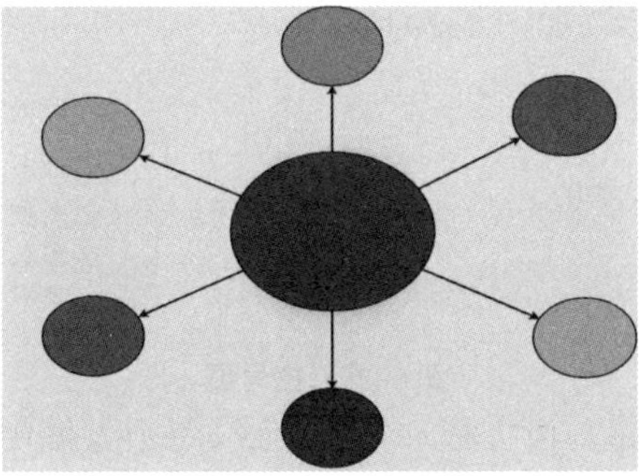

图6–26　气泡图

（3）韦恩图（Venn diagram）：人们用两三个或者更多交叠图组成的维恩图，来阐明各相关概念、观点、类别或群组之间的相同点、不同点及其关系，如图6–27所示。

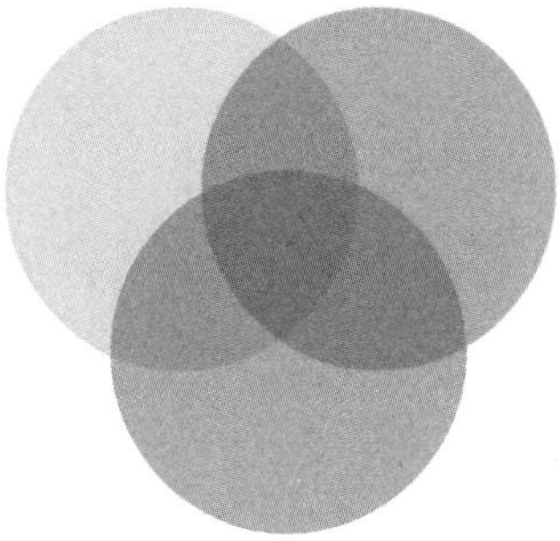

图6–27　维恩图

（4）树形图（Tree Map）：主要用来帮助人们对事物进行归纳和分类。树形图的最顶端写主题，然后往下写主题的子类别；每个子类别，可以继续往下写出次级类别，依次类推。要注意确定分类标准与方法，当同一主题依据的分类标准等不同时，所创作的树形图也不相同，如图6–28所示。

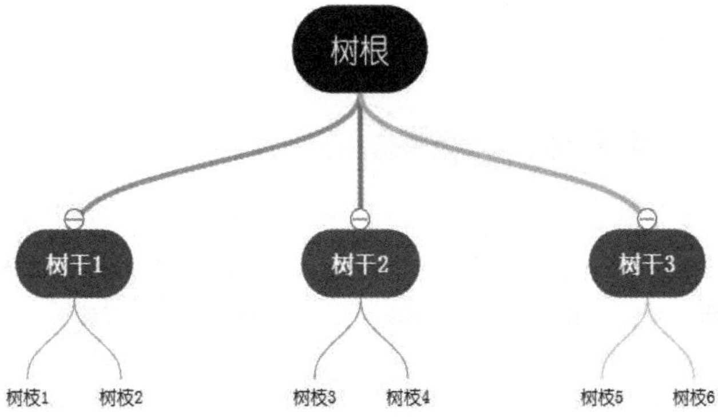

图6–28　树形图

(5)括号图(Brace Map):由主题、大括号和关键词组成,主要用于分析、理解事物整体与部分之间的关系,如图6-29所示。

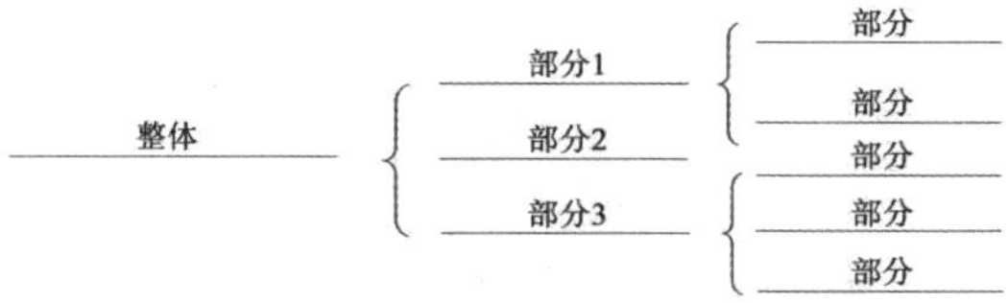

图6-29　括号图

(6)流程图(Flow Map):由方框和箭头组成,每个方框中写一个步骤或过程,用箭头表示步骤的顺序,如图6-30所示。主要用来列举事物发展的顺序、过程、步骤等。复流程图用来展示和分析因果关系。

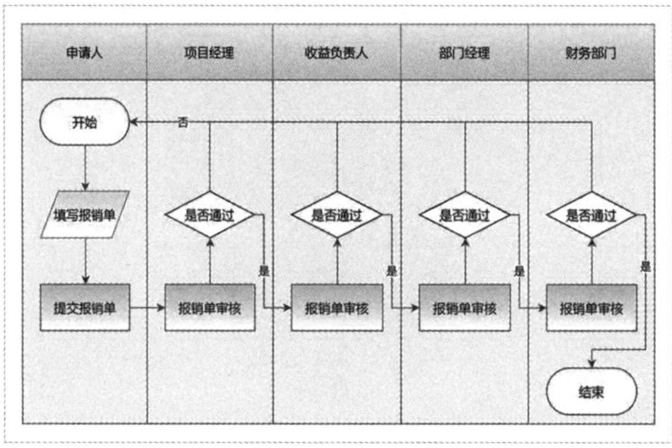

图6-30　流程图

(7)桥形图(Bridge Map):主要用来类比或类推。桥拱左右两边的两组事物各不相同,但每组事物之间的关系是相同的,必要时,可在桥形图旁边注明这种关系,如图6-31所示。利用桥形图可以建立事物之间的联系,比较分析属性相近或相似的事物,总结概括类似事物之中的共同规律,发现新规律和新方法,对于创新性思维培养有积极作用。

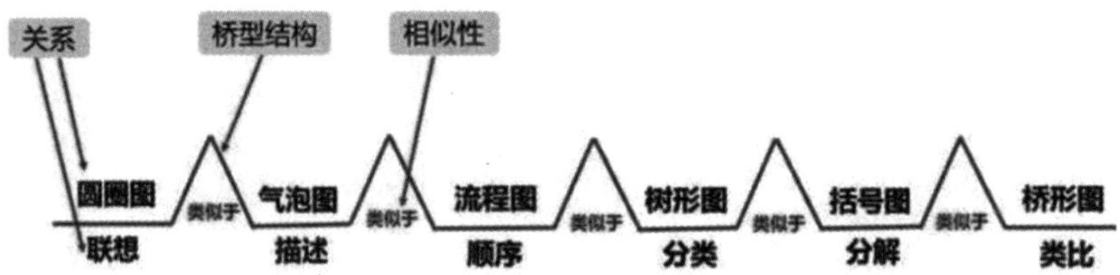

图6-31　桥形图

(8)思维导图(Mind Map):又名心智导图,是表达发散性思维的有效图形思维工具，如图6-32所示。思维导图运用图文并重的技巧，把各级主题的关系用相互隶属与相关的层级图表现出来，把主题关键词与图像、颜色等建立记忆链接。

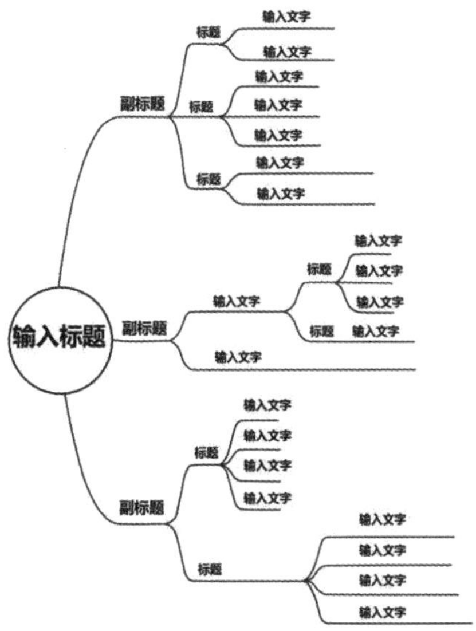

图6-32　思维导图

2.可视化思维工具在教育评价中的作用

(1)提升教育教学效果。教师在利用可视化思维工具进行实际教学，首先要掌握好教学方式，并对物理教学理论进行深入分析研究，在该过程中要遵循学生的个性化发展，有针对性地做好教学导案，并实施在实际教学过程中。在导案设计过程中还要充分考虑综合素养的培训，让学生能够在学习过程中，其他方面也能够得到全面的提升。借助思维导图，展现现代化教学方式，利用教师的经验，将复杂的知识以可视化、可理解性的文字呈现出来，提升教学的实际效果。

(2)帮助教师进行教学反思。教学过程中教师要不断地自我反思，从反思中改正教学错误，才能不断地提升教师自身综合素质及教学水平。实际教学中教师在课堂中的主体地位导致教师无法客观地对自身教学进行反思，部分教师也不愿意承认自身教学过程中出现的错误，或者不知道如何进行教学反思，反思形式也只是纸上谈兵式的，并没有深入地落实到实际教学工作过程中，该种现象是导致教学效果无法提升的根本原因。但思维导图可帮助教师有效地展开反思工作，并能够不断地创新课堂，改善课堂教学方式。

(3)促进分层教学。在思维导图应用过程中，思维导图能够对复杂知识进行简化阐述。不同学习层级的学生通过思维导图都能进行相对高效的学习，使学生在学习过程中遇到的问题得到妥善解决，促进全体学生学习成绩的有效发展和进步。

通过以上学习和阅读文献，总结可视化思维工具在教学评价中的作用，并填写表6-3。

表6-3　可视化思维工具在教学评价中的作用

序号	作用
1	
2	
3	
4	

思维导图是一种将放射性思考具体化的可视化思维工具，是一种有效的思维模式，在构造思维导图时体现了学习的积极性和自主性。利用思维导图辅助教学，能让学生的主动性得到充分的发挥，使知识融会贯通。联系和思考是建构主义中意义建构的关键，思维导图的应用正是体现了建构主义的思想理念。

思维导图制作操作视频

请扫二维码，观看制作思维导图操作视频，请按照视频中的讲解步骤操作并总结制作思维导图的步骤，并填在下列空白处。

任务1　观看与实践——思维导图制作：评估学生的思维能力

1.任务背景

你是一名现代教育技术公共课的教师，负责设计并实施一个课程模块，旨在提升大学生在未来教学职业中运用批判性思维的能力。为了实现这一目标，你计划在一课时（通常为50分钟）的课堂活动中使用思维导图软件来促进和评价学生的思维能力。

2.具体步骤

(1)准备阶段:选择免费且易于使用的XMind作为可视化思维工具,以便可以无障碍地访问和协作。

(2)数据收集。

①要求学生在课堂上以小组形式合作,使用XMind解答“如何设计一堂鼓励学生批判性思维的语文课?”学生将创建思维导图来展示他们的解决方案。

②在50分钟的课程活动中,学生将通过讨论、研究和协作来完善他们的思维导图。

3.数据收集后的处理

(1)收集每个小组完成的思维导图。

(2)根据预先制定的评分标准(如结构的精度、思维的深度和广度、创新性等),对每张导图进行评估。

4.数据分析

(1)由于时间限制和样本量较小,不适用SPSS进行统计分析,而是通过直观比较和定性分析来评估学生的表现。

(2)制作一个概览表格或图表,以直观地显示所有小组的思维导图评分结果。

5.结果报告与讨论

(1)在课堂上,对学生的思维导图进行点评,强调他们的优点和需要改进的地方。

(2)安排一次课堂讨论,让学生分享他们在创建思维导图过程中的学习体会和收获。

(3)教师根据学生的表现和反馈,调整教学方法和活动设计,以更好地促进学生的批判性思维发展。

活动23　利用AI提示语分析数据和制作图表

活动23视频简介　　活动23 PPT

1.AI提示语简介

AI提示语致力于通过提示语，建立人与AI可信赖的连接，帮助每个人更好的使用A1。在AI提示语平台用户可体验好用的AI大模型，包括AI写作、AI聊天、AI绘画、AI数字人，AI提示词等，如图6-33所示。

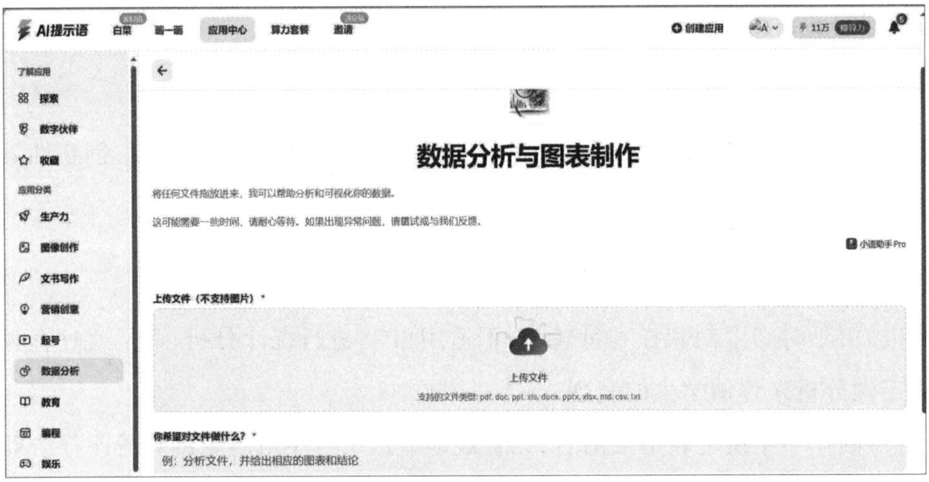

图6-33　AI提示语数据分析与图表制作界面

AI提示语的模型训练采用了少量图像进行微调的技术，使得新模型在保持原有Stable Diffusion模型特性的基础上，还能够稳定生成具有主体特征的各种照片。然而，降低使用门槛并保证模型的生成质量并不容易。模型训练除了高昂的硬件成本外，还需要确保模型的生成效果和进行验证与优化。随着效果的不断提升，未来AI提示语将重新评估并更好地为用户提供服务。

2.AI提示语分析数据操作

步骤1：登录AI提示语官网（https://www.tishi.top/），注册并登录，打开主页面，单击“应用中心”按钮，弹出如图6-34所示界面。

图6-34　AI提示语应用中心

步骤2：选择“数据分析”→“数据分析与图表制作”。

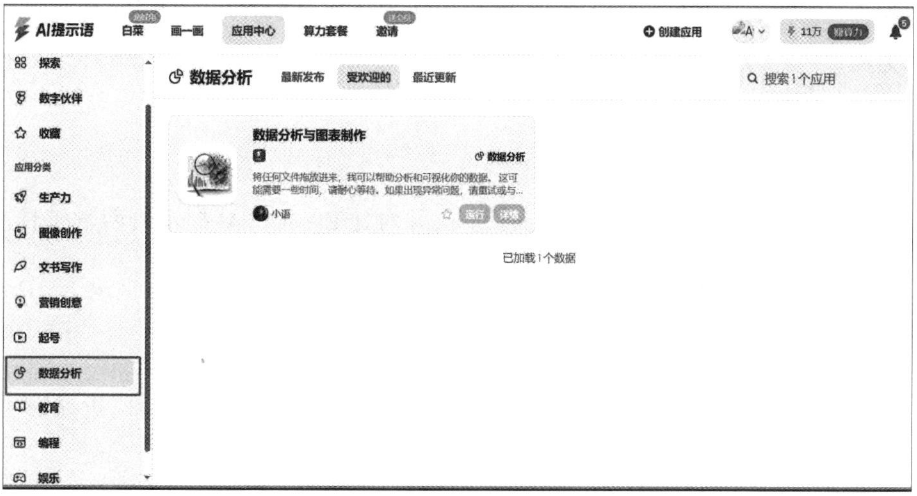

图6-35　AI提示语数据分析

步骤3：单击“上传文件”（AI提示语支持的文件类型有pdf、doc、ppt、xls、docx、pptx、xlsx、md、csv、txt），上传待分析的文件，并在界面下方“你希望对文件做什么？”对话框中输入用户想要执行的操作，如“分析文件并给出相应的图表和结论”，如图6-36所示。

图6–48　上传文件

任务1　对比与归纳——AI提示语数据分析与图表制作：以2022年教育统计数据集为例

1.任务背景

利用AI提示语完成活动20中的任务1，并对比Excel和AI提示语两款工具。

2.数据分析与图表制作

(1)学生将使用AI提示语生成的数据洞察来创建图表和报告。

(2)指导学生如何根据分析结果制作直观的图表，例如柱状图、折线图或散点图。

(3)由于时间和资源的限制，不使用SPSS进行统计分析，而是直接在所选软件内进行基本的数据分析和图表制作。

(4)学生通过定性分析，解释图表中的数据趋势和模式。

3.结果报告与讨论

(1)在课堂上，让学生展示他们制作的图表，并解释其所表达的数据洞察。

(2)安排一次课堂讨论，让学生分享在使用AI提示语和数据分析软件过程中的体会和学习成果。

材料1 数字化转型中新型教师教学评价标准

教育数字化不仅需要多模态教育资源和技术的支持，还需要透过学习数据掌握学情，提供动态决策和个性化精准服务，这对数字化转型中新型教师的教育数字化能力提出了较高要求。从评价角度探讨数字化转型中新型教师教学评价标准，是诊断并发展教师教育数字化能力的有效路径。

数字化转型中新型教师教学评价标准

材料2 数字化转型中新型教学评价技术

中共中央 国务院印发的《深化新时代教育评价改革总体方案》明确指出，创新评价工具，利用人工智能、大数据等现代信息技术，探索开展学生各年级学习情况全过程纵向评价、德智体美劳全要素横向评价。近年来，随着人工智能、大数据、区块链等新一代数字技术的教育应用，在实践探索中形成了无感式数据采集、多模态数据融合处理、智能化诊断分析、即时性精准反馈等新样态，为破解教育评价难题提供了新的可能。在教育数字化转型的背景下，如何发挥新一代数字技术优势，推动教育评价理念与方式的“迭代升级”，切实扭转不科学的教育评价导向，为教育高质量发展保驾护航，是一个必须答好的时代课题。

数字化转型中新型教学评价技术

材料3 数字化转型中教学评价

教育评价是教育发展的指挥棒，是教育改革的“引擎”，与教育事业的发展方向与发展速度息息相关。随着智能技术与教育融合不断深入，教育评价迎来智慧转型的重要契机。

数字化转型中教学评价

材料4　教学评价量表的编制及其分析方法

评价量表是重要的评价工具之一。从评价量表的设计与使用中,可以看出教师对教学内容与目标的把握是否准确。评价量表能让学生获得详细的反馈,能培养批判性思维,能促进与他人的沟通,能提升教学水平,还能创造公平的竞争环境。请扫描二维码阅读《教学评价量表的编制及其分析方法》,了解评价量表的分类、制作教育评价量表的步骤、评价指标等。

教学评价量表的编制及其分析方法

材料5　新课标下的教学评价,需做到五个“一致性”

2022年4月,教育部正式印发《义务教育课程方案和课程标准(2022年版)》,进一步明确了新时代“培养什么人,如何培养人,为谁培养人”这一根本问题,标志着我国义务教育课程改革进入以核心素养为导向的深化阶段。

新课标下的教学评价,需做到五个“一致性”

具体而言,新版的课程方案与课程标准主要有以下四大突破:明确了学科核心素养;实现内容标准、活动标准和质量标准的三位一体;增强课程内容的结构化;强化学科实践。新课标背景下的教学评价要以核心素养为基本理念,用一致性思维审视教学评价理念与核心素养导向、教学评价标准与学业质量标准、教学评价方法与核心素养表现、教学评价工具与素养形成机制、教学评价结果与素养发展目标之间的关系。请扫描二维码阅读《“一致性”思维审视:基于新课标的教学评价》,学习新课标背景下需要做到哪五个“一致性”。

案例1　问卷星与Excel在“智慧课堂”教学评价中的联动应用

W中学的教师团队对新型的混合式学习模式评价过程与效果

1.背景描述

在“智慧课堂”环境中，W中学的教师团队希望对新型的混合式学习模式进行评价。该模式结合了线上数字学习和线下互动教学，因此，为了全面评估学生的学习成效和教学活动的有效性，需要采用科学且高效的教学评价工具。

2.案例情境

李老师是该校的一名科学教师，他负责一个30人的高中生物班。为了提高教学质量，他决定使用问卷星来收集学生的即时反馈，并利用Excel进行数据整理和分析，如表6-4所示。

表6-4　教学评价实施步骤

实施环节	操作步骤
设计问卷	李老师在问卷星平台上设计了一份包含10个问题的调查问卷，旨在了解学生对于“智慧课堂”各个环节的满意度以及个性化的学习需求
发放问卷	在一次具有代表性的“智慧课堂”结束后，李老师通过学校的在线学习平台向全班学生发放了问卷链接
收集与录入数据	学生完成问卷后，李老师在问卷星平台上下载了原始数据，并将其导入到预先准备好的Excel数据录入模板中
数据分析	利用Excel的数据处理功能，李老师对问卷结果进行了排序、筛选和图表生成，从而清晰地看到了学生的总体满意度，以及在不同教学环节（如视频教学、互动讨论、实验操作）的学生反馈
结果应用	通过分析结果，李老师发现学生对于互动讨论环节的满意度相对较低。因此，他决定增加小组讨论的时间，并引入更多互动式的教学工具来提高学生参与度
反馈与调整	李老师将分析结果和将要采取的改进措施通过班会的形式反馈给学生，同时邀请学生提供更具体的改进建议

3.教学评价效果

经过一个学期的应用，李老师发现，通过使用问卷星和Excel作为教学评价工具，他不仅能够及时获得学生反馈，快速准确地分析教学效果，还带来了很多显著改善，如表6-5所示。

表6-5　教学评价效果

教学评价效果	具体体现
学生参与度提升	学生对于课堂活动尤其是互动讨论环节的参与更加积极，出勤率和课堂互动频率有明显提高
学习兴趣增强	通过问卷中对学生兴趣点的跟踪，李老师针对性地调整教学内容，增加了更多与学生兴趣相关的话题和案例，使学生对生物学的兴趣大增
成绩稳步提升	随着教学方法的优化和学生参与度的提高，平时成绩和期末考试的平均分数均有所上升，尤其是在曾经薄弱的互动讨论环节，学生的表现有了显著进步
自主学习能力加强	问卷星提供的反馈信息帮助李老师引导学生更有效地进行自我评价和自我调整，培养了他们的自主学习能力
家校沟通顺畅	定期的问卷调查结果分享给家长，让家长更清楚地了解孩子在学校的学习情况及存在的问题，促进了家校之间的有效沟通
反思型教学文化形成	持续的评价和反馈机制鼓励教师团队经常性地交流教学实践和反思教学策略，逐渐形成了一种积极的反思型教学文化

此外，李老师还建立了一个持续的评价和反馈机制，为未来的教学提供了数据支持和决策依据。评价作为课程的重要组成部分，是课程改革的焦点，是学科教学研究的重点。因此，如何设计有效的评价方案，如何使评价更好地引领教学，仍是需要一线教师持续探索的难点与重点问题。

案例2　数字化教学评价：多工具联动下的教学模式创新

B校结合新兴的数字工具来优化教学评价流程

1.背景描述

在推进教育现代化的背景下，某校针对传统教学评价方法的局限性，决定尝试结合新兴的数字工具来优化教学评价流程。该校特别关注如何利用数字化手段提高评价的实时性、精准性和互动性。

2.案例情境

黄老师是该学校的一位化学教师，她负责的高二年级班级即将开始一个新的模块学习。为了更好地跟踪学生的学习进度并及时调整教学方法，黄老师计划使用一套数字化评价方案来对学生的学习进行评估，如表6-6所示。

表6-6　数字化评价方案

实施环节	操作步骤
构建评价框架	黄老师首先确定了包括知识掌握、实验技能、课堂参与和自主学习四个维度的评价框架，确保评价内容全面覆盖课程目标
整合AI辅助工具	她选择了一款集成了人工智能功能的应用程序，该程序不仅提供实时反馈，还能根据学生表现推荐个性化的学习路径
搭建数据收集平台	通过在线教学平台，黄老师轻松地收集了学生的作业提交记录、测验成绩和讨论参与情况等数据，为后续分析打下基础
利用思维导图软件	为了使评价结果更加直观，黄老师运用思维导图软件将评价结果进行了图形化展示，便于学生理解和记忆
数据分析与应用	借助专业的数据分析工具，黄老师对学生的表现进行了深入的分析，并根据分析结果调整了教学策略
实施反馈机制	黄老师定期向学生反馈具体的评价结果，并通过家长会等形式同家长共享学生的进展

3.教学评价效果

经过一个模块的实践，黄老师的数字化教学评价取得了如下成效：

（1）实时反馈促进学习：学生能够通过AI辅助工具获得即时的学习反馈，帮助他们快速识别和改正错误。

（2）数据驱动的教学决策：黄老师依据客观数据及时调整教学内容和方法，使教学更加符合学生的实际需求。

（3）增强学生自我导向能力：结合导图和可视化结果，学生能更清晰地认识到自己的优势和不足，从而更有目的地进行自主学习。

（4）家校沟通更加高效：通过数据的可视化展示和定期的沟通会议，家长对孩子的学习有了更清晰的认识和支持。

（5）形成持续改进循环：黄老师的实践经验激励其他教师也采用类似的评价方法，推动了整个学校教学评价体系的革新。

通过这种多工具联动的教学评价实践，不仅提升了学生的学习体验和教学质量，也为学校的数字化转型探索出了一条有效的路径。

▶▶ 随堂自测

第六章随堂自测

▶▶ 本章思考

（1）请思考并阐述，在现代教育环境中，为什么教学评价工具的有效应用对于提高教学质量和促进学生学习至关重要？你认为影响教学评价工具的有效性的因素有哪些？

（2）讨论使用问卷星进行教学评价时可能遇到的挑战及如何克服这些挑战。

（3）请结合任务操作实践，分析比较Excel、SPSS和AI提示语三种教学评价工具的优缺点。

▶▶ 本章参考文献

[1] 任全玉，周海琼.SPSS在高校教学管理及教学评价中的应用研究[J].中国市场，2015（11）：207-208.

[2] 李燕.思维导图在高校英语阅读教学中的实践研究[J].河北农机，2020（11）：73-74.

[3] 丁玉华.初中物理教学中思维导图的运用研究[J].才智，2020（5）：95.

[4] 姚林群，戴根元.论基于证据的学业质量评价[J].全球教育展望，2016，45（5）：49-57.

[5] 韩晓玲，孙敏，陆宏.何以为能：中小学教师智慧教学能力评价[J].现代教育技术，2022，32（7）：66-75.

[6] 杜萍，田慧生.论教学智慧的内涵、特征与生成要素[J].教育研究，2007，

（6）：26-30.

[7] 晋欣泉，邢蓓蓓，杨现民，等．智慧课堂的数据流动机制与生态系统构建[J]. 中国远程教育，2019（4）：74-81，91，93.

[8] 葛文双，韩锡斌．数字时代教师教学能力的标准框架[J]. 现代远程教育研究，2017（1）：59-67.

[9] 程立柱．数据挖掘技术在大学英语教学评价体系中的应用——评《大学英语教学及语言评价研究》[J]. 科技管理研究，2022，42（20）：246.

[10] 杨栩，罗统勇，陈诚，等．区块链技术在Miniquest微课应用模式教学评价中的运用[J]. 西部素质教育，2022，8（19）：137-140.

[11] 王一敏，高言，蔡福旭．基于CAT技术的创客教学模式构建与评价研究[J]. 科技创业月刊，2022，35（10）：121-124.

[12] 李勤华．开发单元评价工具 有效实现“教-学-评”一致[J]. 中小学管理，2021（08）：36-39.

第七章　多媒体环境下的授导型教学探索

学习目标

一、知识目标。通过阅读相关资料和参与本章的学习活动，教师能够了解教学系统、教学过程、教学设计、教学环境、教学媒体等基本概念，能够阐述不同教学设计的基本程序，能够理解“学生的知识与技能的形成立足于学生的自主学习，有效教学建立在理性教学设计之上，合理地运用技术能够促进学生知识的整合”等概念。

二、能力目标。通过本章的学习，教师能够针对具体的教材，根据课程标准的要求，选择合适的教学模式和恰当的媒体技术，创设一节课或一个单元的相对完整的教学方案。

三、素养目标。通过自主、探究与合作的学习，教师能够养成创新使用媒体技术和主动变革课堂教学的基本意识，树立革新教学模式的使命感、责任感和树立终身从教的基本理念。

第七章视频简介　　第七章PPT

活动24　课堂教学的一般环节是怎样的

活动24 视频简介　　活动24 PPT

教学过程是完成教学任务的实施过程，指学生在教师有目的、有计划的指导下，积极主动地掌握系统的文化科学知识和基础技能，提升能力，增强信心，并且形成正确的思想品德的过程。

任务1　初识课堂教学过程

教学过程具有时空性、动态性、层次性、次序性、周期性、阶段性和连续性，表现为阶段与阶段或环节与环节之间的转化递进。从概念的关系来看，教学过程是过程的下位概念，同样表现为阶段或环节之间的转化与递进。

回忆经历过的课堂教学活动，请以教师的立场思考一个完整的课堂教学应该包括哪些环节，并填写表7-1。

表7-1　初识课堂教学的环节

教学环节	对教学环节的简单描述

任务2　进一步厘清课堂教学过程

完成表7-1之后，请与同伴进行交流，比较自己对课堂教学过程的认识与同伴有何区别。在阅读本章材料1的同时，借鉴同伴的认识，进一步厘清课堂教学的环节，并对这些环节的重要性进行判断，并填写表7-2。

表7-2　进一步厘清课堂教学的环节

教学环节	对教学环节的进一步描述	重要性判断

任务3　绘制课堂教学过程流程图

一般认为，教学过程是一个在时间上连续展开的程序结构，它是一种特殊的程序结构，具有整体性、个体性和周期性的特点，即把学生培养成全面发展的整体性的人、具有个性的人。同时，教学互动是一个双边的过程，具有周期性。

请根据上述结果，在下列空白处，绘制一份课堂教学过程的流程图。

活动25　课堂教学设计需要设计什么内容

活动25 视频简介　　活动25 PPT

教学设计具有设计的属性。所谓设计，是指创制某一新事物之前，想象、构思、创新这种新事物的模式活动，是人类所特有的能动性和创造性的表现，其目的是创造人为事物。第一，设计是一种模式活动，即模式化活动。也就是说，设计是有章可循的，其设计过程具有稳定性。第二，设计是有目的活动。所谓目的就是想要达成某种创新的结果，这就意味着设计是人类有意识的活动，具有能动性和创新性。

教学设计通常分为宏观的设计和微观的设计两大类。这里所说的课堂教学设计属于微观的设计，其含义是教师在教学实施之前对一节课的规划。不同的学者、不同的流派对教学设计需要设计哪些内容有不同的表述，但其基本内容是一致的。

任务1　基于学科实践的教学设计内容的比较

教学设计的内容是广泛的。实践中，不同学科对教学设计内容的概括并不完全相同。表7-3中列举了基于学科实践的教学设计内容的比较。

表7-3　基于学科实践的教学设计内容的比较

《中学语文学科教学设计》，韦美日 等，2015	《历史教学与思维创新》孙智勇 等，2019	《中学数学学科知识与教学能力》，曹新，2020	《中学化学教学的智慧实践》，徐影 等，2020
教学目标设计	研究《历史课程标准》	教学目标分析	教学学情分析
教学内容设计	分析教学内容	教学内容分析	教学目标设计
教学方法设计	分析学生特征	教学学情分析	教学内容设计
教学过程设计	分析社会现实需要	教学方案编写	教学活动设计
教学方案编写	准备资源		教学情境设计
	设计教学过程		教学媒体设计
	总结与评价		教学评价设计
			教学实验设计

基于表7-3中的信息，请在下列空白处总结基于学科实践的教学设计的基本内容。

任务2　基于教学模式的教学设计内容的比较

请阅读本章材料2和教学设计相关理论著作，了解基于教学模式的教学设计内容的区别。表7-4列举了基于教学模式的教学设计内容的比较。

表7-4　基于教学模式的教学设计内容的比较

肯普模式	迪克-凯瑞模式	史密斯-雷根模式	ASSURE模式
教学目标	学习需求分析	学习环境分析	分析学习者
学习者特征	学习内容分析	学习者特征分析	陈述教学目标
教学资源	学习者特征分析	学习任务分析	选择教学方法、媒体和材料
教学评价	学习目标的阐明	策略与模式设计	使用媒体材料
	教学策略的制定	教学评价	要求学习者参与
	教学媒体的选择和运用		评价与修正
	教学设计成果评价		

基于表7-4中的信息，请你在下列空白处总结基于教学模式的教学设计的基本内容。

任务3　对课堂教学设计的基本内容的认识

在以上两个比较的基础上，你认为，教学设计的基本内容有哪些？请写在下列空白处。

活动26　怎样应用技术完成授导型教学

活动26 视频简介　　活动26 PPT

授导型教学是指在课堂教学中综合运用讲解、示范、练习、个别学习、小组讨论、合作学习、问题式学习等方法的课堂教学方式。需要整体考虑教学目标、课程内容、学习者特征和教学媒体等之间的关系。授导型教学是在“讲授型”教学的基础上发展而来的,它继承了讲授型教学的效率高、成本低的优势,克服了讲授型教学中教师单向传输、学生参与度不高的弊端。授导型教学既有授,又有导,将授与导结合起来,凸显了“学生主体,教师主导”的理念,激发了学生学习的积极性,从而提高了课堂教学效率。

任务1　初步认识授导型教学

请根据活动25的相关内容和以往课堂教学的经历,并结合上述导语,尝试回答下列问题。

(1)授导型教学是一种什么样的教学方式?

(2)授导型教学具有什么特点?

(3)授导型教学应该包含哪些基本环节?

(4)媒体技术在授导型教学的哪些环节可以发挥作用?发挥什么作用?

请把你的想法写在下列空白处。

任务2　进一步厘清授导型教学

如果你对上述问题的回答不是很肯定,可以与同伴进行交流,相互借鉴,相互补充,尤其关注授导型教学的基本环节。

请把你的最终想法写在下列空白处。

任务3　交互式电子白板在授导型教学各环节的运用

假设你准备用交互式电子白板进行授导型教学,阅读本章材料3,根据你对交互式电子白板的认知，结合案例1的启发，思考如何将电子白板运用于授导型教学各个环节中，并填写表7–5。

表7–5　交互式电子白板在授导型教学各个环节的运用

授导型教学的主题:《圆柱和圆锥的认识》(示例)		
授导型教学环节	电子白板功能运用	运用方法描述
例如:课堂导入	拖拽功能	请学生上讲台用交互式电子白板的拖拽功能对图形进行分类

完成上述表格后，请与同伴进行交流，重点讨论交互式电子白板在授导型教学各个环节的具体运用。

活动27　如何开展翻转课堂教学

活动27 视频简介　　活动27 PPT

学生在学校学习中最熟悉的学习方式是先听讲，后思考。而翻转课堂颠覆了这种传统，进而给教与学赋予了新的内涵，产生了一种将传统课堂上的教学内容与课后学习活动内容倒置的教学模式。

任务1　传统的课堂与翻转课堂的比较

在翻转课堂教学模式下，课堂内的宝贵时间，学生能够更专注于项目的学习，共同研究解决本地化或全球化的挑战和其他现实世界面临的问题，从而获得更深层次的理解。教师不再占用课堂的时间来讲授信息，这些信息需要学生在课后完成自主学习，他们可以看视频、听播客、阅读资料，还能在网络上与别的同学讨论，能在任何时候去查阅需要的材料。

请在阅读本章材料4的基础上，尝试填写表7-6。

表7-6　传统课堂与翻转课堂的比较

<table>
<tr><th colspan="2">讲授课堂</th><th colspan="2">翻转课堂</th></tr>
<tr><td>课前</td><td>预习：一般情况下，教师不做具体的要求，即不对学生预习什么、怎样预习、预习到什么程度等做出规定</td><td>课前</td><td></td></tr>
<tr><td rowspan="5">课内</td><td>情境导入：翻转课堂的实施流程</td><td rowspan="5">课内</td><td rowspan="5"></td></tr>
<tr><td>内容讲述：通过概念辨析、问题讨论阐述翻转课堂的设计与实施路径</td></tr>
<tr><td>解析重点：翻转课堂的教学设计，尤其是学生课前学习任务单的设计、课内师生互动的基本安排及课后提升</td></tr>
<tr><td>案例分析：将理论与实践相结合，用理论指导实践，用实践验证理论</td></tr>
<tr><td>课堂总结：强调重点，并布置作业</td></tr>
<tr><td rowspan="3">课后</td><td>完成一节课的翻转课堂教学设计，并在规定的时间内上交</td><td rowspan="3">课后</td><td rowspan="3"></td></tr>
<tr><td>教师批改作业，并将结果反馈给学生</td></tr>
<tr><td>要求不合格的作业进行修正或重写</td></tr>
</table>

完成上述表格后，请与同伴进行交流，思考同伴与你对翻转课堂的认识有何不同，尤其关注同伴对翻转课堂实施的创新性想法。

任务2　自主学习任务单的设计

自主学习任务单倡导“以学生为中心”的教学理念，重点解决课堂教学中的基础性问题。一个完整的自主学习任务单包含了学生学什么、怎么学和学到什么程度等基本问题，为学生展开自主学习提供相对完整的学习指引，也就是说，学生可以按照学习任务单的指引自主地达成学习目标。

参考本章案例2,以“如何开展翻转课程教学”为主题设计一个学习任务单,并填写表7–7。

表7–7　自主学习任务单

一、学习指南
1.课题名称:如何开展翻转课堂教学
2.达成目标:
3.学习方法建议:
4.课堂学习形式预告:
二、学习任务
三、疑惑与建议
备注:栏目不够用时可以自行扩展。

材料1　现代教学系统及课堂教学的一般过程

教学系统和教学过程是什么? 翻开书本,我们总能找到不同的答案,原因是人们对教学这一概念有着不同的理解。

1. 理解教学

汉语中的“教学”有两个读音,分别对应两个解释:教(jiāo)学是指“教书”;教(jiào)学是指“教师把知识、技能传授给学生的过程”。这里,教(jiào)学是一个中性词,强调的是“教”“教授”“传授”,关注了教师的事务,却没有涉及到学生的

“学”。

从理论上来说，教与学是相对独立的，它们分别是教学活动中两个行为主体——教师和学生的主体活动；从实践上来看，教师的教和学生的学是不能割裂的，不能出现脱节。

针对教与学脱节的现象，陶行知认为“先生的责任不在教，而在教学，而在教学生学”，强调“教的法子必须根据于学的法子”“先生不但要拿他教的法子与学生学的法子联络，还须和他自己的学问联络起来”，因此“教学应该合一”。这里，教学就是教学生学，不再是一个中性词，而是一个规范词。

陶行知说：“教学生学是什么意思呢？就是要把教与学联络起来：一方面要先生负指导的责任，另一方面要学生负学习的责任。对于一个问题，不是要先生拿现成的解决方法来传授学生，那是要把这个解决方法如何找来的手续程序，安排停当，指导他使他以最短的时间，经过相似的经验，发生类似的理想，自己将这个方法找出来，并且能够利用这种经验理想来找别的方法，解决别的问题。得了这种经验理想，然后学生才能探智识的本源，求智识的归宿，对于世间一切真理，不难取之无尽，用之无穷了。这就是孟子所说的自得，也就是现今教育家所主张的自动。”

教与学是如何联络的呢？王策三先生在《教学论稿》中强调，在教学中，教和学当然各自有自己的独立活动，不能相互替代。但是，在这个特定的领域里，教和学又是不能分离的。教学永远包括教和学，而且不是简单地教和学。教和学是教学这同一事情的两个侧面，是辩证统一的。郭华教授也表达了相同的观点，“教学之为教学，在于‘教’与‘学’之统一。无‘教’之‘学’，只是‘自学’；无‘学’之‘教’则根本不存在”。

教学是教与学的统一体，是由教和学联络起来的有机系统。

2. 教学系统

把教学作为一个系统来看待，是现代教学的一个基本思想。

(1)系统。

无论是在中国，还是在国外，系统的思想由来已久。古代文化蕴含着许多关于系统的朴素思想；古希腊语言中的系统就是组合、整体(集合)和有序，已经粗浅地反映了系统的本质属性。1945年，美籍奥地利理论生物学家和哲学家路德维希·冯·贝塔朗菲在《德国哲学周刊》上发表的《关于一般系统论》被认为是一般系统论的宣言书;1968年,贝塔朗菲出版的《一般系统论——基础、发展、应用》标志着系统论学科的诞生。

一般系统论认为,系统是指两个以上相互联系的要素组成的具有一定结构和功能的有机整体。这显然是一个关于系统的本体论定义,该定义强调了下列几点:

第一,整体是由两个以上的组成部分,即包含有两个以上的要素。这是系统的多元性,是要素构成系统的必要条件。第二,各要素之间、要素与整体之间,以及整体与环境之间存在一定的有机联系,从而系统内部形成一定的结构与秩序。第三,系统整体具有不同于各要素的新功能,这里的功能指的是系统对外部环境的反应能力。另外,由于系统与外界的相互作用,使得系统具有动态性与发展性,正是这种动态性与发展性,系统呈现外部适应的性质。

(2)教学系统。

当我们将教学理解成一个系统时,“教学系统,是指为了实现一定的教育教学目的而由教学要素有机结合所形成的具备教学功能的整体”。

接下来的问题就是,教学系统的内部要素、要素之间的关系,以及教学系统的环境是什么?在教学系统中,教与学是两个不同主体的行为,其应该包括教师的“教”和学生的“学”这两个子系统。在“教”的系统中,教师是主导因素,控制着教什么(内容)、怎样教(方式)和用什么教(媒体);在“学”的系统中,学生是主导要素决定了学什么(内容)和怎样学(方式)。教师的“教”和学生的“学”这两个系统的有效相关和有机结合是成就教学系统的充分条件。任何教学系统都不是孤立的,总是存在于一定的环境中并受到环境的制约和影响。环境要素就是教学系统所受到的外部影响,也就是教学情境与教学条件。

以上是教学系统静态要素的区分,关注了教学系统的空间结构,关注了教学系统内外部构成性实体要素及其之间的有机联系。显然,这里使用了这样的假设:教学系统是一个稳定的结构,就像一个在空间上存在的事物一样,是一个静止的画面。实际上,教学系统远不是这样简单,是动态的,正如恩格斯所说,“世界不是一成不变的事物的集合体,而是过程的集合体”,可见教学系统是一个稳定的结构的基本假设,犯下了“实体性思维的毛病”。

3. 教学过程

当关注教学系统的动态展开时,教学就是一个事,是一个过程,是一个活动。

(1)过程。

人们使用“过程”这一词汇,对这一词汇的理解并非完全一致,甚至存在明显的差异。例如,英语的“process”就被翻译成“过程”或“进程”,也有人翻译成“工序”,但过程、进程和工序具有不同的所指。

在《现代汉语词典》中,“过程”被界定为“事情进行或事物发展所经过的程序”,是一个事件流。英国科学家、教育家A·N·怀海特的过程哲学也作出了这样的理解。1929年,怀海特在《过程与实在》中指出,所谓“过程”是相对于“结果”和“实在”而言的一个动态概念,是由于物质内部运动所推动和外部条件所制约而呈现的运动、变化、发展的次序。

如何理解和把握过程的概念呢?

第一,过程的客观性与实在性。怀海特的过程哲学把过程等同于实在,认为世界上除了过程并没有什么更基本的东西存在,这显然是一种否定事物客观性的过程观。马克思主义哲学则把事物的客观性作为前提,把过程视为事物普遍的固有属性,突出了实体不能脱离变化过程而存在的思想,强调了过程的客观性和实在性的统一,任何过程都是具体的,都离不开时间和空间因素。

第二,过程的可能性与生成性。可能性指的是过程变成事实的趋势,生成性指的是过程能产生新的结果。在这一点上,怀海特的过程哲学和马克思主义哲学是一致的,都坚持生成性的过程观,即属于实体的过程不是预先设定好的,事物的运动、发展与变化存在预知的一面,也有不可预知的一面,可能性和生成性都是过程的基本性质。

第三,过程的秩序性与稳定性。所谓过程的秩序性,是指事物过程按照一定的逻辑关系和必然趋势以此展开的条理性、顺序性和方向性,这也是过程稳定性的表达。一个过程是否合理,常常影响到该过程的发展结果,特别是人工过程更是如此。在人工过程中,过程的秩序是否合乎逻辑,直接关系到事情的成败。

第四,过程的层次性与阶段性。时间与空间是过程的两个维度,空间标示了过程的规模,时间标示了具体过程的持续。基于时空的考量,任何过程都是更大过程的子过程,同时其本身又包含着更小的过程。子过程与子过程之间有边界,这就产生了过程的阶段性。

从过程哲学观来看,系统不再是一个稳定的结构,而是一个过程,那么教学系统也可以是一个过程。

(2)教学过程。

长期以来,我们谈及教学过程的时候,总是将其简化为教师的“教”的过程,而忽视学生的“学”的过程,这样的理解是狭隘的。既然教学系统的静态要素包含了教师的“教”和学生的“学”这两个子系统,那与之对应的,教学过程也应该包括教师的“教”和学生的“学”这两个子过程。

第一,“学”是学生主体的活动。

学生的“学”就是学习,学习是人类最重要的认识活动。克努兹·伊列雷斯在《我们如何学习》中详细分析了人们对学习的不同理解,认为学习是“发生于生命有机体中的任何导向持久性能力改变的过程,而且,这些过程的发生并不单纯由于生理性成熟或衰老机制的原因”。这一定义表达了:学习是一个行动过程;这一过程发生于学习者内部;这种过程的结果是学习者能力改变,并且,这种改变还是持久性的;这种过程不仅仅是先有潜能的驱动的,也有后天驱动,进一步,这一过程不仅由内部驱动,也有外部驱动;学习主体是任何生命有机体,不仅仅局限于人。

学习过程如何发生呢?克努兹·伊列雷斯认为,所有的学习都包含两个非常不同的子过程,一个是个体与其所处的环境的互动过程,另一个是个体心理的获得过程。互动过程具有人际交往及社会的属性,而且依赖于环境的社会和物质特征,从而依赖于时间与空间。许多发生于当下的学习在千百年之前是不可能的,例如基于技术支持下的学习。同时也可以看到,当下发生在不同的地域和不同文化背景中的学习又是那样的迥异。获得过程是发生于个体内部的,更精确地说,发生于学习者的大脑之中。人之所以能够高效地学习,是因为人类有发达的大脑,正是这个大脑赋予人类某些其他有机体所不具备的学习潜能。学习总是学习者个体在学习某些东西,是对这些东西的获得,这些动机构成了学习的内容要素;另外,获得过程的发生还需要一个动机要素,动机指的是实现一个获得过程所需要的心智能量。学习者通过与环境的互动,不仅获得知识与技能,也能够得到互动与获得方式方法方面的提升,同时还获得情感、态度和价值观方面的成熟。

第二,“教”是教师主体的行动。

在现有的资料中,对纯粹的“教”的过程的探究并不多。一般来说,“教”的过程是由教师主体发起并执行的行动。所谓行动,就是一种有目的的行为。

从教育是文化传递、发展和再生产的工具的立场来说，“教”的过程是教师向学生传递文化的过程，教师将所选择的文化向学生传递，促进学习者学习并忠诚地对选择的文化进行再生产和发展。这样，“教”的过程一定是一种意向性的行为流。按照德国心理学家Frese和Zapf对行动过程的理解，这一过程由对某些事物的渴望、建立目标、产生计划、计划执行和反馈等行为构成。

第三，教学过程是“教”与“学”的统一。

理论上来讲，在教学活动中，教和学是两个相对独立的活动，它们分别是教学系统中两大行为主体教师和学生的主体活动，但从教学实践上来讲，教师的教和学生的学是不可分裂的。正如王策三先生所说，教和学是教学这同一个事情的两个侧面，是辩证统一的。

对于教学过程性质的认识给予了这样的证明。在特殊认识说看来，教学是教师教学生认识的特殊活动，这里既涉及教师又涉及学生，不是教师或学生的孤立活动，教师的教和学生的学在这里高度统一；交往说强调教学是教师和学生之间的一种双边交往活动，既然教学是师生双方的交往活动，则必然涉及到教师的教和学生的学，是教与学的统一。

因此，教学过程是指教师根据一定社会的要求和学生身心发展的特点，有目的、有计划地指导学生掌握文化科学知识和基本技能，发展学生的认识能力，培养学生具备良好的品德和健康的个性，使学生形成科学世界观的过程。

(3)教学过程的结构。

教学过程作为教学活动展开和进行的时间流程或逻辑程序，是教师的“教”的过程和学生的“学”的过程相互作用而形成的，具有复杂、动态、生成性的事件流。为了正确地安排和指导学校里的课堂教学过程，必须明确地认识教学过程的发展逻辑，阐明教学过程的时间结构，辨明教学过程的各个组成环节及其特有的功能。

早在春秋时期，孔子将教学过程等同于学习过程，提出了教学过程的学、思、行结构，主张“多见”“多闻”，学思结合，提倡“躬行”，学以致用，言行相符；荀子则倡导“闻、见、知、行”；孟子则明确了“博学之，审问之，慎思之，明辨之，笃行之”的教学过程结构理论。在西方，古罗马时期的昆体良提出了教学过程的三个阶段，即模仿、接受理论的指导和练习；近代的夸美纽斯以感觉论为基础，提倡从观察到理解、记忆，从感知事物到文字、概念，然后再去运用记忆、运用理解、运用判断。

进入现代以来，基于心理学的发展，学者们提出并验证了一系列的教学结构理论，其中赫尔巴特的四阶段说、杜威的反思结构说、凯洛夫的特殊认识说，以及最新的认知阶段说。随着研究与实践的深入，人们逐渐认识到学习动机的激发与维持也是展开和推进教学活动进程的重要因素，同时，还关注到教学评价与反馈也是教学过程的重要组成部分。

一般情况下，现代教学过程应该包括“明确教学目标”“激发学习动机”“感知教学材料”“理解教学材料”“巩固知识经验”“运用知识经验”和“评估教学效果”等七个环节构成。每一个教学环节，既相对独立，各自发挥独特作用，又彼此关联，相互影响，使得教学过程成为一个合乎逻辑的序列。

材料2　课堂教学的系统设计方法

20世纪60年代后期，许多教育、心理学家逐渐认识到，决定教与学效果的变量是极其复杂的，要设计最优化的教与学过程，必须将系统方法引入教学中才可能做到对教学系统内部各要素进行综合考虑，设计出最优化的教学策略，并通过评价、修改来实现教学过程的最优化，由此逐渐形成了教学系统设计方法，建立了教学系统设计的理论与方法体系，并形成了教学设计学科。

1. 教学系统设计

教学系统设计是设计的下位概念，是设计的一个子集，其本质是创造性地解决教学问题。一般地，教学系统设计被称为教学设计。

(1)认识教学设计。

教学设计是什么？不同的学者有不同的理解。这些理解大致可以区分为三类：

第一，教学设计是一个过程。美国著名教育心理学家加涅在《教学设计原理》中指出，教学设计是一个系统化规划教学系统的过程。教学系统本身是对资源和程序做出有利于学习的安排。任何组织机构，如果其目的为开发人的才能均可以被包括在教学系统中。我国学者乌美娜强调了教学设计的过程性，并认为教学系统设计是运用系统的方法分析教学问题和确定教学目标，建立解决教学问题的策略方案、试行解决方案、评价试行结果和对方案进行修改的过程。皮连生指出，教学设计是运用现代学习与教学心理学、传播学、教学媒体论等相关理论与技术来分析教学中问题和需要，设计解决方法、试行解决方法、评价试行结果，并在评价的基础上改进设计的一个系统过程。它既有设计的一般性质，又必须遵循教学的基本规律。何克抗教授认为，教学设计是运用系统的方法，将学习理论与教学理论的原理转换成对教学目标（或教学目的）、教学条件、教学方法、教学评价等教学环节进行计划的系统化过程。这些对教学设计的定义尊重了“设计”的动词属性，是对教学设计最普遍的理解。

第二，教学设计是一个文本。不少一线教师认为，教学设计是根据课标、教学内容、教学对象而设计的教学文本，它是课堂教学的蓝本。这种理解显然尊重了“设计”的名词属性，关注了教学设计结果。然而，这种理解显然混淆了教学设计与教案的关系，将教学设计等同于教案。例如，在教学指导的理论性专著中就经常出现“《XX》教学设计”的章节，其内容就是关于《XX》的教学方案。在日常交流的语言中，人们经常说“下周上交本学期的教学设计，以备检查”“我能参考一下你的教学设计吗”等。

第三，教学设计是一门学科。在《教学设计是什么及为什么如是说》中，美国学者赖格卢斯认为，教学设计是一门涉及理解与改进教学过程的学科。任何设计活动的宗旨都是提出达到预期目的的最优途径。因此，教学设计主要是提出最优教学方法的处方的一门学科，这些最优化的教学方法能使学生的知识与技能发生预期的变化。1990年，梅瑞尔等人分析了传统教学设计的种种弊端，发表了《教学设计新宣言》，并对教学设计进行了全新的界定。他认为，“教学是一门科学，而教学设计是建立在这门科学基础之上的技术，因而教学设计也可以被认为是科学型的技术”。进一步，他明确指出：教学设计是一种以开发学习经验和学习环境的技术，这些学习经验和环境有利于学生获得特定的知识与技能；教学设计是一种将不同学习策略整合进教学经验的一门技术，利用这些教学经验可以使得知识技能的获得更有效率；教学涉及到指导学生获得知识，帮助他们复诵、编码和处理信息，监控学生的学业行为，提供学习活动的反馈等，教学设计是一种创设学习经验和学习环境的技术，正是这些学习经验和学习环境有利于以上教学活动的顺利开展；掌握不同类型的知识技能需要不同的学习条件，如果一项教学经验或环境中没有包括掌握预期知识技能所要求的教学策略，那么满足预期学习结果的有效率、有效果和有吸引力的学习便不可能发生;教学的目的在于让学生获得知识与技能,在于开发促进学生掌握这些知识技能的经验的环境。

在这一思想中,教学设计可以被称为教学设计原理,即教学设计是以教学设计过程为研究对象而形成的对教学设计过程的方法性知识体系。在教育技术学领域,这些理论是以模式的形式呈现的,如ADDIE模式、迪克凯瑞模式、肯普模式、史密斯雷根模式、ASSURE模式、UBD模式等。

(2)教学设计的基本问题。

基于上述人们对教学设计概念的理解,可以认为,教学设计是在教学设计模式指导下的教学设计过程,这一过程能够产生教学设计文本。也就是说,教学设计是一种理性的目标导向的行动。

美国学者马杰认为,教学设计无非需要回答三个基本问题。第一,我们要去哪里?这一问题关涉教学目标的设计与设定。第二,我们如何去那里?这一问题涉及到实现目标的程序设计。第三,我们是否到达那里?这是对实现目标的评估与判断。将以上三个问题整合起来,我们便得到了“目标为本”的教学设计规范。事实上,马杰关于教学设计的三个基本问题就是教学设计中的目标、策略和评价的基本内容。

从某种意义上来讲,大多说的教学设计模式都是对“目标为本”的基本教学模式的拓展,都是要回答“我们要到哪里”“我们怎样到那里”和“我们是否到达那里”这三个问题;任何一个教学设计过程,都是对这三个基本问题的解答;任何一个教学设计文本,都是关于这三个问题的预设答案。

2. 教学设计模式

教学设计模式是在长期教学实践活动基础上形成的教学设计的系统化、稳定化的操作式样,它用最简约的方式对教学设计过程进行概括,并解释和说明了教学设计的基本理念。

(1)基于行为主义的教学设计模式。

以行为主义学习理论为基础的教学设计模式被称为第一代教学设计模式,其中,肯普模式和迪克-凯瑞模式是其中的代表。

第一,关于肯普模式。

肯普模式由肯普于1977年首次提出,后来经多次修改,逐渐变得完善。这一模式的基本内容可以概括为三个基本方面：在教学设计过程中强调四个要素，着重解决三个主要问题，以及适当安排十个教学环节，如图7-1所示。

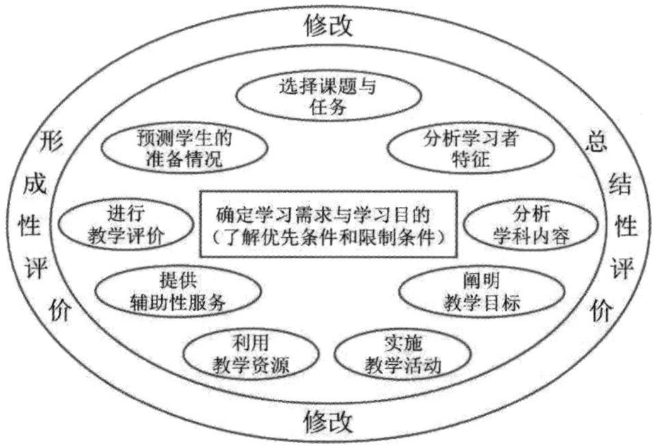

图7-1 肯普模式

四个基本要素：教学目标、学习者特征、教学资源和教学评价。这四个要素是任何教学设计所共有的，它们构成了肯普教学设计模式的总体框架。

三个主要问题：一是学生需要学习到什么，这是教学目标的确立；二是为了达到预期的教学目标应该怎样教学，即根据教学目标的分析确定教学内容和教学资源，根据学习者的特征分析确立教学起点，并在此基础上选择教学策略和教学方法；三是检查和评定预期的教学效果。

两个同心圆环中的内环是十个教学环节。一是确定学习需求和学习目标，这是所有教学环节的核心；二是选择课题与任务；三是分析学习者特征；四是分析学科内容；五是阐明教学目标；六是实施教学活动；七是利用教学资源；八是提供辅助性服务；九是进行教学评价；十是预测学生的准备情况。外环是形成评价和总结性评价。内环和外环相关联，外环对内环进行修正。

通过教师来促进和实现学生的“刺激-反应”联结是肯普模式的基本指导思想。这是一个典型的基于行为主义的以教师为中心的教学设计模式。

第二，关于迪克-凯瑞模式。

教育心理学家迪克和凯瑞所提出的教学设计系统化方法模式被公认为是最完整、最具系统性的模式。该模式由9个相互联系的教学设计步骤和一个反馈环节构成，如图7-2所示。

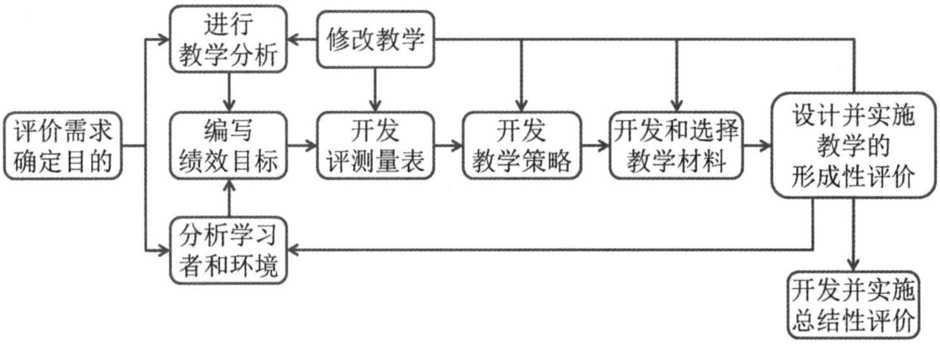

图7-2 迪克-凯瑞模式

①评价需求确定目的。模型的第一步是要确定在学生完成了你的教学之后你希望他们能够做什么。教学目的有多个来源，如教学目的清单、需求评估结果、对学习困难学生实际情况的了解、对实际做这项工作的人员的分析，以及对新教学的其他需求等。

②进行教学分析。在确定了教学目标之后，还需要确定试图达成目标的人们需要按部就班地做什么。教学分析过程的最后一步是确定在开始教学之前学生应该具备什么知识、技能和态度，称为入门技能。

③分析学习者和环境。除了分析教学目的之外，还要同时分析学生、分析学生学习技能的环境和应用技能的环境。学生现有技能、偏好和态度、教学环境和应用环境的特点等重要信息，会影响到后面的教学步骤。

④编写绩效目标。基于教学分析和入门技能分析，就可以具体写出学生在教学之后能够做什么，这些描述是根据教学分析所确定出的技能衍生而来，确定要学习的技能、实施技能的条件和成功表现的标准。

⑤开发评测量表。基于所编写的目标，开发出相关的评价方案，以测定学生对目标中所描述的行为的完成能力。

⑥开发教学策略。基于前面五个步骤的工作，确定为达到最终目标在教学中要采取的教学策略。教学策略包括教学前的活动、信息呈现、练习和反馈、考试和延伸活动等几个部分。教学策略要基于当前学习理论和学习研究的成果、传递教学信息的媒体的特点、要讲授的内容以及接受教学的学生的特点来制定。这些数据既可以用于开发或选择教学材料，也可以用于产生课堂交互教学策略。

⑦开发和选择教学材料。这是用教学策略产生真实的教学，包括学生学习资料、学生的作业和考试试卷等。

⑧设计和实施教学的形成性评价。在完成了教学的初稿之后，就要开展一系列的评估活动，以收集数据，确定如何改进教学。一般有三种形成性评估：一对一评价、小组评价和现场评价。

⑨修改教学。整理和分析形成性评价所获得的数据，确定学生在完成目标的过程中所遇到的困难，依据这些困难找出教学方面的不足。

⑩设计并实施总结性评价。通常情况下，这一部署是教学设计过程的一个部分，它是用来评估教学的价值，该评价必须在完成形成性评价、教学进行充分的修改，并满足设计者的设计标准之后才能进行。

迪克-凯瑞模式是一个过程模式，起点是教学目标，以后的每一个步骤都从前一个步骤接受输入，并对下一步产生输出，所有这些步骤一起工作，以帮助教师设计有效的教学方案。该模式关注了教学过程中学生及其学习行为，具有学生中心的特征。第一，强调了学生学习任务的分析以及起点能力的确定；第二，教学设计是一个反复的过程，需要教师不断地分析、评估和修正，以期完成具体的教学任务，达成教学目标；第三，安排教学活动，优化每一个教学事件，保证教学的整体效果。

(2)基于认知主义的教学设计模式。

随着认知心理学的发展，特别是奥苏泊尔的认知学习理论的出现，第二代教学设计模式诞生了，其中的代表是史密斯-雷根模式，如图7-3所示。

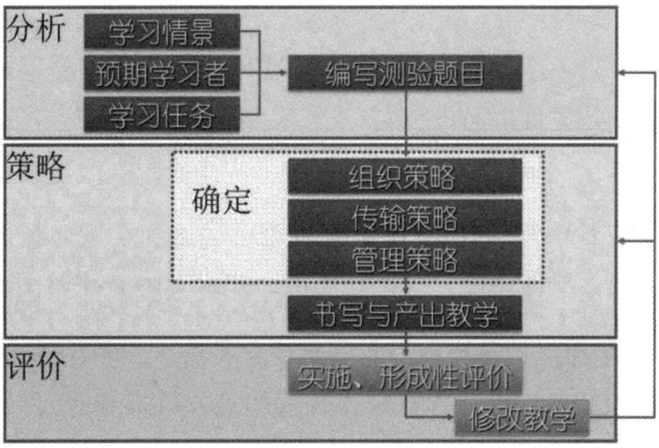

图7-3　史密-斯雷根模式

该教学模式的基本内容如下：

①将教学活动划分为教学分析、策略设计和教学评价三大环节，表达了教学涉及三个基本问题。

②将教学分析明确为学习环境分析、学习者特征分析和学习任务分析三个方面，并将教学目标和学习内容视为学习任务的组成部分。

③重点关注了三类教学策略。一是教学组织策略，包括教学内容应该按照哪种方式组织、教学程序应该如何排列和具体的教学活动应该如何安排等方面的策略；二是教学内容的传递策略，即有关教学媒体的选择、使用以及如何将学生组织起来等方面的策略；三是教学资源管理策略，即如何对教学资源进行计划和分配等方面的策略。

史密斯-雷根模式是在迪克-凯瑞教学模式上发展起来的，不可避免地保留了行为主义的基因。但是，史密斯和雷根模型不是简单地对迪克-凯瑞模式的修改，而是吸取了心理学家加涅在"学习者特征分析"环节中对学习者内部心理过程的进行认知分析的做法，并注重认知学习理论对教学内容组织的指导作用，贯彻了加涅提出的"联结-认知"学习理论。

(3)基于概念理解的教学设计模式。

追求理解的教学设计简称为UbD模式，是由美国课程专家维金斯和麦格泰开发的。该模式强调通过教学设计促进学生的深层次理解，进而提升学生的理解能力。UbD模式由确定预期结果、确定合适的评估证据和设计学习体验和教学三个阶段构成。

阶段1:确定预期结果。

本阶段聚焦下列三个问题:学生应该知道什么？学生需要理解什么？学生能做什么？这就是对学习目标的设计。

阶段2:确定合适的评估证据。

本阶段教师需要思考:如何知道学生是否已经达到了预期结果？哪些证据能够证明学生的理解及掌握程度？该模式告诉我们要根据收集来的证据来思考单元或课程，而不是简单地根据要讲的内容或者一系列的学习活动来思考单元或课程。这一方法鼓励教师和课程设计者在设计特定的单元或课程时，先要像评估员那样思考，思考如何确定学生是否已经达成了预期的理解。

阶段3:设计学习体验和教学。

该阶段教师需要思考:如果学生要有效地开展学习并获得预期的结果，他们需要具备哪些现有知识(事实、概念、概括、原理)和技能(过程、步骤、策略)？哪些活动可以使学生获得所需的知识和技能？为了达成阶段一设计的目标，教师需要教哪些内容，指导学生做什么，以及如何用恰当的方式开展教学？要完成这些目标，哪些资源和材料适合是的？等等。需要注意的是，只有教师明确了预期的结果和评估证据，搞明白他们意味着什么之后，才能够真正做好教学计划的细节，这些细节包括教学方法、教学顺序及教学资源的选择。

这一模式的开发比较完善，并配备了教学设计模板，如表7-8所示。

表7-8　UbD教学设计模板

<table>
<tr><td colspan="2">阶段1----预期结果</td></tr>
<tr><td colspan="2">所确定的目标：
此设计将达到什么目标(例如：内容标准、课程或项目目标、学习结果)？</td></tr>
<tr><td>理解：
学生将理解……
大概念是什么？
期望他们获得的特定理解是什么？
可预见的误解是什么？</td><td>基本问题：
什么样的启发性问题能够促进探究、理解和学习的迁移？</td></tr>
<tr><td colspan="2">学生将知道……　　学生将能够做到……
作为本单元的学习结果，学生将会获得哪些关键知识和技能？
习得这些知识和技能后，他们最终能够做什么？</td></tr>
<tr><td colspan="2">阶段2----评估证据</td></tr>
<tr><td>表现性任务：
学生通过哪些真实的表现性任务证明自己达到了预期的理解目标？
通过什么标准评价理解成就？</td><td>其他证据：
学生通过哪些证据(例如：小测验、考试、问答题、观察、作业、日志)证明自己达到了预期结果？
学生如何反馈和自评自己的学习？</td></tr>
<tr><td colspan="2">阶段3----学习计划</td></tr>
<tr><td colspan="2">学习活动：
哪些学习体验和教学能够使学生达到预期的结果？设计将如何：
W=帮助学生知道此单元的方向(Where)和预期结果(What)？帮助教师知道学生从哪(Where)开始(先前知识、兴趣)？
H=把握(Hook)学生情况和保持(Hold)学生兴趣？
E=武装(Equip)学生，帮助他们体验(Experience)主要观点和探索(Explore)问题？
R=提供机会去反思(Rethink)和修改(Revise)他们的理解及学习表现？
E=允许学生评价(Evaluate)它们的学习表现及其含义？
T=对于学生不同的需要、兴趣和能力做到量体裁衣(Tailor)(个性化)？
O=组织(Organize)教学使其最大程度上地提升学生的学习动机与持续参与的热情，提升学习效果？</td></tr>
</table>

UbD模式的先进性主要体现在以下三个方面：

第一，UbD模式提出了编写学习目标的KUD模式，即知道、理解和能做。明确了“知道知能”“理解意义”和“实现迁移”三类教学目标（即知道、理解和能做）的相互印证，即“求学懂知能，知能促理解，理解达迁移”的循环。当然，“知道、理解、能做”三类目标是一种层级结构，知道是基础，能做就是迁移，就是能够解决真实的问题，就是学习的归宿。

第二，UbD模式提出了理解的六个维度。UbD模式对理解进行了清晰的界定，将理解分为释义、解释、应用、洞察、移情和自知，这不仅大大拓展了布鲁姆教育目标分类学中理解维度，同时也带有高层次认知目标，甚至是情感目标和元认知目标。

第三，UbD给出了直观的教学设计工作模板，在编写教学目标、落实评估方案和安排学习计划方面十分细致，尤其是在教学内容选择的三个层次、学业表现的方式和通过大概念、核心概念、基本问题、核心任务来落实教学目标等方面都是首屈一指的。

材料3　交互电子白板支持下的课堂教学互动

交互式电子白板作为一种新兴的信息技术，在中小学课堂已经悄然兴起，它的作用也越来越受到教育界的关注。无论是教育界的研究学者，还是投身于教学实践中的教师，都在尝试基于交互式电子白板的全新教学理念，教学模式和教学策略。

1. 交互式电子白板

电子白板最初出现的领域并不是教育领域，而是商业应用。20世纪90年代初，美国施乐公司开发的专门运用于商业领域的Liveboard，可以说是交互式电子白板的雏形。1991年，加拿大Smart Board公司研究开发了第一块真正意义上的电子白板，获得了8项专利，引起一场教育信息化的革命。

本文谈及的交互式电子白板有两种意义。第一，交互式电子白板是一个近常规黑板大小的电磁感应板，它与数字投影机和计算机相连构成一个系统，数字投影机将计算机屏幕上的影像投到电磁感应板上，用户可以直接通过接触电磁感应板或使用专门的笔来控制计算机。这是第一代交互式电子白板。第二，交互式电子白板是智能教学一体机，说通俗点就是可以触摸的电视，人们可以利用教学一体机的白板功能，在触摸屏上写写画画，代替传统的黑板或白板。这是第二代交互式电子白板，如目前学校中配备的西沃一体机、鸿合一体机等。

当下，我们日常教学中谈及的交互式电子白板多属于后者。

2. 基于交互式电子白板的互动策略

交互式电子白板是针对信息化教学而设计的互动教学平台，以生成式教育理念为核心，为老师提供云课堂、学科工具、教学资源等功能。教师充分利用该平台提供的功能，实现课堂教学互动策略。

(1)拖拽策略。

在使用交互式电子白板作为课堂教学工具时，“拖拽”是最常见、最便捷的功能之一。所谓“拖拽”，是指把一个对象(包括文字、图形、动画对象等)从一个区域拖到另一个区域的过程。电子白板具有无限拖拽功能，让教师和学生的操作不受限制，大大增强了师生相互交往的动态过程。

第一，拖拽文字。教学过程中，教师找准时间点利用拖拽功能有利于教学难点的突破。例如，在低年级段语文教学中，学会区分同音字是一个教学难点。这时，教师可以设计选择填空题，让某位学生将他认为正确的选项拖拽到题目预留的空位处；当学生出现分歧时，也可以让他来到白板前，将他认为的正确答案拖拽进来；最后，通过讨论，保留正确选项，将不合适的文字通过拖拽的方法返回原处。

第二，拖拽图片。小学数学，经常要用到各种图形，如三角形、矩形、平行四边形、圆等，教师可以利用白板的拖拽功能，轻松实现，在学习三角形的分类时，教师和学生还可以拖拽出直尺和量角器对三角形的边长和角进行测量，使得学生的学习体验更直观和直接，同时也可以直观地看到三角形之间的关系。

第三，拖拽资源。电子白板自带一个资源库，并允许教师自己建立自己的教学资源库。在课堂上，教师可以充分利用这个功能，找到即时需要的素材，直接拖拽出库，提供学生学习。这一功能使得教师教学设计更具有开放性。

(2)魔术笔策略。

课堂教学中，教师需要对教学重点进行强调，以此更好地引起学生的重视。电子白板的魔术笔很好地支持了教师的这一需求。

第一，标识内容。在PPT中，教师是预设不同的颜色或播放时使用荧光笔来标注，电子白板系统保留并改进了PPT的荧光笔这一功能，使得教师能够在重要的文字上圈点、画线和聚焦，让学生看得重点。

第二，放大内容。在教学中，魔术笔的放大功能，不仅可以强调重点，还能够让学生更清晰地看到细节，使得课堂学习更加严谨。例如，将两个相似的文字放大，让学生明显地看到不同，将两个近似长度线条放大，让学生看到差异，等。

第三，隐形墨水。隐形墨水是魔术笔的另一个功能，在写字课堂上，这一功能受到了教师的喜爱。例如，在讲到“美”字的时候，告诉学生“羊大为美，但是，这是一只秃尾巴羊”，为了强调“秃尾巴羊”，教师就可以在“美”字的“羊”和“大”，圈点强调，几秒钟后，圈点痕迹自动消失，不会破坏可见的整洁与美观。

(3)擦出策略。

交互式电子白板软件开发的理念是互动和生成。橡皮擦功能主要用于书写后的擦除，也就是传统意义上的黑板擦。

第一，永久地擦除。在解题过程中，教师可以擦除学生的错误答案或自己的预设的错误，之后再书写正确的答案，让学生从错误中学习。

第二，擦除后呈现。在问题解决中，原来的答案是正确的。当面临争议时，可以暂时擦除，尝试其他答案。当发现原来的答案更好时，可以让原来的答案重现。这类似于办公软件中的“撤消”功能。

(4)拉动标签策略。

教师的教学设计中总有很多预设，在PPT中，实现预设是使用超级链接，但白板系统中标签功能比PPT的超级链接更方便。

在白板系统中，教师通常可以使用对象组合来实现PPT中的超级链接。具体操作是，用“创作笔”在白板上留下一个“标签”(例如，笑脸)，并将这个“标签”与要隐藏的对象组合起来，隐藏在页面之外。授课时，只要将“标签”拖拽到合适位置，隐藏的对象就出现了。

(5)捕获策略。

基于PPT的教学模式无法记录教学过程和课堂生成，而交互式白板可以记录发生在白板上的任何教学细节。

第一，捕获课堂生成。教师很难全部预设学生在课堂中的表现，而学生在课堂中生成的问题,往往反映了学生最真实的思考和情感,教师需要捕获这一生成型的资源。例如,数学中讲到等腰三角形、等边三角形、直角三角形的分类时,学生可能会提出应该使用三边相等、两边相等和边都不等的分类。也许教师会感到学生无理,课后思考,学生的分类似乎也是对的。

第二,捕获学习资源。基于互动电子白板的教学,教师可以通过互联网获得教学资源,例如,图片或文字描述等,使得学生在学习某个知识点时获得更多的拓展性知识和理解。

第三,捕获学习细节。交互式电子白板独有的“照相机”或“页面记录”功能能够对屏幕整体或部分进行拍摄并保存下来,例如,学生易犯的错误、精彩的解题思路等,成为学生课后复习的重要材料,提高学习效果。

(6)克隆策略。

电子白板提供了“无限克隆程序”。克隆,就是将某个对象多次或重复使用。

第一,展示重复的内容。例如,当学生学习一张10圆的人民币与10个1圆的硬币等值时,就可以使用“无限克隆程序”。在屏幕的左面放置一张10圆的人民币图片,在右面一个一个地放置1圆的硬币,直到等值,让学生直观地获得数钱的体验。

第二,标注学生的不解。例如,当学生面临新课文时,有多个学生用问号标注出自己的生字,或者让他们标注出自己不能理解的词或句子。

第三,拓展学生的学习。学生在学习汉字时,教师可以用克隆程序设计同一偏旁的卒子游戏;学生学习词汇时,教师可以设计含有相同汉字的游戏;基于这些游戏,提升学生的学习兴趣,拓展学生的学习成就。

(7)双面显示策略。

比较法是区分事物异同、了解事物特点、把握事物之间联系的基本方法。运用比较法,可以加深学生对知识的理解。

第一,在比较中辨别教师可以将同一题目的不同解题思路分别放置在不同页面,然后使用双页显示功能,让学生比较两种思路的同与不同。

第二,在比较中发现科学课上,教师也可以设计两种不同动物或植物的比较等。例如,将两首古诗进行比较,发现古诗韵律不同。

3. 交互式电子白板对教师和学生的影响

交互式电子白板是教师和学生都可以从中受益的一个功能强大的教学工具。基于交互式电子白板，教师能使用各种学习资源，增强教学示范效果，提升学生的学习体验。

（1）对学生的影响。

相对于传统黑板，基于交互式电子白板教学过程中的元素更加多元，可以直观、高效、动态地展示复杂的问题与过程，有助于学生对课堂教学知识的理解，尤其是在学习一些难以理解或有多种理解的知识点时，能够通过比较获得多重分析、多种解决问题的思路与方法。交互式电子白板可以记录课堂教学过程，并能够提供给学生回放。正是这种回放，提供了学生巩固课堂学习的机会。有研究表明，交互式电子白板支持下的教学具有更好的互动性和交往性，支持生动活泼的教学过程，这就使得难以集中注意力、爱做小动作的学生相对减少，真正做到了在互动与交往中学习。

（2）对教师的影响。

基于交互式电子白板的教学环境与基于黑板的教学环境非常类似，教师不用改变原来已经熟悉的“黑板+讲解”的教学习惯，可以像使用粉笔那样进行书写和画图，且绘图过程更加快速和高效。另外，还可以方便地进行标注、注释、修正、整理，当然也省去了擦黑板的动作。利用交互式电子白板，教师不必每节课都预设课件，教师可以根据教学内容，将将要使用的教学素材按照白板资源库的组织方式布置即可，在教学过程根据需要进行选择和调用。这就大大减少教师备课时设计课件的时间，将备课的时间安排到授课的思路整理上。交互式电子白板能够记录课堂操作信息，包括教师的标记信息、学生的参与信息，能够完整地呈现真实的教学事件。这一课堂记录可以成为教师自我成长的重要资料，也构成了对教师进行形成性评价的原始资料。另外，面对交互式电子白板，教师需要克服技术畏惧的障碍，不要将它视为高不可攀的技术产品，就当一块黑板就行了。

材料4　基于微视频的翻转课堂教学

近年来，翻转课堂（Flipped Classroom，又译作颠倒课堂）成为全球教育界关注的焦点。2011年,它被加拿大《环球邮报》评为“影响课堂教学的重大技术变革”。

1. 翻转课堂

所谓翻转课堂,是相对于传统课堂上教师讲解、学生听讲,课后学生完成作业的教学形式而言的。传统课堂是学生走进教室,教师讲课,学生听课,放学后学生在家完成作业,第二天教师批改完作业后抽时间评讲,过一段时间再测验。而翻转课堂则是将主要的学习放在家里,教师利用微视频在课外向学生传递新知识,学生完成导学任务单,课堂时间则用来开展释疑解惑、合作学习、实践练习等主题学习活动。

从思想角度来看,翻转课堂并不是突然涌现的新事物,人们早就提出过预习的思想。学生上课前先自习教材,上课时再进行分析、综合、解决问题。但是,这种做法并没有成为一种教学模式。2007年,翻转课堂的先驱者乔纳森·伯格曼和亚伦·萨姆斯在他们从事的高中化学课程教学时,录下他们的教学片段,给缺席听课的同学看,于是翻转课堂才被重视并流行起来。

与国外同时期,翻转课堂在中国已经有过成功的实践案例。江苏泰兴洋思中学“先学后教、当堂训练”模式就是对传统“先教后学、课后作业”教学模式的颠覆性改革;山东杜郎口中学倡导的自主学习模式的核心就是“预习、展示、反馈”。他们把课堂的大部分时间留给学生交流,教师的引导重在学生思维过程,教师设计的导学案就类似于翻转课堂的学习任务单。

翻转课堂是什么?2011年,乔纳森·伯格曼和杰瑞·奥弗米尔指出,成功的翻转课堂不只是以视频取代教学以及在课堂上师生互动。为了澄清大众对翻转课堂的误解,他们指出了如下两点。

第一,翻转课堂不是:在线视频的同义词;以视频取代教师;在线课程;没有结构的学习;整节课都在观看计算机屏幕;学生孤立的学习。

第二,翻转课堂是:增加师生互动与个别接触的方法;学生为自身的学习负责;教师是学习的引导者;结合了直接教学和建构式学习;学生因生病或其他活动缺席时不会影响学习;可永久地保存课程内容以供检查或学习;全体学生均可获得个性化的学习。

值得注意的是,翻转课堂颠覆了传统的课堂并不意味着传统课堂要退出历史舞台,它已然是传授知识不可或缺的教学形式。然而,传统课堂局限在于教与学必须发生在特定的时空。翻转课堂突破了时空限制,实现了学生的个性化学习。传统讲授课堂是教师讲学生听,难以照顾到学生的交流与互动,翻转课堂更加注重学生交往,提升了学生的互动质量。

为了更好地把握翻转课堂的要义,刘向永等给出了传统课堂与翻转课堂的比较,如表7-9所示。

表7-9 传统课堂与翻转课堂的对比

	传统讲授课堂	翻转课堂
关注中心	以教师为中心	以学生为中心
教师	知识讲述者、课堂管理者	学习的指导者与促进者
学生	被动接受	主动研究
教学形式	课堂讲解+课后作业	课前学习+课堂探究
课堂内容	学术知识	问题探究
技术运用	内容展示	自主学习、交流反思、协作讨论
评价方式	传统纸质测验	多个角度、多种方式
沟通方式	教师到学生单向沟通	师生、生生多向沟通
教学目的	注重教学效率	注重教学效能

从以上比对来看,翻转课堂不仅是对“先教后学”中教与学顺序的反转,而是试图通过对传统教学的全方位颠覆,达成更好的教学效果。

关键的问题就在于,如何实现课堂的翻转?答案是教师的系统化设计,不仅要设计学生的课堂学习活动,也要设计学生的课外学习活动。

2. 学习任务单

从整体上看,翻转课堂在于“先学后教”。这里的“学”指的是学生自主学习。自主学习并不意味着教师可以对学生放任,需要给学生的自主学习提出学什么、怎样学和达到什么程度的指引,也就是给学生的自主学习提供学习指引。自主学习任务单就是教师为学生提供的翻转课堂课前自学的学习指引,集中体现了教师的指导作用。

苏州市电教馆原馆长金陵老师提出的“自主学习任务单”,为广大教师实施翻转教学提供一个模式化的设计工具,对翻转课堂教学具有指导作用。表7-10是自主学习任务单模板。

表7-10　自主学习任务单模板

一、学习指南
1.课题名称： 提示：用“版本+年级+学科+册+内容”表示。
2.达成目标： 提示：达成目标从教学目标转化而来，是学生通过自主学习应该达到的认知程度、认知水平或认知标准。请用“通过观看教学视频（或阅读教材、分析相关的学习资料等）和完成‘自主学习任务单’给出的任务+谓语+宾语”表述。
3.学习方法建议： 提示：有就写，没有就不写，不要“喧宾”夺了“任务”之主。
4.课堂学习形式预告： 提示：简要说明课堂教学的组织形式，也可以用流程图代替。其目的是使学生明确自主学习知识与课堂内化知识的关系。
二、学习任务
通过观看教学视频（或阅读教材、分析提供的学习资料），完成下列任务： 学习任务1：…… 学习任务2：…… 提示：含必要的提示或帮助性信息。
三、疑惑与建议
提示：此项由学生在自主学习之后填写。
备注：①栏目不够用时可以自行扩展；②完成“自主学习任务单”设计之后，别忘记删除所有提示性信息。

该学习任务单由学习指南、学习任务、疑惑与建议三个部分构成。学习指南是对学习自主学习的指引，告知学生怎样学和学到什么程度；学习任务就是学生课前必须完成的作业；疑惑是让学生记下自己的不解，这一部分会成为教师课堂上的重点关注。

在实际应用中，部分教师认为该设计模板过于刻板，而进行了简化。例如，姚宵老师设计的《平面及其基本性质》的学习任务单就是一例。具体内容如下。

(1)认真观看两个视频,先观看《平面及其基本性质的基础知识》这个视频,再观看《几何的趣味》这个视频。观看视频的时候有不懂的地方可以随时暂停、反复观看,直到你认为自己已全部理解了视频内容为止。
(2)看完第一个视频后,回答几个简单的问题:
①什么是点动成线和线动成面?
②平面的三个基本公里是什么?
③三条直线相交于一点,能确定几个平面?可能有几种情况?
(3)看完第二个视频后,回答几个简单的问题:
①你学过的诗歌里面有哪些包含了平面及其基本性质?
②你觉得自己家里面哪里包含了平面及其基本性质?
③附加题:在生活中还有什么有趣的东西和有趣的故事能与平面及其基本相知有关?

这个学习任务单并没有严格使用上文中谈到的模板,但模板中的核心内容都已经涵盖了,是"自主学习任务单"的简约版。

3. 学习目标设计

在自主学习任务单中,"达成目标"指的是学生完成任务单中规定的任务而达成的标准,属于学习目标的范畴。

(1)学习目标。

第一,教学目标等于学习目标。例如,"教学目标(或学习目标)是学习者通过教学后应表现出来的可见行为的具体的、明确的表述"就持有这种观点,同时,新课程也倡导学习目标等于教学目标。在这种观点引导下,当面对学习目标设计时,人们就想到了依照布鲁姆的教学目标分类学、马扎诺的教学目标分类学、新课程倡导的三维目标等来完成设计。2018年,于素梅老师在《备课的门道》中这一观点与做法作出了很中肯的批评:学习目标是从学生学习的角度设置的,内容的表述也是站在学生的立场上呈现的。

第二,教学目标包含学习目标。例如,"学习目标源于教学目标中的某一部分,而这些部分有时也是学生的短期学习重点"就是这一观点的代表;本书"材料1"对教学系统的分析支持了这一观点。按照这一观点,在进行学习目标设计时,教师先要设计出完整的教学目标,再依据教学目标来衍生出学习目标。

(2)学习目标设计。

学习目标需要从教学目标开始,这就意味着,教师的教学目标必须明确、可操作、可评估,并符合课程标准的要求。

第一步,设计教学目标。将课程标准分解与课程内容分析相结合,依据教学目标分类理论,制定本节课或本单元的教学目标。这是一个挖掘的过程,回答了“实施本节课或本单元教学的理由是什么”的问题。教师可以通过下列问题来完成设计:①本节课或本单元对应的课程标准是什么;②本节课或本单元能够提供的知识、理解和技能是什么;③学生在前面学过什么;④学生在本节课或本单元必须学会什么才能为后续学习打下基础;⑤本节课或本单元之后学生需要学习什么。这就要求教师明晰当下教学所对应的课程标准,明确本节课或本单元的学习内容,当下学习的必备基础以及当下学习与后续学习的关系。

第二步,设计教学过程。目标分类学中的思维技能在这一步骤中大有用途。教师可以通过下列问题来完成这一阶段的设计:①哪一种思维过程可以促进学生深入理解和技能发展,让他们在已知的基础上进行分析、改进、扩展和运用;②哪一种思维过程可以帮助学生明确自己的已知或可以付诸实践的知识与技能。

第三步,产出学习目标。教师要将本节课或本单元的学习重点筛选出来,并确保学生在教师简单的提示下或借助于其他帮助能够达成。必须注意,要确保学习目标是从学生立场出发的,这些知识、理解和技能能够运用到他们后续的理解性学习中。这里,教师可以借助下列问题:面对当下的学习,如果我是学生,我能够独立做什么,在他人帮助下,我又能达成什么。

第四步,表述学习目标。教师必须通过一种确保学生能够理解的方式陈述学习目标,并使用学生便于理解的语言和相关图解。例如,在低年级,教师可以使用“我能正确使用问号”“我将通过改写的方式来证明我理解了本课文”等句子来表达。这些句子对学生来说比较亲切,易于学生接受和理解。

4. 学习任务设计

简单地说,学习任务就是教师为了让学生达成学习目标为学生设置的实施内容、方式和手段。

(1)学习任务要引领主动建构。

可以从下列几个方面考虑:从本节课或本单元的材料中,学生能够知道哪些新的事实、概念、技能、过程等;经过独立思考本节课或本单元的材料,学生能够从给定的材料中获得什么看法、结论、观点等;经过本节课或本单元的学习,学生能够解决什么问题,同时可能提出什么问题。

（2）学习任务要呼应学习目标。

学习目标指的是学习所追求的结果。为了实现这一结果，学生的学习行为必须时刻进行控制和调节，并维持在稳定的方向。学习目标又是一个有主题的复合整体。教师必须对学习目标进行分解，也就是将整体切分为多个局部子目标，并根据学习的类型与内容来细化子目标。接着挖掘实现子目标时学生需要克服的障碍，也就是找到实现子目标学生需要解决的具体问题。将这些问题按照从易到难、从简单到复杂、从具体到抽象的秩序排序，便形成一个具有可行性的学习任务。

（3）学习任务要丰富多彩。

学习任务是实现学习目标的载体，每一个学习任务都应该有学习目标引导，成为评价任务实施状态的标准。学习任务是学生自主学习时使用的，必须考虑学生完成任务过程中的情感因素。不能仅仅局限于课本的内容，要与生活紧密结合；也不能仅仅考虑学生独立完成，要有一些合作类的问题；还要设计一些挑战性的问题，不能仅仅局限在很简单的项目上。

结合学习内容，教师针对每一个学习目标的分解、细化就获得了多个学习任务并形成了一个学习任务群。

5. 学习资源设计

学习资源是指在学习过程中可被学习者利用的一切要素，主要包括支持学习的人、财、物、信息等，提供了学生完成学习任务所需要的基本支持。

（1）搜集已有学习资源。

收集学习资源收集是教师教学准备环节中最为基础的一项工作，这一工作为学生的学习提供更好支持。需要强调的是，在教学过程中，教师要让学生学会收集学习资源，享受学习的过程，从而达到自主学习的目的。让学生收集学习资源可以成为学生自主学习任务的一个重要组成部分。

（2）开发新的学习资源。

当现有的资源不足以支持学生达成学习目标时，教师要自主开发适合学生学习的学习资源，例如，编写阅读资料、录制与学习目标相关的音频、动画和短视频片段等。在教师开发基于技术的音频、动画和短视频资料的时候，内容是第一位的，形式上不要追求多么高大上。

(3)整合所有学习资源。

新媒体时代的教学就是合理整合学习资源，以期望形成开放式的教与学，为学生创造更舒适、更多样的学习环境。这里的合理有两层意思。

第一，合理就是符合理性，就是符合逻辑，符合大众理解的方式。这就要求教师明了人类思维的逻辑、知识与技能形成的过程，按照这一逻辑来安排学生的学习秩序，并形成对学生学习方法的基本引导。

第二，合理就是具有使用方便，易于访问，不能过分依赖现有的设备与手段。从学生访问资源的角度来，可访问性是教育公平的最基本要求，也是激发学生学习动机的重要因素。

按照人类知识与技能形成的逻辑，教师将所有学习资源整合成一个可访问的体系，完成学习资源的配置。这将为学生的自主学习创造最基本的条件。

案例1　基于交互白板与1:1环境的授导型教学设计案例

交互式电子白板教学是当前中小学信息化改革的重要抓手之一。应用交互式电子白板可提高学生学习参与度，可以加深学生对教学内容的理解，增强课堂教学的创造性和交互性，有效提升课堂教学效果。

《圆柱和圆锥的认识》教学设计

1.教学分析

本节课讲授的是小学数学六年级下册第二单元第一课时的内容，是在学生对图形有了一定了解的基础上开展的。学生在以前的学习中积累了有关图形与几何知识，掌握了长方体、正方体的特征和面积、体积的计算方法，为圆柱和圆锥的认识奠定了基础。

2.教学目标

(1)知识与技能：理解圆柱和圆锥的底面、侧面和高的含义，掌握圆柱和圆锥的基本特征。

(2)过程与方法：探究并掌握圆柱和圆锥的基本特征，提高观察、分析、概括和知识迁移能力。

(3)情感态度与价值观:体会数学与现实生活的紧密联系,认同立体图形学习的价值,发展数学思维,增强空间观念,提高学生学习数学的兴趣和信心。

3.教学重难点

(1)教学重点:掌握圆柱和圆锥的基本特征。

(2)教学难点:掌握圆柱和圆锥的基本特征并建立空间观念。

4.教学方法

(1)合作探究:以问题为导向,实施引导式和启发式教学,组织学生分组讨论、合作探究,帮助学生进行思维碰撞,建构知识,深化学习,增强学生成就感。

(2)对比教学:采用对比教学的方法,培养学生分析、概括和知识迁移能力。

5.教学过程

(1)创设情境,引入新课。

上课之前,教师先向学生展示一组生活中常见的图形,并请学生上讲台用交互式电子白板的拖拽功能对图形进行分类(引入本节课内容)。

师:同学们,在我们生活当中存在形态各异的物体。请看交互式电子白板,你们认识这些物体吗?

生:认识。

师:如果按形状把它们分成两类,你们会怎样分?请一个同学上来分一分,并说明分类依据。

生:按形状分为两类,一类是圆柱形状,另一类是圆锥形状。

师:它们在数学上被称为圆柱和圆锥。圆柱和圆锥有哪些特征呢?这就是今天要一起学习的内容——“圆柱和圆锥的认识”。

设计意图:利用交互式电子白板的集成性和富媒体性,向学生展示一组贴近生活的图片来引入圆柱和圆锥的概念,做情景化、趣味化导入。应用电子白板承载并展示图片、视频、3D模型等信息,有助于学生将数学与现实生活联系起来,快速进入状态。请学生对图形进行分类,让其他学生观察并点评,集中了学生的注意力,活跃了课堂气氛,取得了开门见山的效果。

(2)观察圆柱,总结特征。

【观察活动1】

师:在电子白板上画一个圆柱,改变它的位置、粗细、高度,呈现的仍是圆柱,说明它有一些共同的特征。“圆柱有哪些特征呢? 请拿出手里的圆柱仔细观察,摸一摸、看一看、比一比。有什么发现?”

生:讨论、交流(教师也参与其中)

师:哪位同学说一下?

生1:圆柱上下两个面是相同的圆;圆柱从上到下一样粗。

生2:圆柱有一个面是弯曲的。

师:围成圆柱的曲面叫什么?(侧面)谁来补充?

生:沿着圆柱的任意一个曲面切开,得到的还是圆柱。

师:除了这个,我们还看到了圆柱的什么?(高)

师:什么叫作圆柱的高?

生:两个底面之间的距离。

设计意图:与传统教学中的直观观察相比,电子白板教学更具有自主性、任意性和启发性。在问题驱动下,教师改变参数变换出不同长和高的圆柱,并应用白板自带的实时演示功能进行现场讲解,引导学生讨论交流,思考总结圆柱的特征,促进学生的个性化学习。

【观察活动2】

了解圆柱的特征后,教师继续引导学生从不同角度深层次认识圆柱。

师:刚才,同学们观察得很仔细。接下来,请同学们再观察从前面、右面、上面观察圆柱,你看到的是什么形状?

生1:从前面看是长方形。

生2:从右面看是长方形。

生3:从上面看是圆形。

师:真棒! 大家观察得很仔细。

设计意图:根据戴尔“经验之塔”理论,有效的学习之路应是充满直接经验的,而最好的学习方式是从直接经验逐步过渡到间接经验。本堂课上,教师让学生观察手中的圆柱模型,直观地认识圆柱。在获得直接经验的基础上,循序渐进,为后面比较分析圆柱和圆锥特征并计算体积打好基础,符合学生的认知特点。

【思考与想象】

教师让学生从不同角度观察圆柱的形状后,进一步引导学生了解圆柱的展开图形和性质。

师:刚才,我们看到从前面、右面观察,看到的是长方形,从上面观察是圆形,从下面观察也是圆形(利用交互式电子白板的3D展开功能演示)。请大家思考:圆柱的侧面沿高展开后是什么形状?

生:长方形。

师:(利用白板的3D展开功能演示,侧面展开是长方形,两个圆是圆柱上下的两个面)圆柱沿高展开后,长方形的长相当于圆柱的什么?

生:底面周长。

师:(利用手中的圆柱模型演示)长方形的宽相当于圆柱的什么?

生:高。

师:非常棒!圆柱沿高展开是什么图形?长方形的长相当于圆柱的什么?长方形的宽相当于圆柱的什么?

生:长方形;底面周长;高。

设计意图:巧妙地将交互式电子白板应用与数学教学融合,利用白板自带的3D模型和3D展开功能的便捷性和重复性,在较短时间内多次以动画形式形象地向学生演示圆柱沿高展开后的形状,这具有比用传统教具展示更优越的时效性和任意性。通过动画演示拓宽了学生的想象空间,破解学生掌握圆柱和圆锥特征的难题,发展学生在小学数学学科几何直观、空间观念等方面的素养。

【观察小结】

引导学生从一般中找出特殊,不断深化,提升学生分析、概括和知识迁移能力。

师:除了这种情况外,还有其他情况吗?

生:可能是正方形。

师:可能吗?说说你的理由(展开一个侧面展开是正方形的圆柱)。

师:什么情况下圆柱的侧面展开图形是正方形?

生:当底面周长等于高时,是正方形。

师:通常情况下圆柱侧面展开是长方形,特殊情况是正方形。

师生:当圆柱的底面周长等于圆柱的高时,圆柱侧面展开图是正方形。

师:我们已经了解了圆柱这么多的特征:①有一个弯曲的侧面;②顶面、底面都是圆,有圆就有圆心;③要确定圆心位置首先要确定直径,先用尺子以虚线画出直径,再用直尺测量找出顶面、底面圆心的位置(如圆的直径为8 cm,在4 cm处标上圆心O),也验证了圆柱顶面、底面是相同的圆。

师:知道了圆的直径,确定了圆心位置,你还记得什么是圆柱的高吗?

生:顶面与底面的距离叫作圆柱的高。

师:(在交互式电子白板上用虚线画出一条高)请问还能继续画出高吗?

生:不能。

师:什么是圆柱的高? 请一个同学上台演示。

生:圆柱有无数条高,且全部相等,高用h表示。

设计意图:多角度探索和思考问题,是学习数学的主要方法。教师通过提问(圆柱沿高展开后是什么图形),在学生独立思考的基础上,利用电子白板3D演示功能,引导学生得出圆柱沿高展开后是一个长方形的结论。在学习圆柱的高时,教师请一个学生上台用白板的画图工具画出圆柱的高,在学生画出一条高后,教师继续提问(圆柱有多少条高)。当学生回答错误,教师启发学生思考,引导学生得出正确结论:圆柱有无数条相等的高。在这个过程中,教师对学生的回答给予适时点评和纠正,有助于激发学生学习动机,提高学生自我效能感,活跃课堂气氛。同时,也培养了学生的发散思维、求真态度和知识迁移能力。

(3)分组讨论,比较柱与锥。

【观察活动3】

师:通过观察比较,我们发现了圆柱这么多的特征。大家能不能用同样的方法来找一找圆锥的特征? 请拿出圆锥,看一看,想一想,它和圆柱相比有哪些不同,你们又发现了什么? 待会儿汇报。(小组间讨论交流,教师参与其中)

师:你们发现圆锥有哪些特征?

生:我们小组发现了两个特征:①圆锥的底面是一个圆;②圆锥只有一个底面,并且有一个顶点,而圆柱没有顶点,从圆锥底面圆心到顶点的距离是圆锥的高。

师:没错,底面圆心到顶点的距离是圆锥的高,谁还发现了其他不同点?

生1:圆锥的下面比上面大,无论从哪个角度切都是圆锥。

生2：切成两半的时候，上面是有平角的，怎么切形状都是圆锥。

师：（在电子白板上用3D动画演示，证明任意切时形状会变化）请再认真思考。谁还要做补充？

生：圆柱上下一样大，而圆锥从下往上越来越细，最后形成一个三角形的状态，圆锥的顶点相当于底面圆的圆心。

师：谁还有补充？

生：我们组发现圆锥只有一条高，即顶点到底面圆心的距离。

师：用手摸一摸，可以发现圆锥的侧面是一个曲面，圆锥的底面是什么形状呢？

生：圆形。

设计意图：在学习圆柱时，教师引导学生一步一步得出结论。在学习圆锥时，以学生为主导，让学生分组讨论，合作探究，观察比较。在做柱锥对比的过程中，学生对圆锥的认识有误，教师利用白板3D动画演示的任意性和启发性，全方位演示圆锥从不同角度切时形状会发生变化，并引导学生深化对圆锥的认识，发现圆锥的特征以及圆锥和圆柱的区别。这体现了“以学生为主”的教学理念，培养了学生的观察、分析和概括能力。

【观察活动4】

教师了解圆锥的整体之后，引导学生多方位对圆锥进行更细致的分析。

师：我们来看一下，从正面观察圆锥，看到的是什么形状？从右面观察又是什么形状？

生1：三角形。

生2：三角形。

师：请大家想一想，如果我们从上往下观察圆锥，看到的是什么形状。认真思考，并画在课本第10页下方。比一比，看谁画得又对又快，并把画的图拍照给其他同学欣赏。

师：（展示一个同学画的图）谁有不同意见？

生：有，需要把圆锥的顶点标出来。

师：请一个学生上台画出圆心。

生：（准确标出圆心）

设计意图：让学生利用模型观察，引导他们总结得出结论，加深印象。教师让学生比一比，调动学生的学习积极性。将学生作品拍照上传到电子白板上，展示分享给全班学生，让每个学生参与点评，符合“促进学生主动参与，提高教学有效性”的教学理念。

【观察活动5】

从一般到特殊，从简单到复杂，符合循序渐进的教学原则，也是促进学生学习的有效途径。

师：大家想想，将圆锥的侧面展开，得到的又是什么形状？

生：三角形、圆形、梯形、半圆形。

师：（借助白板的3D展开功能，得出展开后是一个扇形的结论）请大家回家做一个扇形看能不能围成一个圆锥。我们已经知道圆锥展开是一个扇形，刚才有个同学说，圆锥有且只有一条高，请一个学生上台画出圆锥的高。

生：（用虚线准确画出圆锥的高）

设计意图：了解圆锥的顶点和圆心之后，教师继续引导学生学习圆锥的高（环节设置紧促）。让学生动手做一个扇形，通过实践操作，自主探究，培养动手能力。教师让学生上台利用白板画图功能画出圆锥的高，在电子白板可及时反馈的交互功能支持下，教师根据学生反馈情况及时调整教学进度。通过白板演示圆锥展开后是一个扇形，激励学生实践操作证实圆锥展开后确实是一个扇形，培养学生科学、严谨的态度。

（4）课堂小结，深化认识。

师：同学们，刚才我们学习了圆柱和圆锥的特征，现在大家回忆圆柱和圆锥有哪些特征。

设计意图：自主学习圆柱和圆锥的特征后，教师采用对比教学，让学生总结两者的异同，深化学生对圆柱和圆锥的认识。

（5）练习反馈，查漏补缺。

师：练一练，看看哪些图形是圆柱，哪些是圆锥。

生：（准确识别圆柱和圆锥，并说明理由）

师：同学们，其实在我们生活当中随处可见有关圆柱和圆锥的物体，你们能找一找，说一说吗？

生：易拉罐、保温杯、陀螺、螺丝钉、笔筒等。

师:生活中,还有很多建筑是由立体图形组合而成的。我们一起来欣赏一段有关图形的短片。(师生一起观看)

师:同学们,生活中处处有数学,只要留心观察,就会发现生活中的很多知识都是数学知识。

设计意图:教师以一组贴近生活的图片引入教学内容,又以一段生活中常见的有关圆柱和圆锥的短片结束,从生活中来,最终又回归生活,使得学生再次将数学与生活联系起来,培养学生的知识迁移能力。通过让学生思考生活中随处可见的有关圆柱和圆锥的事物,采用头脑风暴的方法,发展学生的发散思维能力。

6.教学评析

几何图形是小学数学学习的重要内容。通过认识圆柱和圆锥的特征,培养学生空间想象能力、逻辑推理能力以及观察能力是教学的重难点。信息技术在这些目标的实现中发挥着积极的推动作用。

“圆柱和圆锥的认识”这堂课上,教师通过巧妙的教学设计,自然地将交互式电子白板融入课堂教学,利用白板的3D模型和3D展开功能,有效地突破了“掌握圆柱和圆锥特征”的教学重难点。教师创设生活化情境,帮助学生快速进入学习状态,同时坚持“以学生为主”的教学理念,加强线上和线下的互动。

课堂上,教师多次利用白板的富媒体性、互动性、便捷性、任意性及启发性等特点,引导学生分组讨论,动手观察,合作探究,进而认识圆柱和圆锥的特征及区别。教师遵循学生认知规律,层层递进,步步深入,深化学生对知识的建构,不断启发学生思考,培养学生几何直观和空间观念等小学数学学科核心素养。

交互式电子白板在数学课堂上的应用弥补了传统教具形式单一、灵活性差、趣味性不强、反馈延迟等不足。同时,课堂气氛较好,师生互动较为活跃。利用拍照上传功能,及时解决了学生课堂上的生成性问题,激发了学生学习数学的兴趣,在和谐的气氛中较好地实现了本节课的教学目标。

需注意的是,在交互式电子白板应用于数学教学中,教师要清楚了解学生的差异,实施精准教学,帮助每个学生发挥特长,实现个性化学习和发展。教师也不能过度依赖信息手段,课堂教学效果不是仅取决于所采取的信息技术手段,合理的教学设计、适当的教学方法、有效的教学组织、教学内容与资源的合理安排、师生之间的互动以及交互式电子白板与学科教学的创新融合等都发挥着重要的作用。

案例2　基于翻转课堂教学下学习任务单设计案例

任务单是教师设计提供给学生进行自主学习以达成学习目的的一种支架，它好比是一张路线图，能让学生预先知道课堂上必须掌握的内容、开展的学习活动及达成的目标，并引导学生及时跟进并准确领会课堂需求，促进教学目标地有效落实，起到事半功倍的作用。

《打开大自然绿色的课本》自主学习任务单

一、学习指南
1. 课题名称： 苏教版五年级上册语文《打开大自然绿色的课本》
2. 达成目标： （1）知识与技能。 ①通过观看自学指导视频，进行多种形式的朗读，做到正确、流利、有感情地朗读课文。 ②通过联系语境及借助网络与工具书学会本课生字词，理解有生字组成的词语。 （2）过程与方法。 ①通过观看自学指导视频，品读感悟重点词句，大体把握诗意，想象诗歌描述的情境，体会大自然的绚丽多彩、奇趣妙景。 ②通过观看自学指导视频，学习诗歌回环反复、首尾呼应的写作手法，领悟诗歌中比喻、拟人的修辞手法的精妙，感受现代诗歌对仗工整、音律节奏明快优美的语言特点。 ③通过观看自学指导视频，完整配套《自主学习任务单》，促进自学能力的提高。 （3）情感态度与价值观。 通过观看自学指导视频，感受世界的绚丽多彩，激发热爱大自然的情感和探索大自然的兴趣。
3. 学习方法建议： ①搜集资料法； ②比较分析法； ③想象诵读法； ④概括归纳法； ⑤圈画批注法。

续 表

4. 课堂学习形式预告：

下面是老师预想的课堂学习主要内容和形式，你可以略作浏览，希望对你完成学习任务有一定帮助。

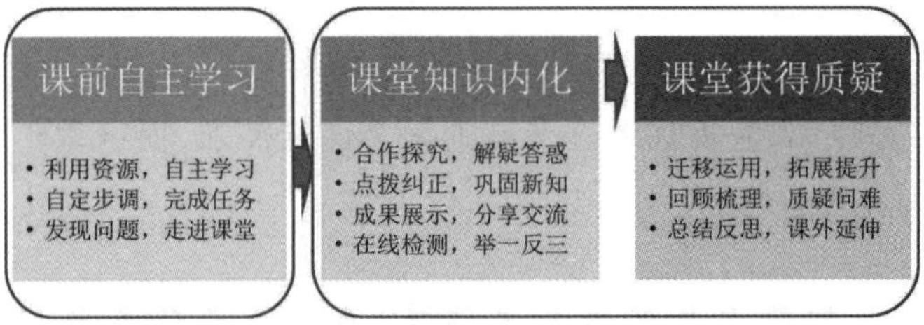

二、学习任务

过观看教学资源自学，完成下列学习任务：

提示：每道题的难易程度不同，相应的星级也不同，你可以对每个自学任务的完成情况自己打“★”评价自己哦！

●任务一：快乐探险家

★★请你到郊外走走，用眼睛看，用耳朵听，用鼻子闻，用手触摸，用心感受大自然的美妙，并把自己的感受带到课堂上与同伴交流。

自我评价：(　　)★　小组评价：(　　)★

●任务二：积累与运用

(1)字词储蓄员。

▲★看拼音写词语

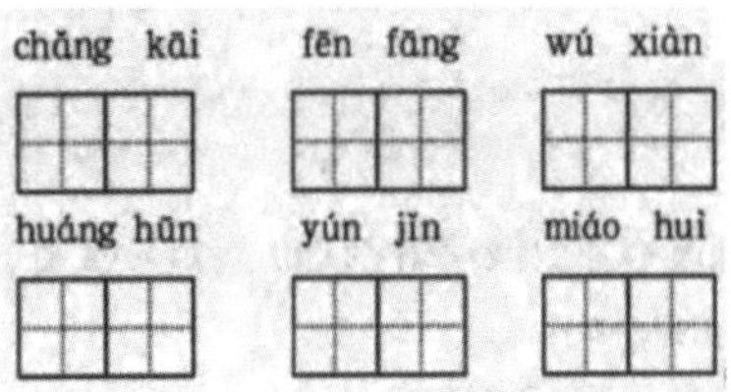

提示：用钢笔书写，要求行款整齐，字迹端正美观，有一定的速度。

▲★选择正确的读音

耕耘(gēn gēng)　挺拔(tǐn tǐng)　苍劲(jìn jìng)　胸襟(jīn jīng)

提示：要注意前后鼻音哦！

▲★★认读生字词，借助网络、工具书和生活积累理解词义

敞开　芬芳　无限　云锦　黄昏

提示：“不动笔墨不读书”，你可以把词义记在书上相应地赐予旁边。

▲★★★认读词语，联系上下文理解词义

苍劲　沃野　洋溢　温馨　饱览　浩瀚　胸襟

续　表

(2) 词语小伯乐。

(　　)的绿阴　翠竹的(　　)

(　　)的空气　松柏的(　　)

(　　)的大海　果园的(　　)

提示:请你关注这些景物的特点,完成上面的填空。填好后再好好读读哦!

自我评价:(　　)★　小组评价:(　　)★

•任务三:理解与感悟

(1)小小鉴赏家。

▲★选择你最喜欢的一小节抄写下来,用心读读,圈画出>描写的景物。

郁郁葱葱　高尚纯洁　要知松高洁,待到雪化时

▲★★写写你喜欢这一小节的理由吧。

____

____

(2)★★★金牌解说员。

多美的画面啊!

你看,__________的天空,__________的草地;

你听,黄鹂____________,____________小溪;

你闻,空气中弥漫着________________;

还有那______________________________。

这大自然就像是________________________!

(3)★★★ 智慧小诗人。

例——

青山说:攀登吧,饱览无限的风光,满怀少年的豪情!

绿水说:前进吧,奔向浩瀚的大海,显示少年的胸襟!

小溪说:郁郁葱葱 高尚纯洁 要知松高洁,待到雪化时。

说:郁郁葱葱 高尚纯洁 要知松高洁,待到雪化时。

自我评价:(　　)★　小组评价:(　　)★

•任务四:启迪与升华

(1) ★★超级智多星。

例——(翠竹):刚正不阿　坚韧不拔　千磨万击还坚劲,任尔东西南北风。

(松柏):郁郁葱葱　高尚纯洁　要知松高洁,待到雪化时。

(　　):______________________________________

(　　):______________________________________

(2)阅读小能手。

▲★★诗歌的第一节和最后一节是完全一样的,这种写作手法叫作____________,这样写的好处________________________。

▲★★诗人把"大自然"说成"课本"是因为______________________________。

把"大自然"说成"绿色的课本"是因为______________________________。

▲★★★你喜欢这绿色的课本吗?为什么?

续 表

______________________________。 ▲★★★你觉得大自然是什么颜色的？为什么？ ______________________________。 ▲★★★四年级时，我们学过《走，我们一起去植树》《老师你好》这两首诗，联系今天所学的诗歌，相信你对现代诗歌一定有了更深的认识。将你的心得体会带到课堂上与同伴一起交流。 自我评价：(　　)★　小组评价：(　　)★
三、课外学资源推荐
中华在线词典，中国儿童文学网。 现代诗人孙友田作品：《月光启蒙》《金色的星》《花雨江南》。 儿童诗人金波诗集：《绿色的太阳》《林中月夜》《风中的树》《带雨的花》。
四、困惑与建议

▶▶ 随堂自测

第七章随堂自测

▶▶ 本章思考

(1)如何理解教学过程是教师教的过程与学生学的过程的统一。

(2)在谈及教学目标与学习目标的关系时，有“学习目标源于教学目标”和“学习目标规定教学目标”的两种观点。你同意哪一种观点？请给出理由。

(3)与其他的教学设计模式相比较，追求理解的教学设计模式(UbD)很少谈及教学媒体资源的运用。为什么？

(4)在翻转课堂的实施过程中，教师必须使用微课或短视频吗？为什么？

▶▶ 本章参考文献

[1] 曹树真，韩冰清．教育学教程[M]. 武汉：华中科技大学出版社，2012：214-222.

[2] 黄甫全．现代课程与教学论学程[M]. 北京：人民教育出版社，2014：321-325.

[3] 李如密．关于教学模式若干理论问题的探讨[J]. 课程教材教法，1996（4）：25-29.

[4] 祝智庭．现代教育技术：走向信息化教育[M]. 北京：教育科学出版社，2002：125-126.

[5] 罗文浪，戴贞明，邹荣等．现代教育技术[M]. 北京理工大学出版社，2015：103-104.

[6] 黄荣怀，胡永斌，杨俊锋，等．智慧教室的概念及特征[J]. 开放教育研究，2012（2）：22-27.

[7] 刘和海，宋灵青．数字化学习[M]. 芜湖：安徽师范大学出版社，2019：104-110.

[8] 刘向永．核心素养视域下的信息技术与有效教学深度融合[M]. 长春：东北师范大学出版社，2019：15-18.

[9] 朱意红，陈舒恩．交互式电子白板与教学革新[M]. 宁波：宁波出版社，2014.12.

[10] 刘向永．翻转课堂实操指南[M]. 长春：东北师范大学出版社，2016.09.

[11] 谢慧娥，宋建红，张倩苇．交互式电子白板在小学数学教学中的创新应用——以“圆柱和圆锥的认识”为例[J]. 中小学数字化教学，2018（9）：33-36.

[12] 吴佩芳，许洁纯，王慧．《打开大自然绿色的课本》课前自主学习任务单[J]. 中国信息技术教育，2014（3）:68-71.

第八章　基于网络环境的探究型教学

学习目标

一、知识目标。了解网络教学环境、教育赋能等相关概念，熟知网络环境下教学的特点、分类和设计模式。

二、能力目标。能够基于数字化转型中的网络环境，运用现代教育技术，如虚拟现实技术、在线教育平台等设计探究型教学活动，为个性化教学提供可能。

三、素养目标。通过活动思考与案例学习，提升学习者“信息意识”“数字化学习与创新能力”，提高学习者自主、探究、合作及创新精神，具有关注社会热点和生活实际的意识。

第八章基视频简介

第八章 PPT

活动28　初步认识基于网络环境的探究型教学

活动28 视频简介　　活动28 PPT

探究型教学是一种以学生为主体的教学方法，它强调在教师的引导下，学生主动参与到发现问题、寻找答案的过程中，从而培养他们的探究兴趣和解决问题能力。这种教学模式将思考的功能充分发挥，支持学生通过自主探究以及相互的交流和合作，去发现隐藏在学习内容背后的秘密，使学生获得更深刻的学习体验。

任务1　初步认识探究型教学

请根据上述导语关于探究型教学的介绍，阅读本章材料1，并结合自身经验，尝试回答下列问题：

(1)探究型教学是一种什么样的教学方式？

(2)探究型教学具有什么特点？

(3)探究型教学应该包含哪些基本环节？

(4)媒体技术在探究型教学的哪些环节可以发挥作用？发挥什么作用？

请把你的想法写在下列空白处。

任务2　进一步厘清探究型教学

如果对上述问题的回答不是很肯定，可以与同伴进行交流，相互借鉴，相互补充，尤其关注探究型教学的基本环节。

请把你的最终想法写在下列空白处。

任务3　总结基于网络环境的探究型教学的特点

在义务教育阶段，基于网络环境的探究型教学以其独特的优势和灵活性，正逐渐成为教学创新的重要方向。基于网络环境的探究型教学不仅突破了传统课堂的时空限制，为学生提供了更丰富的学习资源和交互方式，还促进了学生自主学习和探究能力的发展。请扫描二维码学习《保护地球环境》案例，总结基于网络环境的探究型教学的特点，并写在下列空白处。

《保护地球环境》

任务4　网络在探究型教学各环节的运用

假设你准备基于网络环境开展探究型教学，阅读本章案例1，根据你对网络认知，思考如何将网络运用于探究型教学的各个环节中，并填写表8-1。

表8-1　网络在探究型教学各个环节的运用

探究型教学的主题:《追寻嫦娥一号的踪迹》(示例)		
探究型教学环节	网络运用	运用方法描述
例如:课堂导入	播放视频	观看“嫦娥奔月”视频，初步了解嫦娥一号是如何发射升空的以及是如何运行的

完成上述表格后，请你与同伴进行交流，重点讨论网络在授导型教学各环节的具体运用。

活动29　如何基于网络环境开展探究型教学

活动29 视频简介　活动29 PPT

基于网络环境的探究型教学，不仅丰富了教学资源，提升了教学效率，更培养了学生的自主探究能力和创新思维。同时，它加强了师生互动与合作学习，拓宽了学生的知识视野，为培养新时代创新人才提供了有力支撑。

任务1　探究型教学与基于网络环境的探究型教学的对比

首先，在基于网络环境的探究型教学中，教师能够更灵活地设计教学活动，提升教学质量。其次，教师能够实时了解学生的学习情况，及时给予指导和反馈，从而更好地引导学生进行探究学习。学生能够摆脱传统课堂的限制，随时随地进行学习。再次，学生可以根据自己的兴趣和进度自主选择学习资源，进行个性化的探究学习。最后，网络环境还为学生提供了更多的交流和合作机会，促进了学生之间的互动与合作。学生主动思考或与同伴进行交流，对比分析探究型教学与基于网络环境的探究型教学的区别与联系，并填写表8-2。

表8-2　探究型教学与基于网络环境的探究型教学的对比

	探究型教学	基于网络环境的探究型教学
区别		
学习环境	教室、自习室等	
学习资源	主要依赖于教材、实物等学习资源	
学习方式	小组讨论、实地考察等方式	
联系		
教学目标		
学生主体性		
教师角色		

任务2　基于网络环境的探究型教学设计

基于网络环境的探究型教学充分利用网络技术和资源，引导学生主动参与、自主探究。旨在通过网络的开放性和互动性，为学生提供更丰富的学习资源、更灵活的学习方式，以及更广阔的学习空间，从而培养学生的自主学习能力、创新思维和实践能力。请阅读本章材料2，并结合案例1，思考基于网络环境的探究型教学的一般步骤，并写在下列空白处。

活动30　基于网络环境的探究型教学与各种类型教学的融合

活动30 视频简介　活动30 PPT

基于网络环境的探究型教学与各类教学的融合，旨在构建一个集丰富性、互动性和个性化于一体的教学环境。其目标是通过整合不同的教学方法，促进学生全面发展，提升学习效果，培养自主学习能力，并推动教学创新，以适应信息化时代的教育需求。

任务1　如何将探究型教学与网络教学形式进行融合

5G网络及智慧城市建设的快速发展，促进了网络教学日趋完善。从CAI、多媒体、卫星电视、收音机到教育网络，运用各种最新信息技术手段去优化教师教学过程，并取得了显著成效。目前网络教学的主要形式有：虚拟课堂教学、现代远程教育、开放网络教育和在线互动教育。

1.虚拟课堂教学

虚拟课堂，又称数字教室，是我国基于网络环境最早出现的网络教学的形式。是一种相对于传统现实课堂的课堂教学形式，它通过网络技术模拟现实课堂的学习环境。在虚拟课堂中，教师角色和学生角色依然存在，并且能够提供丰富的学习资源，实现资源的快捷传输。虚拟课堂的特点主要体现在其不受地域和时间的限制，可以远程、多地域同步或异步授课。这使得学习者能够随时随地进行学习，充分体现出教学活动的开放性。此外，虚拟课堂实现了教育资源的共享，打破了信息壁垒，使得不同地区、不同学校的学生都能够获取优质的教育资源。

2.现代远程教育

现代远程教育作为我国网络教学的先驱，运用网络技术与多媒体技术等现代信息手段，打造的一种新型的教育形态。这种教育形态建立在现代电子信息通信技术之上，使学生、教师和教育机构之间能够通过各种媒体和交互手段进行高效的系统教学和通信。与传统的函授教育、广播电视教育相比，现代远程教育拥有更大的灵活性，特别是远程课堂教学，既可以是实时的，也可以是随时进行的。

3.开放网络教育

开放网络教育是一种利用网络技术将教学资源公开化、共享化的教育形式。在这种教育模式下，教师会根据教学需要，将相关的教学大纲、教案、习题、实验指导、参考文献目录等资料上传到网络平台上。学生则可以随时随地通过网络访问这些资料，进行自主学习或辅助课堂学习。此外，一些开放网络教育平台还会提供网络课件、授课录像等多媒体教学资源，以丰富学生的学习体验。

4.在线互动教育

在线互动教育是指学生可以根据自己的时间安排，随时上网向教师提问，同时，教师也会根据学生的反馈进行针对性的辅导。这种互动形式主要依赖于电子邮件和专业网络论坛，特别是在研究生教学中得到了广泛应用。在线互动教育打破了传统课堂的时空限制，使得师生之间的交流更加便捷和深入。

综上所述，虚拟课堂教学、现代远程教育、开放网络教育和在线互动教育都是利用网络技术和现代信息手段进行教育创新的典范。它们不仅拓宽了教育的渠道，也提高了教育的质量和效率，为培养更多优秀人才提供了有力支持。通过对上述网络教学方法的深入学习，请分别分析并总结出如何将网络教学方式与基于网络环境的探究型教学进行融合，并填写表8-3。

表8-3　探究型教学与网络教学形式融合

教学形式	具体内容
虚拟课堂教学	
现代远程教育	
开放网络教育	
在线互动教育	

任务2　基于网络环境的探究型教学如何与常见的教学方法进行融合

教学方法是指教师在教学活动中，为了达到教学目标、完成教学任务所运用的教学方式方法的总和。

1.讲授法

讲授法是指教师通过口头语言，以投影、板书、实物等媒介为辅助，向学生传授概念、事实、原理等知识，以教师讲、学生听为主要方式的教学方法。讲授法具有空间固定易于操作、较短时间进行高效授课和教师主导自定步调等优点，同时具有学生处于被动接受状态、教学缺乏直观体验和讲授内容针对性不强等缺点。

2.谈话法

谈话法又称为问答法，是指教师有意引导学生运用所储备知识和已有经验回答问题，用以巩固旧知识或获得新知识的教学方法。学生的参与度较高，有利于集中学生注意力，激发学习兴趣，提高学习效果。谈话法在各科教学中，尤其是中小学阶段应用比较广泛。谈话法主要具有形式灵活多样、易形成良好师生关系、知识传授效率高等优点，但是其占用教学时间长、容易受环境影响产生偏差。

3.讨论法

讨论法是指在教师的指导下，学生围绕教师提出的问题，在经过独立思考后发表各自的认识与见解，从而促进学生之间相互学习、获得知识的一种教学方法。学生讨论形式可分为小组讨论和全班讨论。讨论法有助于提高学生学习积极性和主动性，促进教师提高自身教学水平。但是，参与讨论法的学生须具备丰富的知识储备或者经验，不适合低年级学生；学生所获得的知识是碎片化的，不利于系统性组织;学生利用讨论时间去讲一些与主题无关的内容,教学效果降低。

4.读书指导法

读书指导法是指教师指导学生通过独立阅读教科书和参考书以及其他各类书刊以获取知识和巩固知识,并使学生养成独立阅读习惯的教学方法,包括指导学生课前预习、课后复习、阅读教科书等。读书指导法简洁明了。教师将内容的重难点提炼出来进行讲解和总结,使学生高效理解书的主要内容;互动性强,教师与学生、学生与学生之间存在互动关系;灵活多变,学生根据自身的需求以及和书本内容自行安排学习计划,满足不同学生的需求。但是其容易偏离教科书,若过度依赖读书指导法而忽视教学方法的组合运用,则不能充分发挥教科书的作用。该方法适合辅助教学,需要结合运用其他教学方法,根据学生的特点进行指导教学。

5.演示法

演示法指教师通过展示实物和直观教具,进行示范性的实验,播放有关教学内容的软件和课件,或者使用其他现代教学手段,使学生认识事物、获取知识或者巩固知识的方法。演示法进行直观教学,有利于增强教学效果;多种演示,提高学习兴趣;感性认识,形成正确概念。但是学生容易分散注意力,难以达到预期的教学目标;失败的演示会影响学生对教学内容的信任度,影响学生学习状态和情绪。

6.合作学习法

合作学习法是指学习者为了完成教师布置的小组任务,自行组队或者由教师分组,2~6名学生形成一个学习小组。学习小组一起开展学习活动,共同完成教师分配的学习任务。合作学习法的优点有:学生主动学习,促进合作;学生之间相互协作,提高社交能力;培养学生发散思维,激发创新意识。合作学习法缺点为学生"浑水摸鱼",学生注意力分散;学生意见不统一、互相推卸责任等情况,容易产生人际冲突;无法照顾所有学生的偏好。每个学生有自己的学习偏好,部分学生偏好个人学习而不适应合作学习,从而影响他们的学习效果。

7.参观法

参观法是教师为了增加学生直观经验,组织学生到校外特定场所,例如农村、博物馆和社会活动场所等进行直接观察和访问,从而巩固知识、获得知识或验证知识的方法。参观法包括感知性参观、并行参观、验证性参观和总结性参观四种。

8.欣赏法

欣赏法是指教师在一定教学情境中，指导学生体验客观事物的真善美，陶冶学生情操，培养学生审美感、道德感等高级情感的教学方法。主要体现在：对美的欣赏，即对艺术美和自然美的欣赏；对道德的欣赏，即对人的高尚道德品格及社会良好道德风尚的欣赏；对理智的欣赏，即对客观真理、科学知识、人类理性等的欣赏。

每种教学方法都有其独特的优缺点。在实际教学中，教师应根据教学目标、学生特点和教学资源等因素，灵活选择和运用不同的教学方法，以最大程度地发挥其优势并克服其不足。同时，教师还应不断学习和探索新的教学方法和理念，以适应不断变化的教育环境和学生需求。

通过对上述常见教学方法的深入学习，请分别分析并总结如何将常见的教学方式与基于网络环境的探究型教学进行融合，并填写表8-4。

表8-4　基于网络环境的探究型教学与常见教学方法的融合方法

教学方法	融合方法
讲授法	
谈话法	
讨论法	
读书指导法	
演示法	
合作学习法	
参观法	
欣赏法	

材料1　基于网络环境的探究型教学

什么是探究型教学？探究型教学的基本过程包括哪些步骤？让我们来深入了解探究型教学的相关知识。

1.什么是探究型教学

从字面上看,“探究”是指“通过仔细地考察来了解某一事物”,这也是探究的基本意义。美国《国家科学教育标准》对“探究”给出了一个操作性定义:探究是一种多层面的活动,需要做观察;需要提出问题;需要查阅书刊和其他信息源;需要设计调研方案;需要运用各种手段来收集分析和解读数据需要提出答案、解释和预测;需要对所做解释加以检验;需要把自己的看法和意思传达给别人。所谓探究性教学是指学生在教师指导下,从自然、社会和生活中选择和确定专题,并创设一种类似于科学研究的情境,学生首先通过自主、独立地发现问题,然后学生进行调查、实验、搜集与处理信息、表达与交流等探索活动,最后求得问题的解决。

2.探究型教学的基本过程

探究的过程是一个解决问题的过程,包含了一些基本的活动要素。

(1)确定问题:根据问题的属性,进而确定采用哪一种程度的探究活动,有没有必要展开深入的研究,是进行完全的探究还是不完全的探究,还是以调查以及资料的收集、整理和评价为主。在问题解决之前,不仅要将问题界定清楚,还需要确定问题所在的情境,也就是描述清楚问题空间。

(2)形成探究思路:在经验的基础上,形成解决问题的研究思路。在设计探究问题的时候,可以考虑有些问题与学生一起讨论决定,这样的问题对学生来说更是“自己的”问题,也能够将自己的知识经验调动起来,分析问题,收集信息材料,形成解决问题的思路和策略。

(3)实施探究:开展探究是整个活动的核心过程,探究的过程是学生根据所确定的探究思路,进行调查、实验、资料收集、访问、考察等各种探究活动,最终将问题予以解决的过程。

(4)结果展示/交流:经过探究以后,根据探究计划、将形成不同形式的探究结果,可以是实验报告、访谈结果、调查报告、作品等。

在探究型教学设计中,教师需要系统地规划和组织教学活动,确保各个要素围绕探究目标紧密配合。这包括明确探究目标、设计探究内容、选择探究媒介、安排探究过程以及制定评价标准等。同时,教师还需要注重教学设计的操作性、突显性、易控性和创造性,以确保学生能够顺利进行探究活动并达到预期的学习效果。

材料2　基于网络环境的探究型教学活动设计

在数字化转型的网络环境中，学生的学习方式因信息技术的飞速发展而深刻变革，探究学习的教学设计模式也随之改变。以下将介绍基于网络环境的探究型教学设计原则、过程设计以及能够提供支持的信息技术工具。

1.数字化转型的网络环境中的探究学习设计原则

在网络学习环境下，探究学习的组织与设计至关重要，而关键在于把握其与探究学习开放性的平衡。过度烦琐的设计可能导致学习活动变得僵硬，失去学生自主探究的初衷，但设计不足又可能使探究学习陷入无序和低效。因此，设计探究学习时必须坚守一定原则，并紧密结合探究任务、时空条件以及学生的特性，确保组织与设计既得当又富有选择性。

(1)情境真实性原则。探究学习中的问题应与现实世界中的问题紧密相连，保持高度的相似性。探究学习的核心正是围绕现实生活中的真实问题展开学习和研究。这样的情境使学生能够亲身体验解决问题的乐趣，有效促进他们各项能力的提升，并极大激发其内在的学习动力。因此，在探究学习中，学习内容必须扎根于真实情境，选择具有实际意义的任务，并避免简化处理，以免脱离现实问题的背景。这样，学生才能将所学知识与真实任务情境相结合，进而解决现实生活中的问题。

(2)学生主体性原则。探究学习活动应以学生为中心，让学生自主发现问题，并将其作为驱动学习的动力。这样的学习方式能够让学生变被动为主动，而不再是教师单方面布置的任务。教师的角色也不再是单纯的知识传授者，而是转变为学生学习过程中的协助者、支持者和引导者。探究学习的实施过程应通过一系列主题实践活动来展开。学生需要利用各类工具和资源，在实践中自主探索和发现知识，实现教、学、做的有机结合。

(3)学习资源多样性原则。探究学习以其研究性、体验性和开放性等鲜明特点，使得在智能环境背景下的设计显得尤为重要。为了更有效地促进学生理解并掌握知识，必须充分整合和利用多样化的资源，以支持教师的教学活动和学生的学习进程。在这一过程中，多媒体和互联网等技术的广泛应用，为教师和学生提供了便捷的学习资源，如数字化图书馆和网上期刊等。这些资源为学生提供了广阔的信息获取渠道，他们可以通过网络轻松收集资料、获取数据，从而在探究过程中不断丰富和更新自身的信息资源。

2.数字化转型中网络环境中的学习过程设计

在网络教育环境中，教师的一个重要任务就是要引导学生，如何将获取到的信息加工为有用的知识，并培养学生加工信息的能力。教师除了教给学生一些书本上介绍的静止的内容，还要教会学生发现学习。教师应充分利用网络教育能提供的各种形式，尽最大的努力扮好自己的角色。

（1）直播课堂。教师可以在网络上讲课，即直播课堂，它可以是非同步的交互，也可以是同步的交互。讲课的风格可以是谈话式的，模仿面授课时教师和学生间进行对话交互的情景，鼓励学生和教师进行交互。一定不要照本宣科地读教材。在直播课堂上，教师要利用网络提供的大量资源，来丰富自己的讲课内容；要教会学生怎样在网上查找学习中所需要的内容。教师可以通过引导来指导学生的学习。当学生以令人兴奋和创新的方式获得更多的学习内容时，他们就会更主动地进行学习，并且愿意和教师一块儿分享学习的成果。

（2）课程论坛。也就是讨论课。讨论课通常在电子论坛中进行，这是一种同步的交互。课程论坛最好能每周进行一次，它为师生之间的交互提供了机会。在这样的交互中，教师开始懂得每个学生是怎样消化课程内容的，使交互的内容更丰富，更具有细致的结构。实时讨论也给学生之间的交互提供了机会，尽管他们相互之间并不熟悉。

（3）考核。考核是全面评价一个学生学习一门课程的综合效果的一种手段。根据课程教学目标和要求对学习者的学习效果做出评价的过程就是考核的过程。教育评价可以根据其在考核中所起的作用不同分为三大类：诊断性考核、形成性考核和总结性考核。诊断性考核通常指在上课前对学生进行的水平测试。形成性考核是指在教学过程中，学生和教师在实时或非实时交互中，教师对学生所学知识进行的评价。在网络教育中，最重要的形成性考核当数对学生的平时作业的考核。学生用E-mail向教师提交作业，教师评阅并给出成绩后再用E-mail将作业、评语和成绩返还给学生。总结性考核则是指在一个大的学习阶段或一个学期、一门课结束时进行的考核。这种考核可以在网上进行，也可以用笔试的方法进行。

（4）反馈。用社交软件或者学习平台对学生提出的问题做出反馈。学生和教师可以在任何方便的时候发送和回复信息。如果教师有信息要通知全班同学，可以在社交软件或者学习平台上进行通知。当学生和教师交互时，他们会从教师那儿获得新的信息，学到新的知识。如果他们和有经验的人或专家进行交互时，会从专家那儿了解到专家们的思维方式和他们建立模型的过程，这对他们来说是非常宝贵的。

3.开展探究学习需要的信息技术工具

在探究学习的各个阶段，信息技术工具都发挥着不可或缺的作用。无论是问题的生成与确定，还是方案的规划与设计，乃至方案的实施与探究结果的汇报评价，信息技术都以其独特的方式为教师和学生提供了强大的技术支持。

在问题确定阶段，教师巧妙地运用动画、视频和多媒体课件等信息技术工具，将探究问题和任务巧妙地融入情境中，有效地激发了学生的学习兴趣，使他们更加全身心地投入探究过程中。进入方案规划与设计阶段，信息技术工具再次展现其魅力。通过多媒体课件、概念图、思维导图以及互联网等，教师和学生能够更高效地规划与设计探究方案，提出有针对性的假设，为后续的探究学习奠定坚实基础。到了方案实施阶段，信息技术工具的作用更是凸显。学生可以利用网络资源、信息搜索工具和分析软件等，轻松获取和整理相关资料和数据，进而得出有价值的探究结果。在探究结果的汇报与评价阶段，信息技术工具同样大显身手。通过QQ、电子邮件等交流工具，学生可以开展高效的协作与交流。同时，利用多媒体课件、概念图、思维导图等，学生可以清晰、直观地展示他们的探究结论，使评价更加客观和准确。

智能学习环境下的探究学习，正是借助现代教学媒体和信息化教学资源，应充分发挥网络资源的优势，让学生在师生、生生以及与信息技术工具之间的多元互动中，开展深入的自主探究学习。这样的学习过程不仅提升了学生的学习效果，更促进了他们各方面能力的发展。

案例1　基于网络学习的教学设计案例

深度融合网络学习的教学案例在教学方法、资源、互动和跨学科融合方面展现出显著的创新。通过多媒体、动画等信息技术，使抽象概念变得直观易懂，激发了学生的学习兴趣。同时，网络学习简化了教学案例的获取和更新过程，丰富了学习资源，使个性化教学成为可能。此外，在线互动和小组讨论等形式增强了学生的参与度和思辨能力。最后，跨学科融合的教学方式打破了学科界限，促进了知识的创新与融合。这些创新举措共同提升了教学效果，培养了学生的综合素养。

追寻嫦娥一号踪迹

【设计意图】

本案例是“曲线运动与万有引力定律”主题中利用现代信息技术手段设计的一次学习活动，体现了物理学习与现代信息技术的深度融合和学生学习方式的变化，可供有条件的学校教学参考。活动目的是引导学生在初步形成的“运动与相互作用观念”和“能量观念”的基础上，将所学的牛顿力学的运动规律与现代科技前沿联系起来，通过观看视频、模拟操作、讨论交流、推理论证等过程，从运动与相互作用、能量的角度探索嫦娥一号的发射和运行规律，运用万有引力定律和圆周运动规律，建立航天器发射和运行的模型。学习全部内容需要2~3课时，教师可根据教学实际，结合课堂与课外网络学习完成。课堂上注重引导学生经历建模过程，突破难点，侧重发展学生的建模能力、推理能力、探究和交流能力，将评价和学习过程紧密结合起来。

1.课前准备

将学生分成三人小组，布置预习作业。观看“嫦娥奔月”视频：几千年来，“嫦娥奔月”的古老神话在百姓间广为流传，奔向遥远的月宫，成为人类孜孜以求的梦想。早在明朝就有一个名叫万户的人，自制火箭尝试“飞天”。尽管他失败了并为之付出了生命的代价，但是他却成为人类挑战太空的第一人。为了纪念万户，国际天文学联合会将月球上的一座环形山用他的名字命名为“万户山”。

思考：人类是如何实现飞天梦想的？

2.引入

（可利用网络开展以下学生活动）

活动1——小组讨论：观看“嫦娥奔月”后的感受及思考，提出相关疑问。

活动2——观看嫦娥一号发射新闻报道视频，同时在作业纸上记录数据并在组内交流,提出需要深入研究的问题。学生通过上述活动,初步形成嫦娥一号发射升空过程的整体图景,并提出需要深入探究的核心问题:嫦娥一号是如何发射升空的?是如何运行的?又是如何变轨的?

3.探究过程

问题1:嫦娥一号是如何发射升空的?

思考:将物体从高塔上水平抛出,物体最终落到地面上。当增大抛射速度时,物体运动的距离更远;速度越大,距离越远。如果这个速度非常大,会是什么情况呢?

活动1——模拟操作

用仿真实验室体验,选不同的抛出速度:v=20 m/s、v=20 km/s、v=7.9 km/s、7.9 km/s≤v≤11.2 km/s、v≥11.2 km/s,观察物体水平抛出后的运动轨迹,与思考结果进行比较。(以上活动可在课前利用网络完成,小组讨论也可通过网上交流实现)

活动2——小组讨论

为什么物体能绕地球旋转起来呢?这个速度为什么必须是7.9 km/s?请从理论上推导,并跟同组同学交流。(教师可根据学生情况提供引导和所需数据)如果高塔的高度不能忽略,要使物体不落到地球上的最小抛射速度与上述速度有区别吗?为什么?根据上述探究过程并结合视频,说明嫦娥一号发射升空的过程和原理。

问题2:嫦娥一号是如何运行的?

活动3——建构模型

嫦娥一号升空后做什么运动?如何描述其运行规律?请各小组结合观看新闻视频时记录的数据,画出嫦娥一号的运行轨道,并展示交流。各小组画出不同轨道半径的卫星及其运行轨道,有的是圆轨道,有的是椭圆轨道。(为了便于计算,教师引导学生建构圆轨道物理模型)

活动4——小组讨论

如何计算嫦娥一号的运行速度?利用小组画出的运行轨道图(参考卫星高度与地球半径的比例关系)计算运行速度,并通过仿真模拟检验小组计算结果。

活动5——全班交流

全班一起交流各小组计算和检验的结果,找出卫星的运行规律。再用仿真实验检验得到的规律。

活动6——小组讨论

通过对嫦娥一号运行规律的探究，讨论为什么不同轨道卫星运行有不同的特点，并解释其原因。讨论仿真实验能否用来检验卫星运行规律，其可靠性如何。(问题2是本学习活动的核心内容，需要课上完成。所设计的四个活动从定性到定量层层递进，引导学生经历建构模型、检验模型的全过程，促进学生物理观念和科学思维的同步发展，其间需要教师的引导和帮助)

问题3：嫦娥一号是如何变轨的？

活动7——观看视频

通过观看嫦娥一号变轨过程的视频，让学生直观了解嫦娥一号运行及变轨过程并记录相关数据，在教师引导下提出下列问题：嫦娥一号在变轨过程中什么发生了改变？卫星变轨需要的条件是什么？怎么满足卫星变轨的条件？

活动8——小组讨论

针对学生提出的问题展开讨论(教师从运动与相互运动、能量两个角度引导学生思考)，嫦娥一号在距地球600 km的高度先后进行了三次变轨，讨论其在三个轨道上运行到该点时线速度、角速度和加速度的大小关系。学生通过讨论，深入认识了嫦娥一号的受力和运动情况，并与能量的变化联系起来。

4.课后作业

(1)上网查询嫦娥二号和嫦娥三号绕月飞行的信息，了解它们各自的任务及对我国航天事业的贡献。

(2)观看嫦娥三号视频，探讨我国第一个月球软着陆的无人登月探测器登月过程的关键步骤，估测月球对登月探测器的冲击力。

(3)查阅我国航天事业发展历史和现状的资料，畅想我国航天事业发展的未来，写一篇小论文。

5.案例评析

本案例以我国探月工程的里程碑嫦娥一号成功发射为情境素材，通过精心设计的系列问题和围绕问题解决开展的自主学习活动，激发学生的学习动机和探究欲望，促进学生物理学科核心素养的全面发展。

活动的设计从学生原有的认识入手，以学生的认知发展过程为主线，用基于现代信息技术的仿真实验做支撑，在教师适时、适度的指导下，让学生一步步经历从简单到复杂的问题解决过程，逐步发展相应的物理学科核心素养。课前让学生观看“嫦娥奔月”的视频，重温我国古代的飞天梦，通过小组讨论交流，发表自己的感受，激发学生的学习兴趣，提出需要探究的问题。接着观看嫦娥一号发射的视频，在表格中记录相关数据，培养学生通过视频获取信息的能力，为下一步开展探究过程做准备。

接下来的探究过程围绕嫦娥一号发射过程中的三个核心问题展开。第一个问题：嫦娥一号如何发射升空？这个问题的解决借鉴了物理学史上牛顿的思路。从学生熟悉的抛体运动入手，通过仿真实验和小组讨论拓展学生思维，发展学生的运动与相互作用观念，将地下和天上的运动联系起来，综合运用已学过的圆周运动和万有引力定律等相关知识，计算第一宇宙速度。以嫦娥一号为例，解决了航天器如何发射升空的问题。第二个问题：嫦娥一号如何运行？解决这个问题需要学生利用观看视频获取的资料，通过小组讨论、展示交流和仿真实验，经历建构模型和检验模型的过程，发展建模能力和交流合作能力。需要指出，仿真模拟不是真实实验，本案例利用仿真模拟，一方面是因为不能做实验而采用的替代方法，另一方面体现信息技术与物理教学的整合。为了让学生认识仿真实验和真实实验的差异，专门设计了下列问题供小组讨论：仿真实验能否用来检验卫星运行规律，其可靠性如何？借此发展学生对科学本质的认识。第三个问题：嫦娥一号如何变轨？让学生通过观看视频、小组讨论等活动，应用前面建立的模型，从运动与相互作用和能量两个角度进行科学推理和论证，进一步发展学生的物理观念和科学思维能力。课后作业设计了拓展活动，引导学生开阔视野，从探索嫦娥一号的运行规律到关注我国和人类的航天事业，进一步激发学生的探索欲望，发展他们获取信息、文字表达和创新的能力。

本案例设计了大量针对性的问题，供课堂上开展师生、生生之间的讨论与交流。教师根据学生课堂问答，及时评价学生的学习情况，有效地将日常学习评价与课堂教学融为一体。

案例2 基于在线学习平台的教学设计案例

基于在线学习平台的教学

本案例中的教学内容是必修模块“细胞是生物体结构与生命活动的基本单位”概念中细胞内各部分结构与功能。利用Moodle(魔灯)平台,通过学生的在线学习与课堂教学的结合,使学生能构建并使用细胞模型,阐明主要细胞器的结构特点及功能,各结构间分工与合作,相互协调的关系;学生能够运用网络资源,探究细胞模型中“未知”的细胞器,并关注细胞相关研究的进展及应用。

1.教学准备

(1)登录Moodle平台,建立“细胞结构与功能”课程,内容包括:有声教学PPT(演示文稿);辅助教学视频如细胞3D(三维)漫游、黑藻的胞质环流等;拓展内容及相关网址等;辅助学习资料如学案、习题等。

(2)借助Moodle平台的电子习题系统设置在线评价测验,并提前一周向学生说明和布置在线学习任务。

(3)准备动物和植物细胞模型(可拆分为细胞质基质、细胞器、细胞壁、细胞核等)及配套课堂实验指导,每组学生1套,每小组4~6人。

(4)就知识重难点设计问题串,以发现学生在线学习的问题。

2.在线学习

(1)在网络环境中,学生利用电脑、平板电脑、智能手机等终端,登录Moodle平台进入“细胞结构与功能”课程。

(2)学生在线或下载相关课程资料学习,按要求听完有声PPT,填写相应的学案(如下例,表中画线部分由学生填写)。学案以列表方式整理线粒体(图8-1)、叶绿体、内质网、高尔基体、核糖体等细胞器的形态、结构和功能。

图8-1　线粒体的结构与功能

细胞器	形态识别	自己画图	结构特点	功能	动植物
线粒体	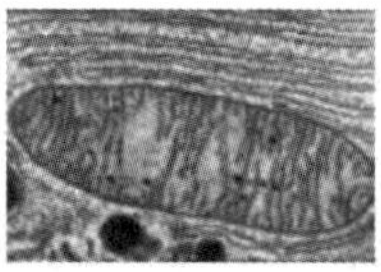		外膜/内膜（嵴）双层膜	有氧呼吸提供能量	都有

（3）使用电脑、平板电脑、智能手机等终端完成在线作业和评价测验，学生自主检测在线学习成果并获得反馈，纠正错误。

3.课堂教学

内容	教师活动	学生活动
回忆主要细胞器的结构和功能，发现学生在线学习中的问题	展示细胞器图片和所设计的问题，如双层膜细胞器有哪些、叶绿体究竟有几层膜等	思考、回答问题，就重难点问题与老师一起讨论
布置课堂实验任务，发放实验指导	向学生说明细胞亚显微结构模型的拼装目的、方法	听清要求
学生完成细胞模型的拼装，并发现“未知”的细胞结构	发放动植物细胞模型零件，引导学生根据实验指导边拼装边观察细胞模型	拼装模型，对照学案识别细胞器，发现不认识的细胞结构
引导学生对模型中的过氧化物酶体、细胞骨架等进行资料检索	提示学生查找说明书或通过网络查询获取未知细胞器的资料	通过网络，对不认识的细胞结构进行知识检索和信息整理
总结、点评、讨论	听学生汇报和讨论检索到的资料，就过氧化物酶体的功能、细胞骨架与生物膜系统的关系等进行点评和补充	汇报和讨论检索到的资料，提出其他相关问题

图8-2　课堂教学流程

4.案例评析

本案例利用在线课程平台，教师向学生提供有声PPT课件、扩展资料、在线评价测试等学习资源，由学生自主完成在线学习。在课堂实践部分，学生通过拼装细胞模型，讨论、回答相关问题，以及利用网络资源探究模型中出现但教材中未出现的“新的细胞器”等学习过程，认识细胞结构和功能相互协调的关系，发展生命观念、科学思维和科学探究等核心素养。相比于传统的课堂，借助信息技术的生物教学，有利于发挥学生自主性；丰富的教学资源，有利于扩展学生视野，激发学习热情；基于学生课下的在线自主学习，教师在课上可更有针对性地解决学生的疑惑，开展更有挑战的学习活动，提高课堂教学的有效性。

▶▶ 随堂自测

第八章随堂自测

▶▶ 思考

（1）通过对网络环境的了解，说一说网络环境下的教学有哪些特点？并对其进行分类。

（2）本章介绍了网络环境下的教学的特点、类型和设计，根据所学知识，设计一个有意义学习活动。

（3）通过对本章节网络教学的学习，谈一谈你对网络教学的看法。

▶▶ 参考文献

[1] 周效章．网络环境下意义学习的教学设计过程分析[J]. 中国教育技术装备，2010（3）：43-45.

[2] 徐春明．技术赋能项目学习的价值与实践[J]. 湖北教育（科学课），2022（9）：20-22.

[3] 宋长军．计算机网络背景下怎样设计学习环境[J]. 新课程学习（中），2011（2）：185.

[4] 于泽元，边伟，杨士连．从松散联结到意义建构：大单元教学设计的理想图景[J]. 现代远程教育研究，2023，35（4）：39-46.

第九章　技术支持的评价与反馈

学习目标

一、知识目标。能够说出常见的学习评价方法；能够理解教师评价素养的重要意义；能够举例说明技术是如何支持学习评价的。

二、能力目标。能够应用相关技术工具在教学中对学生进行合理的评价；能够结合形成性评价与总结性评价的特点，选择合适的评价工具开展学习评价。

三、素养目标。能够合理评价技术应用于学习评价的两面性，从而正确认识技术如何与教育教学融合、如何赋能教学评价与反馈。

第九章 视频简介　　第九章 PPT

活动31　数字化转型中教师该怎样评价学生的学习

活动31 视频简介　　活动31 PPT

教学评价是以教学目标为依据，按照科学的标准，运用一切有效的技术手段，对教学过程及结果进行测量，并给予价值判断的过程。教学评价是整个教学过程的关键环节，具有导向、调控、诊断和激励等功能和作用。此外，还具有咨询决策、强化和竞争功能。

在传统学习环境下，作为一名教师，你是如何评价自己学生的学习的？大部分老师都是通过平时的课堂作业、课后练习题、平时的周考、月考和期末考试等方式，来实施学习评价。通过习题的正确率和考试分数与排名，判断学生这段时间的学习状态、学生课堂学习知识点的掌握情况。数字化转型中，在智慧校园以及智慧课堂的支持下，教师的评价手段和评价方式变得更加多样化。数字化转型中的教师应该怎样评价学生的学习？首先要思考的是数字化转型时代教师的评价素养问题。

面对“互联网＋”时代的到来与教育信息化的发展，对教师的评价素养提出了新的诉求，比如要求教师具备数据分析与应用的能力、学生个性化评估能力、情感导向的评价反馈等。“评价素养”（Assessment Literacy）这一概念最早由美国学者斯蒂金（Stiggins）于1991年提出。他认为，评价素养是教师所拥有的对教育评价的理解能力，和运用相关知识对学生表现进行各类评测的相应技巧。具备评价素养的人知道他们在进入评价领域时自己应该评什么，为什么要评、怎样评以及如何生成优秀的表现样例，知道评价可能会出现什么错误以及如何防止这些错误，知道不准确的评价所造成的潜在消极后果。

相关研究指出评价素养是当前学科教师专业发展的“短板”。“重教学素养，轻评价素养”的问题在国内外普遍存在，这进一步使得学生发展与课程改革的深化都遇到极大的挑战。学者波帕姆（Popham）直言：“如果教师缺乏评价素养就意味着专业自杀。”因此，教师该如何借助技术工具和技术手段开展教学、开展评价，该如何理解技术带给教育与评价的重要改变与重要意义，都是十分重要的研究课题。

任务1 阅读与思考——数字化转型背景下教师如何评价学生

为了探讨并制定在数字化环境下教师评价学生学习情况的有效方法和标准，包括理解数字工具和平台如何辅助教学和评估，以及如何利用这些技术手段来提高评价的准确性、公正性和实用性，教师需要掌握新的技能和方法，以便在数字化环境下有效地评价和支持学生的学习进程。

通过了解当前数字化教学工具及其评价功能，调查教师和学生对数字化评价的需求和期望，调研关于数字化教学和评价的参考文献或研究报告，依托教育技术工具、在线平台、教学管理系统等，阅读本章材料1、材料2，总结出数字化转型背景下教师如何评价学生，并填写表9-1。

表9-1 数字化转型背景下教师评价学生的方式

序号	具体内容
1	
2	
3	

活动32 技术支持环境下如何评价学生的学习过程

活动32 视频简介　活动32 PPT

通过上文，我们已经总结出数字化转型背景下教师如何评价学生。请阅读以下材料，学习形成性评价、总结性评价、大数据技术支持下的学生学习过程评价的内涵。

1.形成性评价的内涵

1967年，美国学者斯克瑞文（M. Scriven）首次在《课程评价的视角》中提出形成性评价的概念，认为能够促进课程发展的评价即可称为形成性评价。随后，布鲁姆（B. Bloom）将这一概念引入教学领域，认为可以通过形成性评价为教学活动提供适当的反馈与纠正。与总结性评价所表现的“对学习的评价”不同，形成性评价可以被称为“为了学习的评价”。虽然在不同发展阶段，学界对形成性评价的定义不尽相同，但在学习过程中收集学生信息、给出反馈、促进教与学的效果这三方面始终是形成性评价的核心内容。目前关于形成性评价的研究主要集中在两方面：一是关于形成性评价的具体指标与评价维度的研究，主要结合具体课程开展实证以验证具体指标与评价维度的可行性；二是信息技术时代基于数据挖掘与学习分析技术的形成性评价研究，这也是当下循证评价（基于证据的评价）中的热点话题，利用技术手段收集学生在学习过程中产生的一系列数据，建立个人学习档案袋，以判断学生的学习状态与学习情况，学生和教师可以利用评价结果不断调整自己的学习策略或教学策略。概括而言，形成性评价是在教学活动过程中实施的评价，它能及时了解阶段教学的效果和学习者学习的进展情况、存在问题等，以便及时反馈，及时调整和改进教学工作。

2. 总结性评价的内涵

总结性评价又称为终结性评价，是在课程计划实施之后关于其效果的评价。它是一种事后评价，主要目的是评定学习者的学业成绩，确定学习者达到教育目标的程度，证明学习者掌握知识、技能的程度和能力水平。教师所进行的终结性评价通常有两方面作用。一方面是或多或少地用测试来衡量孩子的学业进步情况，另一方面是将终结性评价用于高利害考试，即用来颁发毕业证书或是检验教师及学校的成绩。

不同于形成性评价对过程的关注，总结性评价关注的是结果，是对学生对知识或能力掌握情况的判断和衡量。由于总结性评价本身蕴含着证明和选拔的特征，加之中高考的影响，多数人认为总结性评价更多具有消极的作用，因而不断受到来自各界的批评。需要指出的是，总结性评价虽然关注结果，但并不是说总结性评价不会发生在教学活动开展的过程中。形成性评价的突出特征是“反馈”，反馈从哪里来，从总结性评价所得出的结果中来，形成性评价可以对总结性作出解释，阐明评价目标的实现程度，并指明接下来的行动安排。

3. 大数据技术支持下的学生学习过程评价的内涵

请扫描二维码学习《大数据技术支持下的学生学习过程评价》。

大数据技术支持下的学生学习过程评价

任务1　阅读与分析——技术支持环境下如何评价学生的学习过程

随着教育技术融入课堂，教师拥有了更多的工具和方法来评价学生的学习过程。本任务要求教师分析在技术支持的环境下如何有效地评价学生的学习过程，并提出切实可行的评价策略。

通过中国知网等相关学术网站查找与学习有关技术支持下学习过程评价的文献和案例研究，分析不同学科、年级和教学环境下的评价需求差异，利用形成性评价和终结性评价相结合，确保评价方式的多样性和互补性。阅读本章材料3、材料4，总结出技术支持环境下如何评价学生的学习过程，并填写表9-2。

表9-2　技术支持环境下评价学生的学习过程的方式

序号	具体内容
1	
2	
3	

活动33　技术支持下开展有效学习评价的策略

活动33 视频简介　活动33 PPT

在技术支持下，开展有效学习评价的策略可以包括以下几个关键方面：采用多元化的评价机制、全流程伴随式的评价原则、实行评价方式可视化的原则、恰当选择评价工具及其功能的原则等，具体如下。

1.采用多元化的评价机制

技术支持下的评价可以做到参与评价的主体更广泛、内容更丰富、方式更多样。从主体多元角度看，教师可以根据学习目标及教学需求，选择教师、学生个人、小组同伴、其他学生、家长及相关人员参与到评价体系中；选择智能教学平台中的评价功能或问卷调查，收集各方的意见和建议。通过适当加大学生自评、互评的比例，创造更多元的评价主体，使评价更公开、透明。从评价的内容角度看，教师既要关注认知和技能层面，更要关注学生的思维层面和情感态度价值观。如通过域管理、电子档案袋的运用，通过画思维导图、制作设计方案、展示演示文稿、制作数据分析报告、完成主题作品等，使评价的内容更全面。从评价的形式看，机房管理软件、在线测评工具、教师自行编制测评网站或小程序，都可以实现点赞、打星、投票、分值条打分、等级评定或写评语等。教师可以在教学中即时出题让学生作答，也可以构建基于真实场景的综合评估形式，通过多媒体呈现、任务交互等形式，让学生模拟或真实地解决情境问题，如模拟家庭无线网连接、模拟组装计算机等，使评价的结果更直观、更准确，也更富有吸引力。

2. 全流程伴随式的评价原则

数据时代，评价指标体现出知识、能力、素质并重的综合性。通过追踪学生连续的学习过程，分析全流程的学习数据，如学习的态度、习惯、行为等，进行全程、动态、全方位的评估。借助信息技术工具，进行全过程的数据采集、处理、分析和数据挖掘，据此进行教学设计与学习改进。这种全流程的依据数据的模式，其核心就是构建智慧课堂。智慧课堂离不开大数据、人工智能等信息技术的支持。如有的在线学习管理平台，分课前诊断、预习，课中课堂管理和师生互动，课后答题巩固和学情分析等。如果着重测评方面，在线判题系统适合对编程学习的评价。教师编制好题目及评分标准后，学生可以自主开展编程练习，系统会自动判断学生提交的程序代码正确与否。同时，做题时间、出错率、错误类型、排名、状态等信息也会显示出来，其游戏化的评价、即时的反馈深受学生喜欢。测评系统减轻了教师负担，增加了个性化辅导时间。竞争排名的机制也不断激励学生高效学习。此外，具有自适应学习功能的软件，如背诵单词的App，随时可以陪伴学生背诵单词，并不断激励学习者超越自己，增强了学习的自主性和趣味性。

3. 实行评价方式可视化的原则

评价要能看得见、摸得到、可测量。通过具体化的、实物化的、外显化的评价方式将学生的学习过程与状态可视化地呈现出来，使教师可以及时看到学生的学习结果，学生及时掌握自己的学习程度，进而促进目标的高效达成。把信息技术应用于评价，可以轻松地实现可视化。如让学生用软件绘制思维导图、组织结构图、拓扑图、流程图、甘特图、鱼骨图等，通过可视化的实践活动，可以清晰地展现学生的思维逻辑，梳理知识技能点及相互关联点，直观地呈现设计思路与安排，让思维外显。同时软件自带的各种各样的专业图形、标志性符号、模型库等资源，扩宽了学生视野，延伸了课堂内容，让学习自然发生。如通过做主题项目，用问卷调查软件采集数据，用编程或电子表格软件处理和分析数据，用多媒体合成制作软件达成演示效果，用共享文档收集整理意见等，综合应用信息技术可使学生的学习、技能、思维得到可视化的展示和提升。

4.恰当选择评价工具及其功能的原则

技术使用不是越先进越好，而是越适用越好。我们一方面要充分挖掘评价工具和平台的功能，另一方面也要恰当地选择适用的工具和功能。毕竟不同年龄段的学生、不同的教学内容、不同的课堂时间安排有不同的需求与适用性，不可为了炫技而使用。工具使用的最终目的是激发并维持学生的学习动机，促进学生更积极主动地参与、更精准地发现问题，进而成为一名终身的学习者。

任务1　对比与归纳——技术支持环境下开展有效学习评价策略与传统学习评价的策略的异同点

本任务要求参与者深入研究和分析在技术支持环境下所采用的学习评价策略与传统学习评价策略之间的差异和共通之处，以便更好地理解技术对教育评估的影响。

回顾相关的教育评价理论，包括传统的评价模型和技术辅助下的评价模型、研究现有的文献，了解传统评价方法的主要特点和局限性。收集和整理当前流行的技术辅助评价工具和方法、查找如何利用这些技术进行学生学习过程和成果的评价相关资源。回顾传统教学环境下常用的评价方式，如笔试、口试、作业、项目等、分析传统评价策略的优势和不足。对比传统评价策略与技术支持下的评价策略在学习过程跟踪、反馈速度、客观性、灵活性等方面的不同、分析两者在实施过程中对教师和学生产生的影响。收集和分析实际案例，提取成功应用技术评价的案例以及依旧采用传统评价方法的案例，通过案例分析，归纳两种评价策略的实际效果和适用场景。

基于上述研究和分析，撰写一份详细报告，报告应包含理论依据、实证数据、案例分析和个人见解。并总结技术支持环境下开展有效学习评价策略与传统学习评价的策略有哪些异同点。

活动34 技术支持下如何设计学习反馈

活动34 视频简介　　活动34 PPT

学习反馈可以从不同角度进行分类。根据获得方式的不同,可分为主动型反馈和被动型反馈。主动型反馈指学生主动向教师提问而获得的反馈;被动型反馈指学生在学习过程中通过完成教师布置的作业、测试等学习评价任务而产生的反馈。根据反馈时段的不同,可分为即时性反馈、过程性反馈与终结性反馈。即时性反馈如课堂上即时性的问答、线上的限时测试与结果反馈等;过程性反馈如平时作业与单元测试的评价与反馈;终结性反馈如期末成绩反馈、教师对学生的综合评价等。根据学习反馈的主体不同,可分为机器反馈与人工反馈。机器反馈指软件系统根据学生的输入判断正误,并给出反馈,如线上客观题的测试;人工反馈指通过与教师、学习同伴进行面对面或通过语音、视频通话等交流方式所得到的反馈。

任务1 归纳与总结——技术支持下如何设计学习反馈

本任务要求参与者深入理解学习反馈,理解学习反馈在教育中的角色和重要性,掌握各种教学技术,特别是那些支持学习反馈的技术,并学习如何收集、分析学习数据,并据此提供有效反馈。

智能工具支持下的语文课堂学习反馈的设计

扫描二维码学习《智能工具支持下的语文课堂学习反馈的设计》,并结合材料5,总结技术支持下如何设计的学习反馈,并填写表9-3.

表9-3 技术支持下的学习反馈设计

序号	具体内容
1	
2	
3	

材料1　数字化转型对评价的影响

深化新时代教育评价改革，是加快建设高质量教育体系的关键一环，在教育领域综合改革总体布局中占有举足轻重的地位。随着国家教育数字化战略行动的深入推进，人工智能、大数据等新技术加速融入日常教育教学，并正在成为撬动包括学生综合素质评价在内的教育评价改革的重要支点，为破解长期存在的评价难题提供了新的可能。教育评价数字化不仅是技术工具的数字化转型，更是评价标准的数字化转型。请扫描二维码阅读学习《数字化转型对于教学评价的影响》。

数字化转型对评价的影响

材料2　学习评价概述

学习评价就是按照预先设定的目标来评估、测量学生过去或现在的学习情况。一直以来，学习评价是通过期中期末考试、平时测验、课堂表现、实训情况等来进行的，但这种评价不具有实时性，也不够全面客观。随着信息技术的迅速发展及在教育领域的融合创新、各种在线教育平台的大量应用，学习过程大数据逐渐被人们挖掘并应用在学习评价层面，基于大数据技术的学习评价使得学习评价更为科学、系统、全面、及时。与以往传统学习评价相比，能更好地记录描述学生的发展现状和个性化学习情况，通过分析学习过程数据还可以对教师的教学效果及学生个性化学习需求进行评价。

学习评价的概述

材料3　技术支持环境下学习监控与评价

本部分学习材料包括技术支持环境下的学习监控方法、MOOC环境下学习者的学习监控和基于Moodle平台的远程学习监控与动态评价三个方面。

技术支持环境下学习监控与评价

材料36　技术支持下的学习过程和表现的评价方法

评价最重要的目的不是为了证明，而是为了改进。学习评价要真正实现教和学的改进，必须通过精准分析和解释，及时反馈并有效使用学习者信息。聚焦数据化学习环境下“学生的学”，综合质性和量化研究方式优点，面向学习过程设计最适合的评价策略、方法、工具和最优的评价流程，包括诊断性评价、形成性评价和终结性评价等环节，全方位贯穿学生学习的全过程，将各项评价镶嵌在真实学习任务之中，重视学习数据的收集和统计，实现学习过程与教学评价的精准对接和有机融合，学生的自我评价和自我完善能力在学习过程中得以同步发展，人才培养质量得到明显提升。

技术支持下的学习过程和表现的评价方法

材料37　大数据技术支持下的学习反馈

“反馈”一词源于传播学，指一种有声或无声的信息交换，教学同样可以被认为是一种知识的传播方式。在教育学领域，反馈是一种对学习行为的“结果”的信息传递。在针对反馈内容的研究中，有学者指出，评价反馈“不仅需要提供学生的表现信息，更需要包含提高学业水平或促进理解的方法”。Voerman等在教育实践中将反馈与学习目标相结合，指出学习目标是反馈内容的核心，并将反馈定义为“由教师提供与学生的学习行为或理解相关的信息，提供反馈是为了反映学习目标并促进学习”。在对教育领域的“反馈”内涵进行整理的过程中不难发现，学习反馈是在学习评价的基础上进行的，它的核心是与学习者相关的信息集合，这些信息主要包括：通过学习评价获得的学习者的阶段性学习成果与理解水平信息；学习者需要达到的学习目标信息；促进学习者达到学习目标的学习策略与方法信息。

大数据技术支持下的学习反馈

案例1　基于网络学习平台的在线学习分析与评价

随着网络技术和终端设备的发展，互联网已经成为当前人们获取知识的主要来源之一。学习评价是学习过程中的一个重要组成部分,它有助于教育者了解学习者的学习情况,从而对教学过程做出进一步的改进和优化。但是,由于学习环境、方式和形式的不同,传统的学习评价方法不适合直接应用于网络环境下的学习评价。现代学习评价理论认为,对学习过程的分析与评价比对学习结果评价更为重要,因为学习评价的根本目标在于改进、促进教学,而非简单地给学习者一个分数和名次。

案例9-1 "双师课堂"在线上教学中的实施与案例分析
——以生物"血液流经某个器官或结构时的成分变化"一课为例

"双师课堂"由两位教师共同完成教学活动,一位是重点学校的教师,作为输出端教师,另一位是农村学校教师,作为输入端教师。"双师课堂"目的在于提高农村学校教育教学质量,激励农村学校教师在教学过程中发挥主导作用,提高教师身份认同;破解学校师资力量不足、教师专业培训不足、教学资源紧缺等问题;帮助农村校加快中小学教育教学改革的步伐,带动农村教师整体素质的提高;推动农村教育发展,缩小城乡教育差距;实现优质资源共享,实现教育公平。

线上教学以互联网为基础,利用网络资源构建教学模式,是教育信息化的一种重要表现。相较于传统教学模式,线上教学最大的优势在于能充分利用网络资源,丰富教学实例,激发学生的学习兴趣。线上教学没有地域限制,面向更多的学生。随着时间推移,问题逐渐显现,学生的注意力容易被转移,学生与教师的互动能力下降,导致课堂效率降低,教学效果不佳。

"双师课堂"与线上教学的结合,为学生提供了一种独特的智能学习环境,尤其是输入端教师的角色发生了变化,教师与学生形成了一种全新的合作关系。网络平台使"双师课堂"的硬件准备工作变得简单,便于输出端与输入端的衔接,教学时间的安排更加灵活,充分发挥了输出端教师的主导性,同时又能调动学生的主动性,打破了时间和空间的限制,加强了学习的效果,提高学生解决实际问题的能力。本文以生物学科"血液流经某个器官或结构时的成分变化"一课为例,探讨"双师课堂"与线上教学相结合的教学实施策略。

1.教学资源的准备

本节作为复习课,内容涉及"生物圈中的人"这一主题,涉及人体循环系统、呼吸系统、泌尿系统、神经系统等多个系统的相关知识。通过本节课学习，教师帮助学生整合知识，如血液循环途径、尿液的形成、气体交换、呼吸作用、对营养物质的消化和吸收等，完善这一复杂的知识体系。

2.教学目标的制定

初中生物课程标准在“生物圈中的人”这一主题提出：人吸收的营养物质需要经循环系统运送到身体的各种组织、器官，人体产生的废物也需通过循环系统、呼吸系统和泌尿系统等的协调活动排出体外。人的各种活动受神经系统和内分泌系统的调节。人体结构和生理的知识对学生理解人体结构和功能相互适应的关系、理解人的各种生命活动、自觉养成卫生习惯具有重要作用。

知识与技能：说出血液循环的两条途径，体会生物体结构与功能相适应的生命观念；说出血液流经不同器官时气体和物质成分的变化，体会生物体结构与功能相适应的生命观念。

过程与方法：能正确分析文字、图表等所要表达的生物学信息，辩证地解释和分析生命现象；能通过数据和结果，对实验现象和结果进行解释和分析，提高分析问题和解决问题的能力。

情感、态度与价值观：通过小组讨论，提高归纳、总结、与他人合作交流的能力；通过合作交流，小组分享体验团队合作的快乐。

3.教学活动的研讨

输出端教师和输入端教师通过线上平台进行备课。教师分析两所学校学生的学情，结合学生的基本情况及最近发展区，把“处理、分析数据，根据数据对现象和结果进行解释”作为本节重点和难点。为了解决这一重难点，教师采取了“问题导向”的方法，通过小组讨论的方式进行教学。教师对简单的问题直接提问，对较深入的问题采用启发式教学法，引导学生进行讨论。为了集中学生的注意力，教师在每个重点知识点上设置问题，与学生进行互动。通过分析和讨论，学生分析问题和解决问题的能力不断提高，师生互动更深入。

4.教学实践过程

(1)课堂导入。

输出端教师提出问题：“血液在流经某一器官时，成分发生怎样的变化？”从而引出本节复习课的主题。同时输入端教师组织学生积极完成上述活动。这种情境式问题的导入,既能够迅速了解学情,还能激发学生的复习热情。

(2)课堂实施环节。

课程实施按内容分为血液循环途径、脑部血液成分变化、肾脏血液成分变化、小肠血液成分变化和心脏血液成分变化五个部分进行。在每个环节,输出端教师请两端学生交流讨论、完成学案,然后邀请学生展示交流结果。输入端的教师组织学生活动,并利用答题器了解学生知识掌握情况,配合主讲教师控制线上学习工具。教师组织学生交流、互动,在夯实学生基础知识、落实重点知识的基础上,培养学生提出问题、分析问题和解决问题的能力。同时激发学生合作交流的团队意识。

(3)课堂小结。

输出端教师请学生根据不同器官的气体成分和物质的变化情况,分四个小组合作讨论完成对本节课的知识梳理。两端教师组织学生活动,进入讨论小组,帮助学生完成讨论。本环节双师合作的目的是培养学生归纳总结和对比分析的能力,让学生体验合作学习的快乐。

(4)巩固拓展。

两端教师组织学生完成学案的巩固和拓展练习题。学生针对巩固部分易错的题目和拓展题目交流讨论。

(5)交流反馈。

两端教师请学生自由交流今天课程都学到了什么,可以是具体的内容,也可以是感受。本环节双师合作的目的是让学生体验交流分享的快乐,碰撞出知识的火花。

有的学生这样说:"这节双师课让我收获颇多,真真切切让我体会到了温故而知新的重要性。课堂上,我们一步一步跟随着老师的步伐进行复习和回顾,并且通过提问的方式来查漏补缺,还让我们做了有关知识点的专项练习,有效地巩固了学习,加强了课题训练。在线上做题过程中,老师可以更清楚地了解哪位同学掌握得不够全面,知识有漏洞,还会请其他同学来讲解习题,这种方法既让学会的同学又巩固了一遍,还为不太熟悉的同学提供了帮助。上课时,老师同我们积极互动,同学间互相切磋,还采用了非常新颖的小组学习方法让同学之间互相补充,互相梳理。遇上了不清楚的知识点老师会第一时间为我们答疑解惑。经历了这一节有声有色的双师课堂,我收获到了新知识,巩固了旧知识,何尝不是一种享受呢?”

还有的学生说:“通过本次生物课的学习,我又进一步复习了血液流经器官和结构时的成分变化。首先,回顾了血液循环途径。肺循环:由静脉血变动脉血,在肺泡处进行气体交换。体循环:动脉血变静脉血,在组织细胞处进行物质交换等内容。其次,在具体器官和部位这部分,依次学习了大脑、肾脏、小肠、肾小球、肾小管、心脏处血液的成分变化。以大脑为例,讲述了当血液流经大脑时,由动脉血变为静脉血,氧气减少,二氧化碳等代谢废物增多,营养物质减少。随后会用题目来检验每一部分的掌握情况。在分析题目时,老师会带着大家一起圈点勾画题干的重要已知信息,分析图像。以同学解释原因、老师补充的方法分析题目,让我们记得更加牢固,互动性很强。最后,小组讨论时间我们可以很好地互相补充,分工合作,收获颇多,真是一节有意义的课!”

在课程实施的过程中,两端的教师不时地鼓励学生积极参与活动,对表现积极的学生给予口头表扬或小奖励。课堂气氛活跃且顺畅。

(6)课程教学的课后反思。

复习课的目的是让零散的知识得到精炼和提升。传统的复习课,往往采用按教材顺序,带领学生梳理,课程容量大,知识结构散乱,学生不易将知识点串联起来,导致记忆困难,学习效率低下。教师为了完成教学任务,常出现“一言堂”的情况,在课堂上不能充分体现出学生的主体性。本节课将复杂的知识进行分类梳理,教师帮助学生建立各知识点的联系,形成清晰脉络,使他们能够更好地理解和掌握知识。

线上教学存在着师生互动不强、教师不能及时了解学生的学习体验等弊端,同时,学生的注意力容易分散,导致学习的低效。在本节课中,教师运用多种教学工具,如答题器、随机选择、分组讨论,引导学生循序渐进地进行学习,根据答题状况,在第一时间了解学生的学习状况和对知识的掌握情况。在学习过程中,学生的参与感很强,教学内容也不会单调乏味,有利于学生的专心致志,这与“以学生为主体”的教育理念相一致。

线上教学呈现出向多样化教学方式的转变,其“以学生为中心、以学习为导向”的根本宗旨,与新课标的核心素养培养的教育导向非常契合。我们相信,线上学习不仅是对线上教学的应对,更是转变学习方式和教学方式的最佳契机;不是“只争朝夕”的功利,更应该是我们探寻教育理念、培养学生思维和良好习惯的绝佳机会。

▶▶ 随堂自测

第九章随堂自测

▶▶ 本章思考

(1)通过本章学习，对比形成性评价和总结性评价的区别。

(2)通过本章学习，总结数字化转型中教师应该如何评价学生学习。

▶▶ 本章参考文献

[1] 王培培，于安龙.高校思政课学习评价体系的建构——以立德树人为价值导向的创新路径探索[J].天津师范大学学报(社会科学版)，2023(1)：8-13.

[2] 樊华丽，陈爽.MOOC环境下学习者的学习监控研究[J].西部素质教育，2020，6(06)：16-17.

[3] 刘宇.基于Moodle平台的远程学习监控与动态评价[J].南京邮电大学学报(社会科学版)，2011，13(2)：112-116.

[4] 单必英.基于动态学习数据流的“伴随式评价”活动研究[D].无锡：江南大学，2020.

[5] 段汝林.数据化学习环境下面向学习过程的精准教学评价研究[J].中国多媒体与网络教学学报(中旬刊)，2021(7)：53-55.

[6] 井智鹏，倪其育.智能工具支持下的语文课堂学习反馈的设计[J].汉字文化，2020(24)：117-118.

[7] 王红蕊，王振宏.“双师课堂”在线上教学中的实施与案例分析——以生物“血液流经某个器官或结构时的成分变化”一课为例[J].中小学信息技术教育，2022(11)：14-16.

第十章　信息时代学习者认知特征研究

学习目标

一、知识目标。了解学习者认知特征的内涵，说出其认知特征维度，并能简要说明信息时代不同类型学习者的认知特征。

二、能力目标。能够利用恰当的工具和方法分析学习者的认知特征，进一步了解信息时代学习者的认知特征现状；能够基于学习者的认知特征现状提出有针对性的提升策略。

三、素养目标。能够在教育教学过程中关注学习者的认知特征，体现以学习者为中心的理念；初步具备研究意识，对学习者认知过程中的问题保持敏感，尊重学习者的个体差异。

第十章视频简介　　第十章PPT

活动35　作为未来教师，你了解学习者的认知特征吗？

活动35 视频简介　　活动35 PPT

任务1　思考并分析——学习者的认知特征的内容

在教育数字化转型背景下，教师的教和学生的学都难以摆脱“数字化”的烙印。作为教师，面对一群“数字原住民”，如何更好地开展教学？这就首先需要了解他们在这一时代具有怎样的认知特征，由此才能有针对性地进行有效教学。认知主义、建构主义等学习理论认为学习是人的认知发生变化的过程，故作为未来教师，透析学习者的认知是对其学习发生机制的深度解读。与被动地接受信息刺激不同，学习的目的在于主动的建构意义，即根据自己的经验背景对外界信息进行选择、加工和处理，从而获得学习的意义。外部事物本身并无任何意义，意义是学习者在新旧知识经验的反复双向互动中建构起来的，这个过程被称为认知过程。根据认知主义等理论，在学习者学习即认知发生变化的过程中，学习者具有不同的认知特征，这也就决定了他们的认知加工过程是有差异的。柯舍纳指出，每个学习者实际上都有一个最优的认知方式，最优的学习和教学首先需要确定每位学习者的认知特征，然后根据他们的认知特征调整教学。

请结合上述导语，思考和分析，作为教师，你认为学习者的认知特征的内容有哪几方面内容，请写在下列空白处。

任务2　思考并分析——学习行为与认知特征的关系

从学习行为视角窥视学生的认知特性是既往及未来认知研究急需解决的重要问题。而由于学习情境、学习设计等的差异使得学生的学习行为复杂多样，那么哪些方面的行为代表学生的认知行为？又有哪些行为能够表征学生的认知特征？请参考本章材料1的相关内容，结合实际教学情况，填写表10-1。

表10-1　学习行为与认知特征间的关系

学生行为	认知行为	认知特征

活动36　信息时代如何了解学习者的认知特征？

活动36 视频简介　　活动36 PPT

任务1　总结并归纳——如何了解学习者的认知特征

在明确了学习者认知特征的内容后，我们应当如何分析学习者的认知特征呢？在中国教育追踪调查数据中，学生的认知能力调查使用的测试卷为国际通用的标准化认知能力水平测试卷，主要基于语言、图形、计算与逻辑等维度进行度量。在以往的教学中，多采用观察、设计标准答案和采分点等方式了解学习者的认知特征，但这种基于分数的诊断形式，无法挖掘考试背后的意义和本质，难以透过分数了解学生真实的认知能力。作为信息时代的新型教师，我们要善于发挥新兴技术的优势，借助合适的工具，采用选用恰当的分析方法来了解学习者的认知特征。请参考本章材料2的相关内容，从儿童、青少年、中老年三方面整理归纳了解学习者认知特征的途径，并填写表10-2。

表10-2　学习者认知特征的途径

学习者	途径
儿童	
青少年	
中老年	

任务2　阅读并思考——提升学习者认知特征的策略

作为信息时代的教师，分析学习者的认知特征并不是最终目的，分析学习者的认知特征是为了更好地了解学习者，从而帮助学习者提升认知能力、改善认知结构。我们已经总结出了解学习者认知特征的途径，接下来请阅读本章材料3，结合案例22，思考提升信息时代学习者认知特征的策略，并填写表10-3。

表10-3　提升学习者认知特征的策略

序号	策略
1	
2	
3	
4	

材料1　信息时代学习者认知特征概述

“学习”作为每个时代永恒不变的主题，一直以来都是研究者倾注心血、但又永无止境的命题。时代发展，科技进步，怎样为学习服务？怎样教学生学习？成为了教育学研究的使命。

认知的改变是学习发生的核心，认知主义、建构主义的学者们都试图从这一角度解释学习发生的条件和本质。认知特征对学生学习过程、学习结果起一定的作用。充分了解学生的认知特征，有针对性地开展教学、推送资源等，将大大激发和保持学习者的学习动机，提高学习效率。

信息化时代学习的有效性不仅取决于网络学习环境对学习者提供的外部支持，更重要的是学习环境和过程要符合学习者的个性认知特征。所以，要从深入了解学生的认知特征出发，在信息时代努力打开学生学习发生的阀门。

1.学习者认知特征的内涵

学习是认知的过程。认知主义、建构主义等学习理论认为学习是人的认知发生变化的过程。

根据认知主义等理论，在认知的过程与阶段中，学生处理信息和理解世界的方式是不同的，也就是他们认知的方式是有差异性特点的，这种差异性的特点我们称为认知特征。认知特征是认知过程中的个体差异，具有跨时间的稳定性和跨情境的一致性，并且具有两极性和价值中性等特点。每个学习者实际上都有一个最优的认知方式，最优的学习和教学首先需要确定每个学生的认知特征，然后根据他们的认知特征调整教学。

2.学习者认知特征的维度

在明确学习者认知特征的内涵后，我们将从认知目标、认知能力与认知结构三个维度对学习者认知特征进行深入的了解。

(1)认知目标维度。

布鲁姆认知目标分类理论众所周知，自1956年布鲁姆等人正式出版《教育标分类学》第一分册《认知领域》以来，后经安德森、索斯沃克等人2001年修订，至今已经发展成为教育教学实践过程中绕不开的理论，该理论不仅在学术领域引起了广泛的兴趣与讨论，在实践应用领域也得到了一线教师极大的关注。布鲁姆将认知领域的目标分为识记、理解、运用、分析、综合和评价六个层次。具体内容如表10-4所示。

表10-4 认知学习领域目标分类表

层次	解释
识记	指对先前学习过的知识材料的记忆，包括具体事实、方法、过程、理论等的记忆，如记忆名词、事实、基本观念、原则等
理解	指把握知识材料意义的能力。可以通过三种形式来表明对知识材料的领会：一是转换，即用自己的话或用与原先不同的方式来表达所学的内容；二是解释，即对一项信息（如图表、数据等）加以说明或概述；三是推断，即预测发展的趋势
运用	指把学到的知识应用于新的情境，解决实际问题的能力。它包括概念、原理、方法和理论的应用。运用的能力以知道和领会为基础，是较高水平的理解
分析	指把复杂的知识整体分解为各个部分并能理解各部分之间的联系的能力。它包括部分的鉴别、部分之间关系的分析和认识其中的组织结构。例如，能区分因果关系，能识别史料中作者的观点或倾向等。分析代表了比运用更高的智力水平，因为它既要理解知识材料的内容，又要理解其结构
综合	指将所学知识的各部分重新组合，形成一个新的知识整体。它包括发表一篇内容独特的演说或文章，拟定一项操作计划或概括出一套抽象关系。它所强调的是创造能力，即形成新的模式或结构的能力

续 表

层次	解释
评价	指对材料(如论文、观点、研究报告等)作价值判断的能力。它包括对材料的内在标准(如组织结构)或外在标准(如某种学术观点)进行价值判断。例如,判断实验结论是否有充分的数据支持,或评价某篇文章的水平与价值。这是最高水平的认知学习结果,因为它要求超越原先的学习内容,综合多方面的知识并要基于明确的标准才能做出评价

以往学术界主要将布鲁姆认知目标分类理论用于课程设计、课堂教学、测验与评价,分类学考察教学方法、教学策略、教师提问和课后作业等一系列的教学问顾,对传统教学产生了巨大的影响。

但随着信息化教学成为教育界的主流意识与实践行为,移动终端在教育教学中的日渐流行,一线教师越来越多地思考数字时代的教学法问题。这一时期,出现了一些新的特点:

①信息化教学已成为教育界研究的主阵地,Web 2.0 App 等工具大量出现,如何将这些工具应用于课堂教学,提升教学质量成了教师们重点研究的课题。

②教育的知识传递方式受到越来越多的批判。认知科学与学习科学的相关研究成果层出不穷,对学习、知识的理解也越来越深入,翻转课堂、创客教育风起云涌。

③教育界开始重视深度学习,提高学生高阶思维能力的培养和核心素养成为研究的共识。

针对信息化教育领域的新特点,布鲁姆认知目标分类学将如何应用?其应用发展趋势如何?对这些问题的讨论既是布鲁姆认知目标在信息时代发展的研究需要,也是信息化教学研究的必然趋势。

目前布鲁姆认知目标分类的信息化教学应用大致呈现三条发展路径:

①教学方法层面。将布鲁姆与 Web 2.0 App 工具相结合,出现了数字布鲁姆(Digital Bloom's Taxonomy),用于指导一对一数字终端的学习和教学。

②教学过程层面。随着翻转课堂、创客教育等新兴教学方式的出现,学界对认知过程的序列进行了重新反思,把创造(而非识记)放在了第一位,由此产生了翻转布鲁姆(Flipping Bloom's Taxonomy)。

③教学评价层面。提出了一种知识深度布鲁姆评价矩阵,用于评价深度学习。通过对布鲁姆认知目标分类学的信息化教学应用分析,我们从教学、哲学与认知层

面分别考察这种发展变化。

不难看出，布鲁姆认知目标分类学呈现出一种由分类框架逐渐演变成为一种面向教育信息化的教学法与评价手段、由价值中立转向价值关涉、认知过程也不再强调累积性的层级关系的趋势。三大趋势的发展也预示着教育信息化已经成为当今教学的主阵地和教育教学的实践场。

(2)认知能力维度。

认知能力是指人脑加工、储存和提取信息的能力，它是人们成功完成活动最重要的心理条件，知觉、记忆、注意、思维和想象的能力都被认为是认知能力。在信息技术发展的高速时期，学习者认知能力的培养，包括信息素养、自我监控能力、反思、协作能力的提高等，对学习具有重要的作用。

随着教育信息化程度的提高，学习环境和条件发生了深刻的变化。这种情形实际上增加了学习者需要控制的环境变量和控制的难度，分布式和情景化的特征更成为一个突出的问题，由此对学习者的认知能力提出了更高的要求，对认知能力的培养和提高具有重要的意义。

在信息化的背景下培养学习者的认知能力，是要使学习者在学习过程中能更清楚地了解自己，对整个学习过程自我监控与自我调节，找出学习方式与策略上的不足，并根据计算机与同伴的提示进行反思、优化学习，从而取得较好的学习效果。

(3)认知结构维度。

认知结构是指学习者头脑里的知识结构，他们已有的全部观念内容和组织。简单来说就是学生头脑中的知识结构。个人的认知结构是在学习过程中通过同化作用，在心理上不断扩大并改进所积累的知识而组成的，学习者的认知结构一旦建立，将成为他学习新知识的极其重要的能量或因素。

皮亚杰指出，认知结构是以图式、同化、顺应和平衡的形式表现出来的。20世纪50年代中期，布鲁纳在皮亚杰的影响下提出的认知结构教学理论(简称“认知结构理论”)认为：教学的中心任务是发展学生的智力，教师应当以学科为单位组织知识，教学过程应注重学生学习的主动性，促进学生良好学习心理的形成；同时重视教材的呈现形式，注重学生的反馈，倡导教师引导学生发现的过程。布鲁纳认为教学的目的在于理解学科的基本结构，包括一门学科的基本概念、原理、态度和方法。同时，强调学生发现学习，利用自己的头脑亲自去获得知识的一切行为，尊重学生的主体能动性。布鲁纳将认知结构理论应用于美国的学校课程改革,其成果对信息化时代的课程改革仍具有现实与指导意义。

原有认知结构的清晰性、稳定性、概括性、包容性、连贯性和可辨别性等特性都始终影响着新的学习的获得与保持。奥苏贝尔提出了三个主要影响有意义学习和迁移的认知结构变量:观念的可利用性、观念的可辨别性和观念的稳定性与清晰性,如表10-5所示。

表10-5　影响有意义学习和迁移的认知结构变量表

变量	内涵
认知结构的可利用性	学习新知识时,原有的认知结构中是否有适当的起固定作用的观念可以利用,即学生原有的认知结构中是否具有用来与新知识发生相互作用的适当观念。在认知结构中是否有适当的起固定作用的观念可以利用,这是影响迁移的第一个重要的认知结构变量。在认知结构中处于较高抽象概括水平的起固定作用的观念,对于新的学习能提供最佳关系和固定点。在新的学习中,如果原有的认知结构中没有适当的、起固定作用的观念可以用来同化新知识,那么,个体往往只能进行机械学习。在这种情况下,新知识不能有效地被固定在认知结构中,从而产生不稳定和含糊的意义,因而无法表现出积极的迁移现象
观念的可辨别性	新的学习任务与原有观念系统可以辨别的程度,是影响有意义学习和迁移的另一个重要的认知结构变量。如果新学习任务不能与学生认知结构中原有的观念清晰地区分,则新的意义很容易被原有意义所取代,从而表现出对新知识的遗忘
原有的起固定作用观念的稳定性	是影响有意义学习与长久保持的第三个重要的认知结构变量。认知结构的稳定性,是指学习新知识时,学生原有认知结构中起固定作用的观念的巩固程度,其巩固程度越强,越有助于学习迁移

总之,认知结构迁移理论认为,学生学习新知识时,认知结构的可利用性越高、可分辨性越大、稳定性越强,就会越促进新知识学习的迁移。在实际的教学过程中,可以通过改革教材内容和教材呈现方式来改进学生的原有认知结构,进而达到促进学习迁移的目的 。

以上认知结构的理论观点对于信息化教学与一体化设计具有现实与指导意义。当前信息化教学已成为教育的主要体现形式,就学习者学习而言,就是巩固已有知识与运用,辨识即将摄入的新知识,将新知识与旧知识进行融合并运用。这一学习过程则需要教师利用信息化的各种教学手段将教师课堂教学与学习者课下学习进行灵活有效的一体化设计,形成学习者个性化的学习闭环,引导学习者主动进行探究式学习,提高其综合能力。

3.信息时代的学习者认知特征

认知特征作为解析学生的认知差异性的关键要素,对完善精准化教育及学习设计体系提供了重要的观测指标。由于认知本身是一个过程性的复杂流程,在这个复杂过程中还受到教师、学习环境等外界多因素的影响。因此,对于同样的学习活动,不同的学习者在学习策略和行为表现上会有不同的表现,个体会习惯性地处理与认知过程中特定模式有关的任务和情形,这些过程包括决策、问题解决、感知等。

在信息时代,构建能够融合AI、大数据技术和教育数据资源,对教育系统进行全局性即时分析,实现教育中数据资源、教学资源、人力资源等的有效调配,不断实现精准的、个性化的可持续性教育价值挖掘与开发的“教育大脑”,是实现信息化学习的关键。

由于学习者拥有不同的先验知识、认知能力、学习风格、动机等,每个学习者都会有各自的学习需求和特点。这些个体差异影响着学习过程,这也是为什么对于一些学习者而言,学习特定课程内容相对容易,而对于一些学习者而言却不以为。麦克洛克林(McLoughlin)发现,当信息以与自己偏爱的认知特征相一致的方式呈现时,个体学习效果最高。

信息时代,认知特征在教育中是一个重要的因素,特别是在信息化的智能教育体系中,若将学生的认知特征考虑在内,可以减少学习者学习所需的时间,提高学习者的整体满意度。因此,如何使具备不同认知特性的学生更好地发展自我呢?在计算机辅助学习系统中,有研究发现,通过考虑学生的认知特征,为学生提供基于其认知特性的自适应和个性化学习支持,会使学习更加容易。有研究表明,通过提供一个多样性的学习和教学环境,能够为学生创造一个公平的竞争环境,并以此来实现认知潜能的开发。

材料2 信息时代学习者认知特征研究

在当今社会,教育的对象已经从青少年扩大到所有的社会成员,学习者不再局限于在校学生。尤其是信息时代的学习者,小到幼儿,大到老年人,都可以借助电子设备便捷地学习新知识。

1.儿童的认知特征分析

早在20世纪,皮亚杰就提出了一个著名的理论,即认知发展理论。认知发展理论将儿童的认知发展划分为四个阶段,即0~2岁的感知运动阶段、2~7岁的前运算阶段、7~12岁的具体运算阶段与12岁以上的形式运算阶段。随着时代的发展,当今儿童认知特征的研究也逐渐丰富,包括色彩认知特征、人际认知特征等。

(1)色彩认知特征研究。许多人会对儿童眼里的世界非常好奇,想知道儿童眼中的世界是怎样的。在经过研究后,人们发现,刚出生时的婴儿,眼里只有黑白,对色彩的感知非常弱,且视力非常模糊;1岁的幼儿视力比刚出生时的婴儿视力好,约为0.2;2岁的儿童视力约为0.6,这时对色彩的感知处于高速增长的阶段;3岁左右的儿童可以区分出不同的颜色,且更喜欢鲜艳的色彩;5岁的儿童不仅能够分辨颜色,还能感受色彩带来的情绪。在了解了儿童眼中的世界后,我们或许就会明白为什么小孩子会更加喜欢鲜艳明亮的色彩了。

不同的色彩会给儿童带来不一样的心理体验。有研究者对6~12岁儿童进行了问卷调查,研究儿童的色彩认知特征,最后得出的结论是儿童可以根据联想建立色彩认知。例如粉色会给儿童带来柔和、温馨与安详的感受;没有色彩会让儿童感到灰暗、压抑与消极。此外,儿童有着阶段性的色彩认知需求。例如3~6的儿童对色彩的感知逐渐敏锐,对色彩的认知能力逐渐增强,色彩认知处于快速发展时期,此时主要需要的色彩是鲜艳色彩、饱和度偏高的纯色,如红色、橙色等,对应的情感效应是游戏性、趣味性与安全感。

(2)人际认知特征研究。由于儿童的身体、心智等都没有发育成熟,因此儿童容易受到外界的不良影响,出现抑郁症、孤独症等情况,严重影响儿童的身心状况与人际沟通。有研究者尝试通过儿童绘画来体现他们的人际认知特征差异。将学校动力绘画得出的数据与孤独感量表得出的数据进行分析,从而了解高、低孤独感儿童的人际认知特征,以及绘画特征与孤独感的关系。研究人员让四所城市公立小学中3~6年级的小学生填写了孤独感量表,并完成了学校动力绘画。通过SPSS软件对数据进行了差异检验、差异分析与相关分析,由此,我们可以得知,通过儿童的绘画情况也可以深入了解儿童的内心世界。作为教师,更应当对成长中的儿童多一些细心、多一份关注。

(3)学困生认知特征研究。许多教师在教学的过程中会发现学生的成绩容易出现断节的情况,有些学生的成绩名列前茅,但有些学生的成绩却始终在下游徘徊,即所谓的学困生。有研究者对汉语儿童学困生的认知特征以及影响因素进行了分析,试图找出解决方案。研究先是用整群抽样的方式得到840名一~六年级的小学生。然后对所有小学生进行阅读理解与一般智力测试,对部分小学生进行阅读速度、语素意识、汉字识别、口语词汇与工作记忆的测试。除了阅读理解这一部分的测试题目是不同的之外,其余所有的测试题都相同。结果发现:年级越高,学困生的占越高;整个小学阶段,学困生是男生的概率高于女生,表明男生更有可能成为学困生;在语言特异性认知因素上,控制了年龄和智力后,与其他学生相比,学困生在汉字识别任务上表现较好,在语素意识的各个任务及口语词汇上的表现较差;智力、年龄、同音语素意识和口语词汇是导致学困生占比提高的因素。究其原因,年级越高,阅读理解的内容越难,越容易出现学困生;由于性别影响,男生的语言能力、阅读理解能力等普遍低于女生,学困生是男生的概率高于女生也成为了普遍的现象。

(4)群体认知特征研究。儿童的认知特征不仅有着个体差异,也存在群体差异,如城镇儿童与乡村儿童、男孩与女孩。不少研究者认为中国乡村儿童认知发展滞后是一个巨大的隐形危机,中国乡村儿童存在高认知发展滞后率、高级认知能力发展不足的认知发展特征,并且家庭社会经济地位、留守问题、认知资源匮乏、营养问题等因素都会造成儿童认知发展不足。此外,有研究为了解家庭投入对儿童的影响进行了一项大规模的调查,在2018—2019年在广东省对3~6岁儿童进行了问卷调查,一共包含24 768名学前儿童,其中男孩13 295名,女孩11 473名。结果表明,男孩的认知能力明显落后于女孩,家庭养育投入在其中起到了中介作用,且家庭收入水平越低,儿童认知能力的性别差距越大,这项调查不禁让我们思考究竟如何才能让男孩与女孩的认知能力发展达到一个相对一致的状态呢?

(5)残疾儿童认知特征研究。作为教师,除了要关注健全儿童外,也要关爱残疾儿童的认知发展,一视同仁地对待所有儿童。有一项研究以注意缺陷多动障碍(ADHD)患儿为研究对象,在2019年1月至2020年12月期间,对广西壮族自治区妇幼保健院门诊确诊的320名ADHD患儿进行了量表测验,采用韦氏儿童智力量表、中文版SNAP-Ⅳ评定量表父母版和Weiss功能缺陷量表父母版对儿童的认知特征、ADHD症状和功能损害情况进行评估。同时，将同一时期接受常规健康体检的120名同年龄段儿童作为正常对照，了解ADHD患儿与健康儿童之间的认知区别，从而更好地促进患儿的认知发展。

（6）学习障碍与阅读障碍儿童认知特征研究。认知发展在儿童身上的一个重要体现即学习状况，存在学习障碍的学生一直是教师与家长的重点关注对象。有项研究为了分析二～五年级小学生认知加工缺陷与不同类型学习障碍的关联性，通过分层整群随机抽样的方式抽取了广州市二～五年级的1 905名小学生。通过学习障碍筛查量表（PRS）筛查学习障碍儿童，采用儿童汉语阅读障碍筛查量表（DCCC）了解其认知特征，并用χ^2检验、t检验及Logistic回归进行数据统计分析。

除了学习障碍，阅读障碍也是教师和家长关注的重点，有实验为了探究阅读媒介是否会导致发展性阅读障碍，面对学龄儿童群体开展了研究。实验使用《小学生汉字识字量测试题库及评价量表》《汉语国际教育用音节汉字词汇等级划分（国家标准·应用解读本）》《阅读障碍儿童语素意识和快速命名对阅读理解的影响》进行测试。在自愿参与的前提下，依据筛选标准选取了部分儿童，最终选取1472名小学生作为实验对象。所有实验对象分别参加数字阅读实验和纸质阅读实验。测试材料收回后，对测试结果进行统计分析，将各项阅读相关认知能力的测试成绩低于平均分1.5个标准差的儿童判定为患有发展性阅读障碍。最终结果表示，阅读媒介会影响发展性阅读障碍的发生率，数字媒介环境下发展性阅读障碍的发生率明显高于纸质媒介环境。这项实验给我们带来了怎样的启示呢？或许我们需要让儿童更多地阅读纸质书籍而不是电子书籍，多带领儿童回归最本质的方式。

2.青少年的认知特征分析

在青少年的认知特征分析研究中，大部分研究以大学生为研究对象。与儿童认知特征研究相比，青少年认知特征研究的方式更加丰富多样。

（1）文本分析法。陈曼等开展了一项以大学生网络自主学习为主题的认知特征研究。在研究中，研究人员随机抽取了一文一理两个班级，一共有128名学生。在2018—2019学年第一学期结束后，研究人员向学生提出了两个开放式问题，并让学生在纸本上写下答案。在学生写完答案后，研究者对答案进行反复阅读，将学生的作答内容进行比较分析、归纳和提炼。第一个问题的答案可以分为四类，分别是有趣美好型、实用助学型、利弊兼具型、无用浪费型。通过对第二个问题的梳理可以知道,不同的认知特征与学生个人的学习行为密切相关。与之相似的是,孟亚茹等以隐喻作为认知工具,了解大学生对移动语言学习的认知特征。最后结果表示,大学生自主学习的认知特征体现在移动语言学习的投入时间、学习活动等个性化学习行为上。

(2)问卷调查法。通过问卷进行测量也是很常见的一种研究方式。卢晓旭等从4省市8所学校采集了3 078份高中生地理综合思维水平数据。并通过测谎手段删除了285份无效样本,得到2 793份有效样本。最后运用SPSS 24.0的因子分析方法及AMOS 21.0结构方程模型对数据进行统计分析。杨勇攀等在前人研究的基础上,经过初测与正式测量,整理出了认知能力3个测量维度,16个测量指标,学业成就2个维度,5个题项,学业行为2个维度,8个题项。

(3)利用已有的数据。在进行分析的过程中,可以使用项目的已有数据进行分析,如中国教育追踪调查数据(CEPS)。李波等以"双减"政策为背景,基于中国教育追踪调查基线和追踪两期数据,采用增值型教育生产函数,文章就家庭作业与劳动时间对初中生认知和非认知能力的影响进行了估计。无独有偶,师欢欢等也是受2021年提出的"双减"政策启发,使用CEPS数据,采用多层线性模型方法分析了作业时间对学生教育结果均等的影响。

作业时间会对学生的认知能力产生影响,不管是教师,还是家长,都很容易理解。但班主任的学历也在一定程度上影响着学生的认知能力,这在一定程度上让我们感到惊奇。张柳钦等使用CEPS数据,将因变量定为学生认知能力,核心解释变量为班主任学历。研究结果表明,班主任学历能够显著提高学生的认知能力,班主任学历为全日制本科、研究生及以上对学生认知能力的影响比专科和成人本科强,其中以研究生及以上学历的影响作用最大。班主任学历对女学生认知能力的提升作用比男学生更强;城市地区和中、低教龄班主任的学历对学生认知能力具有很强的提升作用,而农村地区和高教龄班主任的学历对学生认知能力的影响不明显。

此外,郑磊等使用CEPS第一轮基线调查和第二轮调查共两期数据,开展了学生意志力对认知能力的异质性影响研究,发现意志力对学生的认知能力具有明显的积极影响。意志力对认知能力的积极效应在个体和群体层面都是不一样的:对于自身认知能力较低的学生,所在班级平均家庭社会经济地位或平均学业水平越低的学生，培养意志力更有助于提高他们的认知能力。

(4)实验法。最近，同伴互评活动受到了广泛关注，许多人开始关注同伴互评活动中的认知特征。一项研究以河南省某大学2018级教育技术学专业选修“二维动画”课程的57名本科生为研究对象，随机组合成9个学习小组，每组6~7人，并利用QQ群和“蓝墨云班课”学习平台对各组提交的作品开展了历时三个月的在线同伴互评活动。

还有研究关注同伴互评应用于论文写作的同伴评语认知差异，在Peerceptiv英语写作同伴在线互评系统中开展学习活动。让研究生在Peerceptiv英语写作同伴在线互评系统中完成两次课程任务。学习者需要在2周内根据同伴评价进行修订与重传课程作业，且对重新随机匹配的论文进行评分。在数据的采集与处理阶段，研究人员从匿名评价与回评反馈两个维度进行编码表的设计。在对数据进行分析后可知，高质量组与低质量组的认知分布特征差异很大：高质量组更喜欢“参考引用”；低质量组则更关注“解释说明”。

此外，有研究为了解同伴互评在翻译教学中的认知特征，开展了为期一学年的实验。研究结果表明，在提供反馈的阶段，学生为提供高质量的反馈建议，会主动理解和应用翻译质量评价框架，认真分析原文，同时进行深度的自我评价和对比评价，发展学术判断和批判思维的能力；在使用反馈阶段，学生逐渐强化翻译质量控制意识和译文校改意识。

3. 中老年的认知特征分析

尽管中老年人在信息时代的学习者中占据的比例较少，但仍有必要对他们的认知特征进行分析。中老年人的学习形式多样，有个别学习，也有集体学习，如老年大学、老年社团等。相关研究表明，老年人大脑结构和功能衰退是其认知功能下降的重要原因，但越来越多的研究发现，老龄化的大脑仍然具有一定的灵活性和可塑性。

(1)认知训练对老年人大脑的影响。认知训练可以增加大脑灰质体积，增强白质神经纤维连接，且认知训练的训练内容和训练方式、训练强度和时间等都可以影响大脑模式可塑性的变化。此外，老年人大脑可塑性的训练效果对于每个人的影响都是不一样的。研究表明，老年人受教育水平越高，认知能力越强，同时，继续教育服务和社区文盲率在内的社区教育环境也会影响老年人的认知能力。轩文如等查找相关资料发现，双语训练能改善老年人的脑结构与脑功能，从而改善认知功能，提高与记忆、注意和执行功能相关的脑功能连接性，延迟阿尔茨海默病或痴呆的发病时间。

(2)空气污染。让人感到惊奇的是，空气污染也会对中老年人的认知能力产生影响。空气污染通过影响个人的情绪和状态、运动、社交活动、健康和记忆力来间接影响其认知能力，且空气污染对年长者、女性、有不良健康行为以及社会经济地位较低人群的认知能力负面影响更大。

(3)音乐对认知能力的影响。老年大学开设的课程包含保健、家政、文学等专业，其中音乐类相关课程常受到老年人的喜爱。随着年龄的增长，人的生理功能和心理现象都会发生一些变化。通过音乐的重新激发、现实导向、生命回顾以及感官训练的学习，会对老年人的生理与心理认知退化有一定程度的治疗效果与影响。许多年长者有良好的生活习惯、较深厚的学习经验积累，并且有丰富的社会经验与生活体验。尽管有年龄相关因素的影响，但正常的衰老通常不会导致所有认知功能的同时下降，即尽管“一些功能下降，但其他功能会保持稳定，甚至得到改善”。这印证了心理学中智力随着年龄增长的变化规律，即当流体智力减退时，晶体智力仍保持较好，可以作为补偿。

材料3 信息时代学习者认知特征提升策略

认知特征是学习者学习过程中的认知加工方式的特点，表征学习者的认知的个性化差异。信息化时代的高速发展，为依托学习分析技术与方法，通过对学习者学习行为数据的分析，实现学习者认知特征刻画，教学资源及策略匹配提供了客观的支持。

本文将从学习环境、学习资源与学习者元认知能力三方面提出策略以有效支持学习者认知特征的提升。

1.搭建智慧学习环境

教育部印发的《教育信息化2.0行动计划》指出，应开展智慧教育创新示范，构建智慧学习支持环境，推动教育的高质量健康发展。智慧学习环境注重发展学习者的高阶思维能力，给教育教学带来了更多的可能性。

智慧学习环境是普通数字学习环境的高端形态，是教育技术发展的必然结果。马来西亚学者真(Chin)认为智慧学习环境应以学习者为中心，能够依据学习者的学习风格和学习能力推送学习内容，并可以为学习者的终身学习和发展提供支持，信息通信技术是构建智慧学习环境的基础[44]；杨现民在其著作《信息时代智慧教育的理论与实践》中认为智慧教育环境是智能化空间和条件，包括智慧学习环境、智慧管理环境等，其目的是支持教育共同体开展教育活动，并指出应以教育共同体为中心进行构建，以促进教育共同体的智慧生成。

(1)建设虚实共生的学习环境。

与传统教学环境相比，智慧学习环境以智能技术为支撑，通过丰富的学习资源、智能工具支持各种教与学，智能化地促进学习者开展投入式学习，发展学习者的思维与能力。因此，要重视技术在智慧学习环境下的应用，关注技术的发展与创新，结合教学理论通过技术开发学习资源和学习工具，把新技术融合到教学活动之中，引发教与学的创新，促进学习者有效学习。利用增强现实、虚拟现实、混合现实等技术，构建虚实共生的学习环境，给学习者情境化、真实化的学习感知与沉浸式的学习体验。

真实环境下无法实现的或很难见到的现象可以通过虚拟技术进行可视化呈现，让学习者真实感受，以便更好地理解与探究。也可以定制虚拟化的游戏学习情境和基于问题的探索路径，借助虚拟硬件设备让学习者沉浸其中，在游戏与探究问题过程中进行知识的建构与思考。

在智慧学习环境中，借助虚拟现实等技术，构建以现实为主、虚拟与现实相融合的学习环境，提供给学习者身临其境的学习体验、广泛多元的学习资源、深度丰富的交互支撑，打破物理环境的限制、时间与空间的障碍，有利于支持学习者的个性化自主性学习，促进深度学习与自我投入，为良好的教学效果及学习质量的提升提供更多可能。

(2)创建智慧学习共同体。

在互动性强、体验价值高的智慧学习环境中，学习者的交互行为是影响学习投入水平的关键要素之一。构建以学习者、教师、智慧学习系统为核心的技术支持的智慧学习共同体并进行协作学习，有利于学习者交互行为的发生。

向学习者推送学习问题或学习任务后，在教师的引导和智能工具的支持下，让学习者之间进行探究讨论，通过协作共同解决问题完成学习目标，然后组织评价和反思，引导学习者进行相互提问和解答，以问促思，建立同伴反馈机制。在该过程中，教师应给予学习者适时的支援帮助，用及时且高质量的反馈和精准、具体化的评价来调控学习过程，引导学习者利用智能学习工具与资源进行灵活高效、多元化的自主性学习。利用此种方式学习，学习者能在解决问题的过程中，锻炼知识建构能力、问题解决能力及逻辑思维能力。

在进行反思、同伴反馈评价时，学习者会经历批判性思考、评估并产生建议、反思规划等思维活动，还能采纳不同的想法和观点，有助于学习者沉浸式地探索思考，提高学习者分析、评价、创造等高阶思维技能。通过智慧学习共同体的构建，学习者与同伴、教师等进行各种高质量频繁有效的交互，使学习者能更多地感受到关心、赏识，产生归属感、幸福感，从而激励学习者交往互动的勇气，提升学习者交往互动水平，建立融洽的学习氛围以增强教学效果，增强认知参与深度，促进学习投入。

2. 自适应推荐个性化学习资源

(1)根据认知能力、学习风格等学习者认知特征适应性动态组织与呈现数字化学习内容。

认知能力反映了学习者在当前学习内容上的先前知识基础，学生学习的过程是在原有知识基础上进行自我建构的过程，从而进行有效的学习。如果根据学习诊断的结果以及学习历史记录得出认知能力较低，则增加当前学习内容的前提知识且难度系数与认知能力相适应；反之，为学习者适应性提供扩展知识，巩固强化学习结果。

学习风格是特有的情感、认知和生理行为，反映学习者偏好不同类型的媒体资源，如图 10-1 所示，基于 VARK 学习风格模型的多元化媒体资源适应性呈现模型表明视觉型学习者更愿意观看动画和视频，听觉型学习者喜欢听音频资料读，读写型学习者愿意选择阅读学习文档，动觉型学习者倾向在仿真游戏中学习。给学习者优先呈现最佳媒体资源，符合认知习惯，能极大地激发和维持学习动机，有助于自调节、自组织学习，提高学习效率。

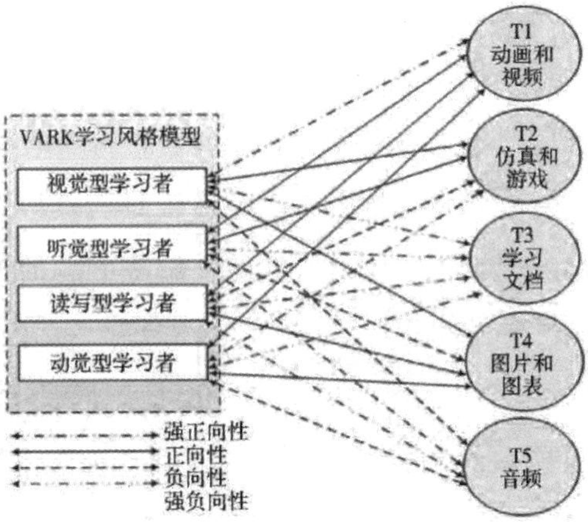

图10-2　基于学习风格的多元化媒体资源适应性呈现模型

（2）自主学习策略设计与选择。

有效的自主学习策略有自我评价，记录和监控（对行为和反应的量化记录），自我奖励或惩罚，寻求同伴、教师、其他成人的帮助等，这些策略能在极大程度上解释学习的个别差异。

针对自主学习过程中的主要环节，在解析学习需求、生成个性化学习路径、自建与共建学习资源、评价学习结果及其保障机制等方面得出了相应的解决策略。依据学习者偏好、认知经验，自建、共建及系统个性化推荐等多种方式生成学习路径；学习资源通过自建与协同共建的方式生成并实时更新，学习者均能对资源进行添加、编辑，利用集体智慧能够保证学习资源的质量，并从生态学视角依据资源点击率、下载率、利用率及学习者对资源评价（采用评分制）等进化机制实现资源的优胜劣汰；通过电子档案袋的评价方式，从个体认知、情感及人际交往的角度对学习历程及学习效果进行评价。

同时，为了有效促进自主学习，应用相关保障机制，如依据马斯洛需求层次理论建立积分、排行、榜样、等级荣誉机制，产生数字徽章，激发学生的参与动机。在视觉认知加工特性的理论基础上，充分考虑可视化交互技术、工具与美学问题，吸引学习者的注意力，顺应学习者的视觉加工习惯，促进知识的主动建构。

（3）知识可视化。

与文本比较，人类大脑更善于分析、处理视觉图像。根据康德提出的图式思想，可将知识围绕某个主题组织起来，表征和贮存知识可视化呈现有利于知识在长时记忆中的存储和组织化，有利于降低工作记忆负荷。知识可视化研究开拓者马丁•爱普教授(Martin J. Eppler)提出,知识可视化在社会、情感和认知等三方面体现出了巨大优势。在认知方面,它可以呈现新旧知识间的联系,引导学习者记忆、应用新知识,还能加强主体认知加工,包括增强注意力、理解力、记忆力、想象力、表达力等方面。

①知识可视化从知识结构可视化、学习过程可视化与扩展资源可视化三方面进行分析和描述。知识结构可视化是指利用图谱方式设计课程结构试图,以知识图谱采用不同形状和颜色表示学生对概念知识掌握程度,可以清晰地诠释出复杂的知识体系,同时也能帮助学习者建立先前知识、相关知识以及后续知识的关联,提高长时记忆,促进和强化学习认知迁移。

②学习过程可视化是指采用大数据分析技术即时量化跟踪学习过程,并以可视化方式呈现不同时间段的学习行为数据,如知识掌握程度、知识单元、学习进度等,生成个性化访问路径。便于学习者实时看清学习认知的动态变化过程,提高学习者的元认知能力和自我效能感,同时对学习过程历史进行详细的反馈,利于学习反思,并为教师实施下一步教学决策提供有力参考,如图 10-2 所示。

学习记录跟踪:

标识	章	节	实际学时/h	建议学时/h	学习进度百分比
△	第三章:循环控制	Goto	0.35	0.3	100%
○	第三章:循环控制	While	0.28	0.25	100%
□	第三章:循环控制	Do While	0.16	0.2	80%
□	第三章:循环控制	For	0.27	0.5	54%
◇	第三章:循环控制	循环嵌套、比较	0	0.85	0

注:△已掌握　○未掌握　□学习中　◇未学习

图 10-2　学习过程可视化示例

③拓展资源可视化采用星级评定和信息评论等评价机制,运用可视化技术实现积分、排行等荣誉榜的信息呈现,从而外显学习资源的属性与质量,辅助学习者有针对性地进行筛选。总之,知识是内化到人的认知结构,可视化可以极其有效地发现隐藏在知识内部的特征和规律,帮助学习者克服因记忆知识方面带来的困难,可以减少认知负载,增强个人在处理复杂认知问题所需要的记忆能力。

4.培养学生元认知能力

信息素养是人的整体素质的一部分,提高学生信息素养是全面实施素质教育的有效途径。元认知能力指的是学习者“跳出”学习行为,反思自己的学习策略,了解自己的学习过程,还包括有意识地在不同情境下调整自己学习的能力,也就是对认知的“认知”。学生具备信息意识与情感是元认知能力培养的前提,发展学生的五大信息能力是元认知能力的基础,以提高信息素养为手段可以拓展学生认知空间,积极构建学生的知识体系。

教与学在时空上的分离决定了信息化教育中学习者的学习应以自主学习为主,其对学习者的自主学习能力有了更高的要求。元认知已成为学习者进行自主学习的核心能力,主要包括学习者对学习过程的自我监控、自我评价,并进行自我调节与反思的能力。下文将从这三方面提出提高学习者的元认知能力的策略:

①唤醒学习者学习自主意识是前提。在信息化的学习环境下,在线学习会产生大量的数据,学习者面临着“数据泛滥”“知识迷航”的威胁,因此学习者的自主意识显得尤为重要,它将直接影响学习者对自身学习方案的制定、学习进度的安排等诸多学习活动的开展。因此学习者应既要有清楚了解任务的意识,又要有掌握学习材料特点的意识,能够针对不同的任务和学习资源合理分配学习的时间和注意力。同时把握自己学习特点的意识,能够在充分认识自己认知特点的基础上选择适合自己的学习策略,保持对学习过程具备自我监控的意识,又要有根据实际情况及时调节的意识。

②增加学习者的元认知知识。元认知知识主要包括认知个体的知识、认知任务的知识和认知策略的认识。研究表明:学生元认知水平与其拥有的元认知知识有极大关系。元认知知识主要通过经验积累起来,采用设计专题教学活动或者结合学科教学的过程,进行元认知知识的教学,使内隐的策略知识外化,可以缩短学生摸索的过程,促进学习能力的提高。对于儿童来说,其自我评价在很大程度上受家长和老师对自己外部评价的影响。因此,与儿童相处的过程中,对他们要有一个比较客观的评价,并要引导他们正确地认识自己,为以后的自我控制打下良好的基础。另外,系统地增加关于认知策略的知识,重点放在策略的特点、选择及具体运用的注意事项等问题上。在传授认知任务及策略的知识时,要考虑到儿童的心理特点,因人而异,不同年龄阶段的儿童采用不同的教授方法,寓教于乐,才能达到良

好效果。

③培养学习者元认知监控的能力。元认知监控是指个体在认知活动过程中，不断地评价学习过程，并适时地调整计划、选用恰当的方法，以保证完成学习任务。当学生已经意识到自己及自己的认知活动后，监控与调节自己的认知活动和行为便成为主要矛盾。

元认知监控主要通过对学习任务的反思总结来实现，表现为学习中的反思总结和课程学习中的阶段性反思总结。自我监控培训重在培训学习者的自我反思能力，要求其厘清阅读思路，通过思考提出有价值的问题，最终使其学会阅读。自我反思过程中产生的元认知知识体系中极其重要的顿悟体验，可以及时警示任务完成过程中出现的问题。从对表象问题的理解过渡到对学习任务整体把握的复杂理解力，自我监控培训将起到重要作用。

案例1 信息时代背景下学习者认知特征提升的策略

随着大数据、情感分析等新兴技术手段的不断涌现，传统课堂无差别的教学形式已无法满足学生日益增长的优质化、个性化的学习需求。人工智能正逐渐与学习科学、认知心理、脑神经科学等领域产生一定深度的交叉融合，成为推动自适应学习进展的有力支撑。

自适应学习系统由应对大规模在线学习逐步转变为利用信息技术引导并实现学习者的个性化学习。在教学与学习过程中有效地观测学习者的情感状态、学习行为、学习投入及学习特征已成为自适应学习系统研发的重点，系统收集到的多模态数据能够反映学习者的认知特征，且基于多模态数据分析进行教学干预能够一定程度上提高学习者的认知能力。

适应性反馈提高学习者认知能力研究

案例基本信息：在程序设计教学中采用适应性反馈教学策略，通过对学习者实验前后认知能力、编程自我效能感、学习成绩、脑电事件相关电位等数据的分析，探究适应性反馈策略对大学生认知能力的影响，并验证适应性反馈策略对大学生认知能力提升的有效性。

实验对象:浙江师范大学教育技术学本科生

教学内容:Python语言程序设计

教学平台:Moodle平台

实施过程:

教学周	实验班	对照班
第1周	认知能力前测	
第2周	编程自我效能感问卷	
第3–8周	每单元测试+实验报告 教师提供适应性反馈	每单元测试+实验报告 教师不提供额外干预
第9周	编程期中测试	
第10–15周	每单元测试+实验报告 教师提供适应性反馈	每单元测试+实验报告 教师不提供额外干预
第16周	脑电数据收集	
第17周	编程自我效能感问卷+认知能力后测+编程期末测试	

首先借助事先调查,在实验前对实验对象进行学情分析;其次收集分析实验前学习者检测结果数据,其中包含认知能力、编程自我效能感和前置课程学习成绩三大部分。

正式实施程序设计:

实验班学习者在完成测试后会获得教师额外的适应性反馈与计算机的适应性反馈,获得正误判断与正确答案,根据题型,还会以总体反馈或总体反馈+选项反馈的形式得知知识点所对应章节,并详细解释相关知识点,同时关注学习者的情感。

而对照班学习者仅会获得正误判断与正确答案;在实验中期对学习者进行一次编程期中测试。

最后,在实验末期完成后测数据与脑电实验数据的收集,运用统计分析软件进行数据分析,并进行脑电信号的处理、特征提取与绘图。

适应性反馈策略在学习层面和教学层面都有不同程度的影响,在教学层面:教师能根据学习者的反向反馈来完成教学策略的调整,实现传统编程教学方式的创新;在学习层面:在教学过程中采用Moodle平台反馈功能,结合教师人工输入评语,做出适时的学习反馈,同时在学习者自我报告环节建立良好的学习沟通机制,为不同的学习者提供满足学习过程所需的引导、学习交互与情感交互，使学习者及时形成自我认知并主动根据不同情况调整学习状态。

同时研究实现了多模态数据支持的学习者认知能力综合评估将传统测量方式与新兴测量方式相结合，区别于传统数据的采集，尝试使用脑电实验收集学习者的脑电图信号，经过预处理与叠加平均处理，绘制事件相关电位（ERP）波形，提取P300成分的相关数据，并进行观察与分析，对学习者的认知能力进行了较为客观与深层的测量。最终从多个模态的测量中均可发现，适应性反馈策略可以提升大学生的认知能力和编程自我效能，并对其学业成绩产生积极正面的影响。

▶▶ 随堂自测

第十章随堂自测

▶▶ 本章思考

（1）请思考并阐述学习者的认知特征的内涵和维度。

（2）请列出学习者认知特征常用的研究方法。

▶▶ 本章参考文献

[1] 张鼎，陈良，徐守冬，等．认知结构理论指导下的高校应用电化学课程双语教学实践[J]. 化工高等教育，2020，37（4）：135-139.

[2] 曹涵颖．基于儿童认知特征的色彩设计原则探究[J]. 重庆第二师范学院学报，2022，35（6）：71-75.

[3] 张凤，雷秀雅，孙世月．不同程度孤独感儿童学校动力绘画中的人际认知特征[J]. 中国心理卫生杂志，2018，32（8）：670-675.

[4] 何巧智，李小玲，冯丽燕，等．注意缺陷多动障碍儿童的认知与功能损害特征[J]. 教育生物学杂志，2022，10（2）：109–112，118.

[5] 梁文艳，刘书冰，李敏谊，等．男孩为何落后——家庭养育投入与学前儿童认知能力的性别差距[J]. 教育学报，2022，18（6）：134–150.

[6] 刘姿镃，徐小雨，潘宁，等．儿童认知能力与学习障碍的关联性研究[J]. 中国儿童保健杂志，2022，30（8）：834–838，844.

[7] 马捷，李洪晨，郝志远．阅读媒介会导致发展性阅读障碍吗？——一项面向学龄儿童群体的实证研究[J]. 中国图书馆学报，2022，48（5）：59–72.

[8] 卢晓旭，罗茜，陆玉麒，等．地理综合思维的认知结构及其检验——基于高中生样本的研究[J]. 地理科学进展，2022，41（2）：277–288.

[9] 张柳钦，康玉真，周战强．班主任学历对初中学生认知能力的影响——基于CEPS数据的实证分析[J]. 教育与经济，2022，38（6）：45–55.

[10] 郑磊，孙钰．有志者，事竟成——学生意志力对认知能力的异质性影响[J]. 华东师范大学学报（教育科学版），2022，40（8）：83–95.

[11] 张涛，张烁，张思，等．在线同伴互评中群体认知的特征、网络与发展轨迹分析[J]. 现代教育技术，2022，32（9）：82–90.

[12] 霍丽娟，郑志伟，李瑾，等．老年人的脑可塑性：来自认知训练的证据[J]. 心理科学进展，2018，26（5）：846–858.

[13] 马文静，郑晓冬，方向明．个体教育、社区教育环境与老年人认知能力——基于CLHLS数据的实证分析[J]. 华南理工大学学报（社会科学版），2020，22（3）：95–106.

[14] 范丹，杨萧鸿，杨中园．空气污染对中老年人认知能力的影响[J]. 中国环境科学，2023，43（1）：394–403.

[15] 刘小鼎．老年学习钢琴音乐的生理心理特质——以昆明市老年大学钢琴班为例[J]. 音乐教育与创作，2022（12）：38–42.

[16] 任友群．走进新时代的中国教育信息化——《教育信息化2.0行动计划》解读之一[J]. 电化教育研究，2018，39（6）：27–28，60.

[17] 杨现民，陈耀华．信息时代智慧教育的理论与实践[M]. 北京：清华大学出版社，2014.

[18] 沈书生.从教学结构到学习结构:智慧学习设计方法取向[J].电化教育研究,2017,38(8):99-104.

[19] 徐振国.智慧学习环境中学习画面的情感研究[M].北京:中国社会科学出版社,2021.

[20] 刘晓琳,黄荣怀.从知识走向智慧:真实学习视域中的智慧教育[J].中国电化教育,2016(3):14-20.

[21] 姜强,赵蔚,李松,等.个性化自适应学习研究——大数据时代数字化学习的新常态[J].中国电化教育,2016(2):25-32.

[22] 盛群力.教学设计[M].北京:高等教育出版社,2005.

[23] 叶澜.教育角色与教师发展新探[M].北京:教育科学出版社,2001.

第十一章　信息时代学习者学习行为规律研究

学习目标

一、知识目标。掌握在线学习行为分析方法；熟悉各个理论基础在在线学习中的重要作用；认识不同分析模型和工具；结合案例分析，掌握在线学习分析的目标与方法。

二、能力目标。能够运用各种理论分析在线学习中的互动现象；能够根据分析结果提出改进在线学习体验和教学策略的建议；提高研究和分析学习行为的能力生成项目申报书或论文成果。

三、素养目标。提升自主学习能力，持续关注最新的在线学习趋势和技术发展；培养创新意识，探索在线学习数据分析在新的教育场景中的应用；加强终身学习的理念，不断更新个人的知识和技能以适应不断变化的信息时代。

第十一章视频简介　　第十一章PPT

活动37　信息时代学习者行为规律的理论探索

活动37视频简介　　活动37 PPT

学生学习行为研究是21世纪以来基础教育课程改革的重要领域。我国21世纪伊始发布实施的《基础教育课程改革纲要(试行)》(以下简称《纲要》)指出,基础教育课程改革的重点目标之一是变革学生学习行为:改变课程实施过于强调接受学习、死记硬背、机械训练的现状,倡导学生主动参与、乐于探究、勤于动手,培养学生搜集和处理信息的能力、获取新知识的能力、分析和解决问题的能力,以及交流与合作的能力。中共中央 国务院《关于深化教育教学改革全面提高义务教育质量的意见》强调,转变学生学习行为,指出教师要引导学生主动思考、积极提问、自主探究,开展研究型、项目化、合作式学习。《中国教育现代化2035》也强调,推行启发式、探究式、参与式、合作式等教学方式,以及走班制、选课制等教学组织模式。

任务1　阅读与思考——学习行为的内涵与分类

学习行为是一个复合型概念,是内隐与外显行为的结合。外显行为不能脱离学习者内在心理活动,部分内隐行为同时也通过外显行为来表现。参考多种对于学习行为的研究与定义后,本章将学习行为定义为:学习者确定学习目标后,在实现目标的过程中运动、动作和反应的综合,也是学习者内在心理素质的外在表现。内在心理素质包括思想、动机、情感、态度等。学习者与环境相互作用产生外在的学习行为,同时内在心理活动通过外在生理活动呈现,学习行为是学习者内在心理活动与外在生理活动的有机统一。学习行为由学习者、学习指向对象、学习目的、学习过程、学习方式与策略和学习结果等构成。

对于学习行为的分类,重点不同,分类结果各有不同。根据空间上的不同,学习行为可分为课内与课外学习行为;根据主动性的差异,学习行为可分为主动和被动学习行为;根据学习的人数的不同,学习行为可分为个体行为和群体行为。个体行为主要是单个人所存在的学习行为,有记笔记、听讲、回答等行为,群体行为主要是两个人以上的合作,讨论等形式开展的行为。根据个体学习行为的构成进行划分，分为认知行为、元认知行为与资源管理行为；根据学习行为所指向的对象和领域进行划分，分为符号性学习行为、操作性学习行为、观察性学习行为、交往性学习行为和反思性学习行为。

阅读以上内容，并结合本章材料1，思考学习行为的类别、分类依据和学习效果，并填写表11-1。

表11-1　学习行为类别、分类依据和学习效果

类别	分类依据	学习效果

任务2　分析与交流——学习行为规律的影响因素

Venkatesh等提出了UTAUT模型，如图11-1所示，用于解释个人或组织在使用信息技术时的行为特点。该模型整合了技术接受模型、技术接受模型与计划行为理论整合模型、理性行为理论、PC使用模型、计划行为理论、动机模型、创新扩散理论、社会认知理论等八个理论模型，并在此基础上提取了四个主要影响用户接受动机的因子，即绩效期望、努力期望、社会影响、促进条件，以及四个调节变量，包括年龄、性别、经验和自愿性。

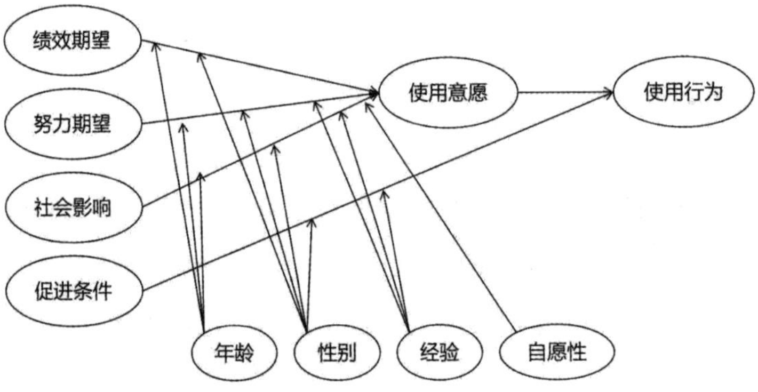

图11-1　UTAUT模型

该模型涉及社会学、行为学、心理学、信息系统等多个学科。模型检验结果显示，UTAUT模型比原先的八个理论模型分别测量得出的结果都要好。一些实证研究结果发现UTAUT可以解释使用意愿70%的方差，是一个非常好的测量模型。

(1)绩效期望。绩效期望体现的是学习者通过对在线教育平台提供的课程资源进行学习，不断将课程知识内化，从而达到改善学习效率、提升自身能力的目标或者期望。在线教育平台应向学习者提供尽可能多的优质课程内容，并提供相应的学习资料以满足其学习需求；在课程内容设计方面应紧跟社会发展需求，紧贴工作与生活，提高教学质量。

(2)努力期望。在线教育情境下，学习者除了掌握学习平台系统外技能，还需完成一定的学习任务。学习者是否同时掌握学习平台技术及完成课程学习两项任务是在线教育学习平台难易程度的具体体现。因此，在线教育平台有必要给予学习者技能培训，提供学习操作手册，并对课程学习计划和内容难易程度作出说明或解释，这样可以有效地降低学习者的认知负荷，增强学习者学习信心，提高学习意愿。

(3)社会影响。具体而言，学习者是否愿意使用在线教育平台进行学习，受到来自在线教育平台其他学习者和学习环境等周围环境的影响。因此，在线教育平台在功能设计及页面等方面应当足够友好，鼓励学习者之间通过在线教育平台进行互动与交流，鼓励学习者积极向他人分析学习经历和分享成功喜悦，营造良好的学习氛围，增强在线学习意愿。

(4)促进条件。当各种学习条件越利于开展在线学习活动时，学习者就越倾向对在线课程采取学习行为而非逃避的学习态度。便捷的登录学习方式有效提升学习意愿，在线教育平台系统配置应该保持尽可能高的标准，提供性能更高的服务器，提高系统运行的稳定性和响应时间，创新PC端和手机App端便捷的学习方式，提供在线答疑等功能，为学习者随时随地开展学习活动创造有利条件，激发学习兴趣，促进学习。

(5)学习意愿。具体而言，如果学习者学习意愿高，则学习者会采取主动的学习行为，而如果学习者学习意愿低，则学习者则更倾向采取逃避学习或者不学习等行为。因此，在线教育平台应该积极满足学习者的各种学习需求，不断提高平台服务质量和教学质量，通过课程设计和完善系统功能，不断降低学习者的使用难度和学习难度，营造积极的学习氛围，提升学习者满意度，努力提高学习者的在线学习意愿，产生更多的学习行为。

阅读以下内容，结合本章材料 1，思考学生的传统课堂学习行为规律的影响因素和表现，以及影响因素与学习效果的相关性，并填写表 11-2。

表 11-2　影响传统课堂学习行为规律的因素、表现和与学习效果的相关性

序号	影响因素	表现	与学习效果相关性
1			
2			
3			
4			
5			

任务 3　对比与归纳——在线学习与传统学习行为规律的特征分析

随着互联网和数字技术的发展，在线学习已经成为中学生获取知识和技能的重要途径。然而，传统课堂学习和在线学习在行为规律上存在一些不同之处：

（1）学习环境。传统课堂学习通常在学校的教室进行，学生需要按照课程表安排的时间和地点上课。而在线学习则更加灵活，学生可以在家里、图书馆或其他任何地方进行学习，只要有网络连接就可以参与在线课程。

（2）学习时间。传统课堂学习通常有固定的上课时间，学生需要按照课程表安排的时间参加课程。而在线学习则更加灵活，学生可以根据自己的时间安排选择学习时间，有些在线课程甚至提供 24 小时不间断的学习资源。

（3）学习方式。传统课堂学习主要依赖于教师的授课和课堂互动，学生需要通过听讲、记笔记、提问等方式获取知识。而在线学习则提供了更多的学习资源和互动方式，如视频讲座、在线讨论、互动式练习等，学生可以根据自己的需求选择合适的学习方式。

（4）学习节奏。传统课堂学习的节奏通常由教师控制，学生需要跟上教师的教学进度。而在线学习则允许学生自主控制学习节奏，学生可以根据自己的理解和掌握程度调整学习进度，有些在线课程还提供自适应学习功能，根据学生的学习表现自动调整学习难度和内容。

(5)学习反馈。传统课堂学习中,教师可以通过观察学生的表现、批改作业、提问等方式了解学生的学习情况,并给予及时的反馈和指导。而在线学习中,虽然也有一些在线测试和评估工具,但与面对面的交流相比,反馈可能相对较少,学生需要更加主动地寻求帮助和解决问题。

(6)学习动力。传统课堂学习中,学生通常受到教师和同学的影响,有较强的学习动力。而在线学习则需要学生具备较强的自律性和自我驱动力,因为在线学习环境中,学生更容易受到网络和其他诱惑的影响,导致学习效果受到影响。

阅读以下内容,结合本章材料1,思考在线学习与传统课堂学习行为规律的异同点和优缺点,并填写表11-3。

表11-3　在线学习行为与传统课堂学习行为规律的异同点和优缺点

	相同点	不同点	优点	缺点
传统学习行为				
在线学习行为				

任务4　梳理与整合——信息时代学习行为规律的新特征

《中共中央关于制定国民经济和社会发展第十四个五年规划和二〇三五年远景目标的建议》指出,发挥在线教育优势,完善终身学习体系,建设学习型社会。中共中央办公厅、国务院办公厅印发的《建设高标准市场体系行动方案》中,提出了实施教育等网络基础设施改造提升工程,推动在线教育等新型服务平台发展的要求。在线教育以其便捷灵活的学习方式、丰富多样的教学资源,深刻改变了传统的教育模式,也改变了学习者获取知识技能的学习习惯及学习行为。在线学习具备开放、灵活等优势,扩大教学规模的同时也满足学习者的个性化需求。《科学》子刊中的研究也证明在线教育能够以更低的成本实现相同的教学效果,为扩大高等教育机会、推进教育公平提供帮助。

通过本活动任务3的学习,明晰了传统课堂学习行为规律与在线学习行为规律之间的异同点，请阅读材料1及案例1，结合教学实例，思考从不同维度归纳出在线学习行为规律的新特征，并填写表11-4。

表11-4　不同维度下在线学习行为规律的新特征

序号	维度	新特征
1		
2		
3		
4		
5		

任务5　总结与提升——制定项目计划报告

学习行为规律的探索不仅关乎认知心理学、教育学和行为科学的深层次交融，更直接影响着教育实践和学习者的成长轨迹。为了深入解析学习者在不同情境下的行为模式，挖掘优化学习过程的潜在策略，任务提出一项研究计划——基于行为心理学的学习行为规律研究项目。通过综合分析选读材料，结合实证研究方法，力图构建一套科学、系统的学习行为模型，以期为学习者提供个性化、高效的学习路径，并为教育工作者带来切实可行的教学指导。请阅读并参照选读材料《省级教育教学改革研究项目申报书》，撰写一份学习行为规律的研究项目申报书。

《省级教育教学改革研究项目申报书》

活动38　信息时代学习者学习行为规律的解析与实践

活动38 视频简介

活动38 PPT

任务1　阅读与思考——基于大数据的学习行为规律挖掘与解读

随着在线学习的普及，学习管理系统在教育领域扮演着日益重要的角色。它们不仅提供了一个便捷的平台供学习者获取知识，还通过记录一系列关键指标来帮助教育工作者深入理解学生的在线学习行为和成果。这些指标涵盖了用户参与度、学习进度、课程互动、成绩评估以及个人化学习轨迹等多个维度。通过分析这些数据,我们可以更好地把握学习者的需求,调整教学策略,并持续优化在线学习体验。以下是一些常见的学习管理系统所记录的关键指标。请阅读本章材料 2 并结合日常经验,交流讨论,思考关键性指标的意义,并填写表 11–5。

表 11–5 常见在线学习行为类别、关键性指标及意义

主题	类别	关键性指标	意义
使用行为	登录和使用	在 LMS 存在天数	
		学生与 LMS 交互的日志(包括时间和日期)	
		LMS 访问间隔规律	
	访问课程资源	课程内容浏览次数	
		浏览课程内容的时间	
		阅读课程内容的证明	
		额外页数(如词汇表、搜索、超链接、帮助、注释)的浏览次数	
		浏览额外页数的时间	
		在做任务和活动之前学习课程内容	
		评估课程内容(点赞、评论、提问)	
	作业	作业的浏览量	
		浏览作业的时间	
		提交作业次数	
		迟交作业次数	
		答对次数(成功率)	
	评估	参加考试次数	
		考试观看数	
		参加考试时间	
		通过考试次数(成功率)	

续 表

主题	类别	关键性指标	意义
沟通交流	消息传递	发送消息数	
		已读消息数	
	论坛参与	论坛访问间隔规律	
		发文数	
		被编辑帖子数	
		跟进(回复)帖子数	
		在论坛上花费的时间	
		发送的帖子长度(短帖子或长帖子)	

任务2 总结与提升——创作学术论文

请阅读并参照选读材料《在线学习行为规律》资源包，参照论文模板，按流程撰写一篇相关主题的论文。综合运用心理学、教育学以及行为科学的研究成果，剖析学习动机、认知发展、情感态度以及环境因素等对学习行为的影响，揭示学习者在不同学习阶段的行为模式，并在此基础上，提出优化学习行为的具体方法，旨在促进学习效率的提升，并最终实现个体的潜能开发与知识技能的最大化掌握。

在整个撰写过程中，请注重学术诚信，确保所有数据和引用的真实性和准确性。同时，注意保持思维的严谨性和论证的逻辑性，力求使论文内容充实、论点明确、结构清晰。通过这次论文写作实践，希望能加深大家对学习行为规律的理解，并提升科研和学术写作能力。

《在线学习行为规律》资源包

材料1 信息时代学习者学习行为规律概述

1.理论基础

(1)四大学习理论。

①建构主义学习理论。建构主义学习理论的代表人物有瑞士的皮亚杰和苏联的维果茨基。

皮亚杰:他是认知发展领域最有影响的一位心理学家,他的认知发展理论对建构主义学习理论产生了重大影响。他认为,儿童的认知发展是通过他们自己与环境的互动进行的,儿童在这个过程中不断构建和调整他们的认知结构。他强调了儿童在学习过程中的主体性,认为儿童不是被动地接受知识,而是主动地、创造性地构建自己的知识。

维果茨基:他的文化历史心理学理论是社会建构主义学习理论的基础。他认为,人的心理发展是通过社会交往和文化工具(如语言)的中介进行的。他强调了社会环境对个体学习的影响,认为学习是一个社会性的过程,是在社会互动中进行的。

建构主义学习观认为,学习的过程不是教师把知识简单地传递给学生,而是学生主动建构知识;学习不是被动地接收信息,而是凭借自己原有的知识和经验在教师的指导下主动地筛选、加工和建构知识;知识的获得不是迷信书本或者权威,而是每个学生对获得信息的重新理解、筛选、质疑和编码。在建构主义学习理论指导下的学习过程,必须要创设情境,设置任务,教学过程是教学做合一的过程。在建构主义学习理论影响下的课堂,要实现教师是课堂教学的主导,学生是课堂教学的主体。

建构主义学习理论强调学习的社会性、主动性和情境性,学习的过程是学生主动进行自我知识建构的过程。在建构主义学习理论指导下,教学活动提倡学生在做中学,通过体验和体认的形式,达到教育教学的目标。因而建构主义对教学形式的影响,一方面在于加强对理论课堂教学模式的设计,另一方面在于加强实践教学环节的设计。通过引导学生参与实践教学活动,参与多样化的体验与体认相结合的实践教学组织形式,开阔了学生的视野,增添了学生的见识,在实践活动中提升了学生对生命、生存、生活的认知,达到了理论教学达不到的教学目的。

②行为主义学习理论。行为主义学习理论的代表人物包括约翰·华生、B.F. 斯金纳和阿尔伯特·班杜拉,他们的主要观点涉及环境、强化和学习。

约翰·华生:被认为是行为主义的奠基人。他强调环境在行为形成中的作用,认为几乎所有的行为都是通过与环境的交互而学会的。华生提出了经典条件作用的概念,即通过刺激与反应之间的关联来学习特定的行为。他的著名实验是通过条件反射使婴儿对白色老鼠产生恐惧感。

B.F. 斯金纳:发展了操作性条件作用的概念,他认为行为是由其后果来决定的,即行为后的强化或惩罚。斯金纳发明了“斯金纳箱”,通过这个装置研究动物如何通过试错来学习行为,从而获得奖励或避免惩罚。他的观点强调了强化在行为塑造中的重要性。

阿尔伯特·班杜拉:是社会学习理论的创始人,他提出了观察学习的概念,即人们可以通过观察他人的行为及其后果来学习新的行为。班杜拉的研究强调了模仿和建模在行为学习中的作用,特别是对于社会行为的学习。

行为主义学习理论强调外部环境对个体行为的影响,以及通过条件作用和强化来塑造行为的过程。这一理论在教育、心理治疗和组织管理等领域都有着广泛的应用。

③认知主义学习理论。认知主义学习理论的代表人物包括皮亚杰、布鲁纳和奥苏贝尔,他们的理论模型图涉及认知结构、发现学习和意义学习。

皮亚杰:是认知发展理论的开创者。他提出了儿童认知发展的四个阶段,即感觉运动阶段、前运算阶段、具体运算阶段和形式运算阶段。皮亚杰的理论强调了儿童是通过与环境互动来构建知识的主动学习者。他的认知发展理论中有一个核心概念是“同化与顺应”,即个体通过同化新信息到现有的认知结构中,或通过顺应改变现有的认知结构以适应新信息。

布鲁纳:提出了著名的“发现学习”理论。他认为学习是一个主动的过程,学生应该被鼓励去发现和理解知识,而不仅仅是被动地接受知识。布鲁纳还提出了三种表征系统:动作表征、肖像表征和符号表征,这三种方式随年龄和经验的不同而发展。

奥苏贝尔:提出了“意义学习”理论,他强调新的信息必须与学生已有的知识结构相联系,才能实现有意义的学习。奥苏贝尔区分了机械学习和有意义学习,并提出了先行组织者的概念,即在呈现新信息之前提供相关的背景知识,以帮助学生建立新旧知识之间的联系。

认知主义学习理论强调内部认知过程对学习的重要性,以及个体是如何主动构建和整合新信息的。这一理论在教育实践、课程设计和教学策略的开发中都有着广泛的应用。

④人本主义学习理论。人本主义学习理论的代表人物主要有罗杰斯和亚伯拉

罕·马斯洛。

罗杰斯:他主张学习应该以学生为中心,强调学生的自主性和自我实现。他认为,教育的目标应该是帮助学生发展他们的潜能,实现自我价值。他提出了“无条件积极关注”的概念,认为教师应该对学生持有无条件的接纳和尊重,这样学生才能在安全、自由的环境中进行自我探索和学习。

亚伯拉罕·马斯洛:他的理论主要集中在人类的需求层次上,他认为,人的基本需求得到满足后,才会追求更高层次的需求,如知识需求和自我实现需求。因此,教育应该关注学生的整体需求,包括生理需求、安全需求、社交需求、尊重需求、自我实现需求等,而不仅仅是知识技能的传授。

人本主义学习理论的主要观点包括:学习应该以学生为中心,尊重学生的个性差异和自我选择;教师的角色是引导者和促进者,而不是知识的传授者;学习应该在真实、有意义的情境中进行,而不是在抽象、脱离实际的情境中;学习的过程应该是愉快的,而不是痛苦和压抑的。

(2)前沿理论。

①探究社区理论。探究社区理论(Community of Inquiry, CoI)是加拿大学者兰迪·加德森(Randy Garrison)、特里·安德森(Terry Anderson)和沃尔特·阿切尔(Walter Archer)以“探究是一项社会活动,是教学体验的本质”的观点为基础,以社会建构主义理论为导向,强调在线学习互动的重要性的理论框架。该理论假设一个有价值的在线学习体验是通过教师和学生组成的一个调查社区成员之间的互动来进行的。为了使这个社区中发生有意义的学习,需要三种形式的存在感相互作用、相互影响,即教学存在感、社会存在感和认知存在感。三种形式的存在感共同创造了一种有意义的、协作性和建构主义的话语,这是高阶学习所必需的。概念框架结构如图 11-2 所示。

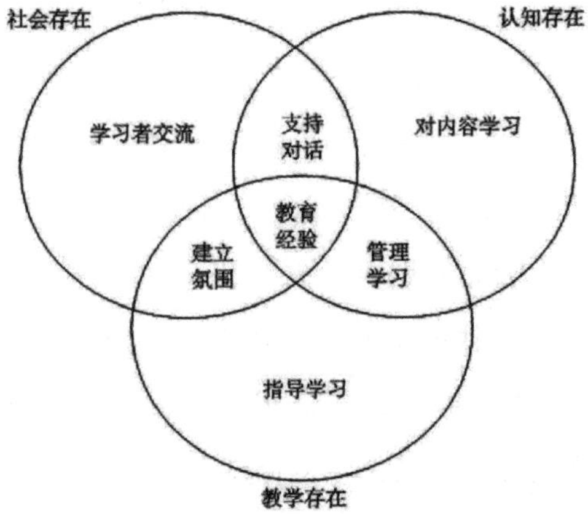

图11-2　探究社区理论概念框架图

教学存在感是指在实现富有个人意义和教育价值的学习成果时,对认知过程和社交过程的设计、促进和指导。简单地说,教学存在感就是参与者(通常指教师)为创设一个具有成效和明确目标的探究式社区应该去做的事情,包括设置课程内容、设计学习活动、安排学习活动时间序列,以及组织、监督和管理有目的的协作反思活动等,通过一系列教学活动设计和安排,以及对学生学习过程的监督和指导来确保有意义的学习发生。教学存在感能够帮助学习者建构并分享知识,强化学习者的社会存在感和认知存在感,同时,教学存在感对学习者满意度和在线学习效果有着重要的作用,主要包括设计与组织、促进对话与直接指导三个子类目。

社会存在感是指在一个友好的学习支持环境中学习者进行社会化、情感化表达的能力,它为学习者提供一个用来培育意义协商、协作知识建构以及批判性思维的环境,促进学习者在社区中进行批判性思考和高阶认知的培养。在线学习环境缺乏面对面情感交流,学习者常常感觉到孤独,直接影响到在线学习的持久性。因此,使用情感表达、自我披露等方式建立并维持社会存在感,对提升在线学习效果显得尤为重要,其主要包括情感表达、开放交流和群体内聚力三个子类目。

认知存在感是指学习者在批判性探究社区中通过不断地反思和对话来建构和巩固意义的程度。认知存在感的发生主要通过确定一个问题和设定一个任务来激发学生进入学习状态,学生通过对问题或任务的探究,并对探究过程信息进行分析和整合,来制定问题的解决方案,最终解决问题。因此,认知存在感主要通过"实践探究模型(PI)"的四个阶段实现有意义的学习,即触发事件、探究、整合和问题解决。

从国内外已有研究成果看，探究社区理论三个组成要素与在线学习效果以及学习满意度有显著相关性。

②自我决定理论。自我决定理论（Self-Determination Theory，SDT）是由美国心理学家Edward L. Deci和Richard M. Ryan等人在20世纪80年代提出的。它的本质是学习动机理论，主要关注某种具体学习行为发生的原因和方式。SDT的核心理念是学习自主性，即学生对自己学习行为的知觉，学生自我决定的程度直接影响自身完成某个任务的意向。具体表现为：学习自主性较高的学生更能知觉自己的学习行为，反之不容易知觉自己的学习行为，也不能采取有效的调控策略。

大量研究表明学生的自主性动机对学习意向和学习行为有显著的预测作用。例如，有国外研究通过观察学生的慕课学习经历，发现学生的自主性动机越强、越认可慕课学习的价值，学习效果也越好。值得注意的是，Deci和Ryan提出控制性动机通过作用于自主性动机，迎合个体的三种基本心理需求：自主需求（对某一活动的自我决定程度）、能力需求（对自己的学习行为能达到某种水平的信念）和归属需求（被周围的环境所认可和接纳）。研究表明，个体的自主需求、能力需求和归属需求越得到满足，越能积极主动地做出某一学习行为，反之，学生的学习意向越低，越不容易激发有效的学习行为。由此可见，学生的控制性动机和自主性动机对学习行为均有较强的预测作用，这促使研究者进一步探讨个体的自我决定动机通过哪些中介因素最终影响学习意向。

总的来说，自我决定理论为理解个体在不同环境中的行为提供了有价值的视角，并且对设计能够激发个体积极性和创造力的环境具有重要的指导意义。

（3）"互联网＋教育"创新发展论。

①联通主义学习观。联通主义本体论提出，联通是教育的新本质。教育是不断建立网络节点之间的连接并保证信息畅通流动的联通过程，其本质是节点间通过建立连接，不断与外部世界发生信息的交换与流动，持续与外部世界之间进行适应与改造。

北京师范大学教育学部教授陈丽提出，联通的过程通常表现在三个层面："学习即连接"的微观学习机制、"资源共建共享"的中观供给模式与"开放互联'的宏观组织生态。第一层，学习的微观过程在个体内部表现为大脑神经网络节点之间、概念与想法之间的联通，在个体之间则表现为社会网络与信息网络的联通。"学习即连接”的学习机制展现了学习不仅在于积累过去的经验,更要主动持续地联通、筛选,并建立个人网络。第二层,中观层面的供给模式则表现为资源与服务之间的联通,侧重于让内容在网络中流动,在共同过滤、应用和创造的循环中实现生长更新。利用云服务平台与大数据技术,突破原有班级、专业与学校的藩篱,形成共建共享、互联互通的供给模式;建立能够感知需求、动态灵活的评价反馈机制,实现内容的个性供给与迭代更新。第三层,宏观层面的组织生态则表现为组织模式的互联互通。终身学习体系不仅需要教育系统内部的努力,更需要全社会的积极参与,汇聚全社会力量共同服务于人的终身学习与发展。组织模式的互联互通强调构建多元协同、开放互联的组织生态,建立校内外教育机构衔接互通的有效机制,完善终身学习成果认证制度与质量保证机制。

教学交互是联通主义学习的核心,也是其取得成功的关键。连接的建立和网络的形成都依赖于交互的开展,交互不仅促进人与人之间的连接,也能提升人与内容之间的连接。交互的过程就是学习的过程,社会网络是联通主义学习者交互形成的重要网络。为促进在线教育中深层次学习的发生,实现高质量的学习,挖掘社会网络的特征与规律尤为必要。交互本质上可以从交互数量和交互质量两个方面进行分析。数量与质量并重的社会交互网络构建方法可以分为数据采集和预处理、权重融合计算、整体社会网络构建和子群挖掘三个子模块。

②“信息化教育”新理论体系。建构主义学习理论主张“以学生为中心”,强调“发现法学习”“生成性策略”,忽视教师的主导作用,排斥“接受法学习”“呈现性策略”。它对教学、教育改革,既有积极影响,也有消极影响。积极影响是:有助于革除旧教育的两大弊端(忘了学生、忘了能力的培养)和破除“三中心”(教师中心、书本中心、课堂中心)。消极影响是:它破除了一个“三中心”,又带来了另一个“三中心”(学生中心、生活中心、能力中心)。混合学习理论主张把传统学习方式优势和数字化学习优势结合起来,使两者优势互补。它的基本精神是“淡化中心,强化结合”,这种学习理论符合学与教规律,适合我国国情,对当今的教育信息化建设和深化教改更有现实意义。

新中国电化教育创始人南国农提出,建构一个适合中国文化土壤、符合中国实际需要、具有中国特色的新理论体系。新理论体系的基本特征是以现代教育媒体的研究和应用为核心,是现代教育思想理论与现代信息技术相融合的产物,同时关注学习者认知、情感、动作技能的发展,同时为学校教育、家庭教育、社会教育的改革与发展服务。新理论体系的内容结构由六论组成:总论、基础论、技术论、模式论、方法论、管理论。其中,模式论中提倡在信息化环境下采用自主、协作、探究学习模式;方法论提倡信息化学习方法、教学方法和研究方法。新理论体系构成如图11-3所示。

"信息化教育"这个名称,中国造,植根于中国文化土壤,符合中国实际需要;采用这个名称,既可保持中国的特色,又可凸显时代的特征。

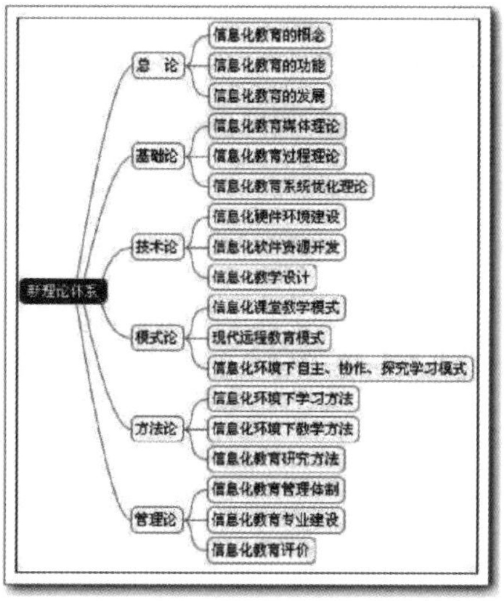

图11-3　新理论体系构成

2.影响因素

影响学习行为的关键因素众多且复杂,它们相互作用,共同塑造了个体的学习方式和习惯。不同实验探究的影响因素有所不同,影响学习表现的关键因素包括内部因素(如学习动力、认知能力、情绪状态等)、外部因素(如学习环境、教师角色、同伴影响等)以及技术因素。

(1)内部因素。

学习动力与兴趣:个体的学习动力和对学习内容的兴趣是驱动其学习行为的核心因素。当学习者对某个主题或领域有浓厚兴趣时,他们更可能投入时间和精力去深入学习和探索。

认知能力与学习策略:学习者的认知能力和所采用的学习策略直接影响其学

习行为。认知能力强的学习者可能更容易理解和掌握知识，而有效的学习策略则有助于他们更高效地学习。

情绪与心理状态：学习者的情绪状态和心理状态对其学习行为有着重要影响。积极的情绪状态有助于提升学习效果，而焦虑、抑郁等负面情绪则可能对学习产生负面影响。

(2)外部因素。

学习环境与资源：学习环境的质量和资源的丰富性对学习行为有显著影响。一个安静、舒适且充满学习资源的环境有助于促进学习者的学习投入和效果。

教师角色与教学方法：教师在学习过程中的角色和所采用的教学方法对学习行为产生重要影响。一个优秀的教师可以激发学习者的学习兴趣，引导他们采用有效的学习策略，从而提升学习效果。

同伴影响与合作学习：同伴之间的相互影响以及合作学习的方式也会对学习行为产生影响。与积极的学习者一起合作学习可能激发更多的学习动力，而不良的学习习惯也可能在同伴之间传播。

(3)技术因素。

随着科技的不断发展，技术在学习过程中扮演着越来越重要的角色。在线学习平台、学习应用程序、数字化学习资源等技术的出现，为学习者提供了更多的学习方式和途径。然而，技术的使用也可能对学习行为产生负面影响，如因过度依赖技术导致学习效率低下或注意力分散等问题。

综上所述，在信息时代，学习表现受到众多复杂因素的影响，这些因素共同塑造了学习者的学习路径和成效，它们相互作用、共同影响学习者的学习过程和成果。因此，探索影响学生学习行为的因素有助于教育者为学习者提供有针对性的支持和指导，以促进其学习行为的优化和发展，以促进学习者的全面发展。同时，教育者和学习者自身也需要不断学习和适应新的技术和教学方法，以适应不断变化的学习需求和环境。

3.学习者课堂学习行为特征揭示

(1)回答问题是最主要的课堂学习行为。在课堂中，学生学习课程知识的一类主要方式为回答教师提问。将学生全体回答问题和个别回答问题整合为学生回答问题，则其平均课堂时间占比将略高于听讲，成为学生在课堂中学习知识的最主要行为。这反映出随着中国新课程改革的深入，教师对与学生交往互动的重视。同一课例中全体回答问题课堂时间占比高，则个别回答问题的课堂时间占比就低，反之亦然。这反映出教师教学风格的个体差异，有的教师倾向于师班互动，而有的教师则倾向于师生互动。此外，结合课堂观察发现，多数教师在课前和课尾提问时更倾向于向全班提问，而在课中则更倾向于个别提问。

(2)听讲仍是学生课堂学习的主要途径。听讲是课堂中占比第二多的课堂学习行为。不过，该学习行为在不同课例的课堂时间占比分布也有较大波动。可见，尽管新课程改革实施二十多年，但由于班级规模等诸方面原因，听讲仍是课堂中学生学习的主要途径，同时也是中国教师教学信念中所认可的有效学习行为，具有在较短时间、较大班额的情境下顺利完成教学任务的优点。与课堂实践相一致，不少教师在访谈中也表达了对讲授的认可，认为高质量的课堂教学应以启发式讲解为主，学生积极参与、认真思考。

(3)以练习为主的自主学习是课堂常态。学生自主学习是一项时间占比较高的学习行为，其使用率为100%(每节课都包含这一学习行为)。结合课堂观察发现，课堂中学生自主学习表现为学生自主练习。其主要内容为学生以个人为单位，进行课堂练习，发生的时间多在课堂的后半段，同时教师在教室中巡视，偶尔进行个别指导，或者答案核对。通过访谈了解到，教师之所以把自主练习安排在课堂的后半段，是因为此时教师的教学任务基本完成，将课堂时间交由学生并不影响教师整体教学目标的达成。可见优秀教师将教学目标的达成、教学效果的保证作为课堂教学质量的核心。

(4)学生时有机会上台讲演但仍以练习为主。虽然在一些课例中学生并没有获得上台讲演的机会，但在上台讲演这一学习行为发生的一些课例中其时间比例维持在较高的水平。学生上台讲演既是学生学习主体地位的体现，也是激发学生学习积极性的重要教学策略。但值得注意的是，通过课堂观察发现，在课堂教学中，如同自主学习一样，学生上台讲演的主要内容仍是练习和展示自己练习的结果。

(5)记笔记是贯穿课堂、惯用的学习行为。一方面，在新授课中教师要求学生记笔记是教师惯常采用的教学策略，当以教学活动为核心的教学内容或是教师认为的教学重点、难点、关键点出现时往往提醒学生进行记录。另一方面，学生记笔记也是自发的行为，在学习重要内容，如概念、法则、定理等时做好记录以备复习；或者在学习典型的问题解决时记录下关键的过程、最优策略等。这既反映出教师对学生的高要求，也反映出学生学习勤奋、认真的特点。

（6）学生很少有机会进行小组合作学习和提出问题。小组交流是低频发生的学习行为。可见，学生较少获得参与小组讨论、合作学习的机会。同时应注意的是，课堂教学中学生鲜有机会提出自己的问题。由此可见，虽然课程标准中提出“发现问题、提出问题”的课程目标，但其在课堂教学中的落实情况并不乐观，学生在课堂上较少有机会自己提出问题。综合以上分析可知，学生课堂学习以听讲和回答问题为最主要的学习行为。

此外，通过观察发现，课堂场域下学生的学习行为基本以符号性学习为主，占据课堂时间80%以上。这一基本特征并没有因课程类型的不同而有所变化，也没有因年级不同而有所不同，即不论是语文、数学还是地理，也不论是小学还是中学，这一课堂特征基本相似。这说明课堂教学中学生的主体性、探究性、生成性还没有得到充分体现。

4.学习者在线学习行为特征揭示

（1）在周期性与阵发性方面。从整个学习过程来看，学生的学习行为频次存在逐渐降低的趋势。以每周为单位来看，学生学习行为次数在某一天急速增多并迅速达到峰值，接着随着时间的推移稳步递减。在经历了一两天时间的较小的学习行为数量后，再次上升急速增大达到峰值，具有一定的周期性和阵发性。以天为单位来看，学生学习行为次数在上午9～11点左右达到第一次高峰，在晚饭后18～21点达到一天中行为数量的最高值。分析个体学生的学习行为数量的周变化情况，发现学习行为除了在数量级上比群体学习行为少之外，存在同样的变化规律。因此，每位学生的学习行为也具有一定的周期性和阵发性。

（2）在时间统计特性方面。从学习者群体、学习者个体的层面上看，学习行为在时间上均呈幂律分布。通过对比分析学生的学习行为频次和幂指数，发现学生个体的学习行为的活跃度与时间间隔分布的幂指数具有十分明显的正相关。并且通过分析发现不同的教学活动下学生的学习行为时间间隔分布的幂指数不同，所以，有理由推测学生进行学习行为的频率容易受教学活动的影响。当有新的教学活动发布时，学生进行下一次学习行为的时间间隔会缩短。并且不同的教学活动对学生的影响程度不一样。

(3)在学习兴趣方面。通过分析学生的在线学习行为具有重尾分布的原因,发现在整个学习过程中学生的学习兴趣是逐渐衰减的,可以说明影响学习行为规律的动力学机制之一是兴趣衰减机制。又通过分析学生的学习特点发现,教学活动发布后学生的学习行为普遍增多,可以说明影响学习行为规律的动力学机制之一是教学活动的驱动机制。

(4)人格特质与学习行为之间存在映射关系。例如,神经质学习者的人格特质与浏览平台和教学资源、观看视频以及参加作业考核呈显著正相关,但与同伴交流和互评呈显著负相关。这一结果充分显示神经质学习者喜欢与学习资源交互,不喜欢与同伴交互的特点。同样,尽责性学习者与浏览视频及课件、完成作业、参与答疑等直接影响完成学业的行为显著相关,但与教师交流等行为不相关。这说明尽责性学习者具有自律性强,对个人要求较高,对学习有主动性和计划性等特点。同时,研究结果表明,不同在线学习行为表征不同人格特质类型的敏感性不同,因此基于在线学习行为数据识别人格特质是可行的。不同人格特质的在线学习者典型学习行为,如表11-6所示。

表11-6　不同人格特质的在线学习者典型学习行为

人格特质类型	典型在线学习行为表现	测量指标
外向型	与同伴在线交流	发帖和回帖频次
	资源分享	上传资源频次
	互动评价	评价作业或作品频次
	与教师在线交流	浏览和回复教师帖的频次
	参与答疑	参与答疑频次
神经质	浏览平台	浏览在线学习平台频次、时长
	观看视频	观看视频的频次、时长
	浏览教学资源	浏览导学信息、课件和扩展资源的频次
	与同伴在线交流	发帖和回帖频次
	互动评价	评价作业或作品频次
	作业考核	完成作业频次、参加考试频次及成绩

续 表

人格特质类型	典型在线学习行为表现	测量指标
开放性	浏览教学资源	浏览导学信息、课件和扩展资源的频次
	与同伴在线交流	发帖和回帖频次
	互动评价	评价作业或作品频次
	与教师在线交流	浏览和回复教师帖的频次
	参与答疑	参与答疑频次
宜人性	与同伴在线交流	发帖和回帖频次
	资源分享	上传资源频次
	互动评价	评价作业或作品频次
	作业考核	完成作业频次、参加考试频次及成绩
	与教师在线交流	浏览和回复教师帖的频次
	参与答疑	参与答疑频次
尽责性	浏览平台	浏览在线学习平台频次、时长
	观看视频	观看视频的频次、时长
	浏览教学资源	浏览导学信息、课件和扩展资源的频次
	作业考核	完成作业频次、参加考试频次及成绩
	与教师在线交流	浏览和回复教师帖的频次
	参与答疑	参与答疑频次

(5)不同思维类型学习者的学习行为序列存在差异。

研究发现:逻辑型学习者的学习行为序列为网状结构,各功能区相对独立,联系较弱。学习者更为关注学习内容,故登录平台后他们会直接学习教学课件或拓展资源,并进行练习测试,遇到问题会在讨论区中交流分享。组织型学习者的学习行为序列也为网状结构,各功能区内部联系紧密,形成大循环。学习者更为关注学习任务,他们会根据学习任务统筹学习教学视频、教学课件或拓展资源,通过即时练习测试检测学习效果。交流型学习者的学习行为序列为线性结构。学习者更为关注同伴信息,在讨论区中的表现相对活跃,形成发帖、回帖、反思总结双向循环,但讨论区模块与其他功能区之间缺乏联系。空想型学习者的学习行为序列也为线性结构,各功能区比较独立,联系很弱,且讨论区模块与其他功能区之间也缺乏联系。学习者更为关注学习结果,会根据学习任务完成知识学习,在练习测试环节会根据测试反馈报告调整或增强练习。

材料2　信息时代学习者学习行为规律解析

1.分析目标

(1)分析学习行为模式。分析学习行为模式是学习行为分析的核心任务之一,它涉及到对学习者在学习过程中展现的各种行为特征进行深入探究。通过分析学习行为模式,我们可以更好地理解学习者的学习习惯、偏好以及潜在问题,从而为教育者提供有针对性的教学建议。分析学习行为模式时,大致有以下几个方面内容:

首先,关注学习者的学习频率和时长。这包括学习者每天或每周投入学习的时间,以及学习活动的持续时长。通过对比不同学习者的学习频率和时长,我们可以发现他们在时间管理上的差异,以及可能存在的学习拖延或过度投入问题。

其次,分析学习者的学习路径和选择。这包括学习者在学习过程中的浏览、点击、选择等行为。例如,学习者在浏览课程资料时更倾向于阅读文字还是观看视频;在选择学习资源时,他们是基于兴趣还是需求进行选择。这些行为模式可以揭示学习者的学习偏好和策略,有助于教育者为他们推荐更合适的学习资源。

再次,我们还要关注学习者的互动和合作行为。在现代学习环境中,学习者之间的互动和合作越来越重要。通过分析学习者在论坛、聊天室等社交平台上的互动行为,我们可以了解他们的交流习惯、合作意愿以及团队角色定位,这有助于教育者设计更有效的合作学习活动,促进学习者之间的知识共享和互助。

最后,我们还要考虑学习者的学习成效反馈行为。学习者在学习过程中会对自己的学习成效进行自我评价和反馈。通过分析学习者的自我评价频率、准确性以及调整学习策略的及时性,我们可以评估他们的自我监控和调节能力。这有助于教育者针对学习者的反馈行为提供具体的指导,帮助他们更好地调整学习策略,提高学习效果。

在分析学习行为模式时,我们需要充分利用现代技术手段,如学习管理系统、数据挖掘和机器学习等,来收集、处理和分析学习者的学习数据。通过对这些数据的深入分析,我们可以揭示学习者的学习行为模式,为教育者和学习者提供有针对性的支持和建议。同时,我们也要注意保护学习者的隐私和数据安全,确保分析过程的合规性和道德性。

(2)预测学习者学习表现。预测学习者学习表现是学习行为分析的关键目标之一,它有助于教育者提前了解学习者的学习状况,从而为他们提供更有针对性的教学支持。以下是预测学习者学习表现的主要方法和步骤:

首先,我们需要收集学习者的相关数据。这些数据可以包括学习者的基本信息(如年龄、性别、教育背景等)、学习历史(如过往成绩、学习时长等)、学习行为(如浏览记录、互动频率等)和学习态度(如学习动力、学习意愿等)。这些数据可以通过学习管理系统、在线学习平台、问卷调查等方式进行收集。

其次,我们需要运用适当的分析方法和模型来预测学习者的学习表现。常用的分析方法包括统计分析、机器学习等。例如,我们可以使用回归分析来探究学习行为与学习成绩之间的关系,或者利用机器学习算法来训练预测模型,根据学习者的历史数据预测其未来的学习表现。

在预测过程中,我们还需要注意一些影响学习表现的关键因素。例如,学习者的个人特征(如智力、学习能力等)、学习环境(如学习资源的质量、教师的指导等)以及学习动力(如学习目标、兴趣等)都可能对学习表现产生重要影响。因此,在预测模型中加入这些因素,可以提高预测的准确性。

最后,我们需要根据预测结果对学习者进行个性化的教学支持。对于预测表现不佳的学习者,我们可以提供针对性的辅导和干预措施,帮助他们改进学习方法,提高学习效果。对于预测表现优秀的学习者,我们可以为他们提供更多的挑战和拓展机会,以激发他们的学习潜力和创造力。

需要注意的是,预测学习者学习表现并非一蹴而就的过程,而是需要不断地迭代和优化。我们需要定期评估预测模型的准确性,并根据实际情况进行调整和改进。同时,我们也要关注学习者的反馈和需求,确保预测结果能够真正为学习者的学习提供支持和帮助。

总之,预测学习者学习表现是一个复杂但具有重要意义的任务。通过收集数据、运用合适的分析方法和模型、关注关键影响因素以及提供个性化的教学支持,我们可以更好地了解学习者的学习状况,为他们提供更优质的教育服务。

(3)测量学习者投入。

测量学习者投入是评估学习效果和教学质量的重要环节,它能够帮助教育者了解学习者在学习过程中的参与度和努力程度。以下是测量学习者投入的主要方法和策略:

①学习时间记录:通过跟踪学习者在学习平台上花费的时间,可以初步评估其投入程度。这包括学习者登录平台的频率、每次学习的时长以及完成特定任务的用时等。这些数据能够反映学习者在学习活动上的时间分配。

②学习进度追踪:分析学习者完成课程或任务的进度,可以了解其在学习过程中的持续性和稳定性。例如,通过检查学习者完成单元的数量、提交作业的次数以及参与讨论的频率等,可以评估其学习投入的整体情况。

③互动与参与统计:测量学习者在在线学习环境中的互动和参与程度是评估其投入的重要方式。这包括学习者在论坛或聊天室中的发言次数、对其他学习者问题的回复频率、参与在线讨论的质量等。这些互动行为能够反映学习者的积极参与和合作意愿。

④问卷调查与反馈:通过定期向学习者发放问卷,收集他们对学习体验、课程满意度以及个人学习感受的反馈,可以更直接地了解学习者的投入情况。问卷可以包含关于学习动力、学习策略、学习挑战等方面的问题,以便更全面地评估学习者的投入状态。

⑤学习成果展示:学习者通过展示他们的学习成果,如项目报告、作业作品、演示文稿等,可以体现他们在学习过程中的投入和努力。教育者通过评估这些成果的质量、创新性和完整性,以了解学习者的学习投入和成果产出。

⑥生理指标监测:在某些情况下,还可以利用生理指标来间接测量学习者的投入。例如,通过监测学习者的心率、呼吸频率或脑电波等生理变化,可以推测他们在学习过程中的专注程度和情感反应。这种方法虽然较为复杂,但可以提供更客观的投入测量数据。

需要注意的是,测量学习者投入时应综合多种方法和策略,以获取更全面、准确的评估结果。同时,教育者还应关注学习者的个体差异和隐私保护,确保测量过程合规且尊重学习者的权益。通过有效测量学习者投入,教育者可以更好地了解学习者的学习状态和需求,从而为他们提供更个性化、更有针对性的教学支持。

2.分析方法

在线学习作为现代教育体系的一个重要组成部分,为学习者提供了空前的便捷性和灵活性。然而,随着在线教育平台的普及和课程资源的丰富,如何有效地评估和提升学习成效成为了一个重要议题。为了深入理解学习者的行为模式、优化教学资源,并提高学习者的参与度与满意度,掌握一些基本的在线学习行为分析方法显得尤为关键。通过数据分析技巧,我们可以洞察学习过程、评估教学方法、预测学习成果,并据此制定针对性的改进措施。接下来,我们将探讨一些核心的分析方法,它们将助力教师和学习者在在线学习领域中做出更明智的决策。

(1)统计分析方法。统计分析方法是一种应用数学的方法,它涉及数据的收集、处理、分析和解释,旨在帮助我们从数据中提取信息、做出推断和预测。统计分析方法广泛应用于各个领域,包括社会科学、自然科学、医学、工程学、经济学等。以下是一些常见的统计学分析方法:

①相关性分析。相关性分析是指对两个或多个具备相关性的变量元素进行分析,从而衡量两个变量因素的相关密切程度。通过计算相关系数,我们可以量化地评估学习行为与各因素之间的关联程度。例如,我们可以分析学习时间与学习成绩之间的相关性,以了解投入的时间是否对学习效果有显著影响。同样,我们还可以探究学习风格、学习资源、学习动机等因素与学习表现之间的相关性。

相关性的元素之间需要存在一定的联系或者概率才可以进行相关性分析。相关性不等于因果性,也不是简单的个性化,相关性所涵盖的范围和领域几乎覆盖了我们所见到的方方面面,相关性在不同学科里面的定义也有很大的差异。例如,在探究学习者在线学习行为与学习效果之间的关系时,通过文献研究法对混合式教学在线学习行为与学习效果关系研究中的在线学习行为、学习效果及其关系中的理论基础和研究现状进行分析,在已有研究的基础上,结合学习者在平台中在线自主学习行为的整体特征,构建在线学习行为指标,通过个案研究法对在线学习行为进行深入研究,利用相关分析法和回归分析法,探究在线学习行为与学习效果之间的关系,确定显著影响学习者学习效果的关键行为,并进一步利用逐步回归分析方法进行分析,来更可靠地确定影响学习者学习效果的关键行为变量以及各关键变量对学习效果的影响程度。

②描述性统计分析。描述性统计分析是一种通过数据的集中趋势、离散程度、

分布形态等，来描述和概括数据特征的统计方法。它主要利用统计量来反映数据的基本情况，为人们提供数据的直观印象和简洁的概括。描述性统计分析的主要内容包括以下几个方面：

集中趋势分析：这部分主要关注数据的“中心”或“典型”水平，常用的统计量包括平均数、中位数和众数。平均数反映数据的平均水平，中位数则代表数据排序后位于中间的数值，而众数则是数据中出现次数最多的数值。

离散程度分析：用于描述数据与其中心值的偏离程度，常用的统计量有方差、标准差、四分位距等。方差和标准差反映数据与其平均数的差异程度，数值越大，说明数据的离散程度越高。

分布形态分析：通过偏态系数和峰态系数等统计量来描述数据的分布形状。偏态系数用于衡量数据分布的偏斜程度，峰态系数则用于描述数据分布的尖峭或扁平程度。

频数分布分析：通过制作频数分布表或绘制频数分布图，来展示数据的分布情况。这有助于我们直观地了解数据的分布特征，如哪些数值出现的频率较高，哪些数值较少出现等。

描述性统计分析的主要目的是简化数据，通过几个关键的统计量来概括大量数据的信息，从而便于人们理解和分析数据的特征和规律。同时，它也是进一步进行推断性统计分析的基础，为后续的统计推断和决策提供了重要的依据。

③回归分析。回归分析主要用于确定两种或两种以上变量间相互依赖的定量关系。这种方法可以揭示变量之间的因果关系，预测未来的趋势，以及解释现象背后的规律。回归分析按照涉及的变量的多少，可分为一元回归分析和多元回归分析；按照因变量的多少，可分为简单回归分析和多重回归分析；按照自变量和因变量之间的关系类型，可分为线性回归分析和非线性回归分析。

在回归分析中，研究者首先需要确定研究目标和涉及的变量，这些变量可以是数值型的（如销售额或温度），也可以是分类的（如性别或产品类型）。其次，需要收集相关的数据，确保数据的质量和准确性，因为这些数据将直接影响回归分析的结果。接着，研究者需要建立回归模型，选择适当的回归方程和方法。常见的回归方程包括线性回归、多项式回归和逻辑回归等。再次，还需要选择适当的方法来拟合回归线，比如最小二乘法。完成回归模型的建立后，需要对回归结果进行分析，评估模型的拟合度和预测能力。最后,进行预测和解释,根据回归模型对未来的趋势进行预测,并解释变量之间的关系。例如在学习过程中,学生可能会使用各种学习资源(教材、网络课程、辅导资料等)。

回归分析可以帮助研究者了解不同学习资源对学习效果的影响程度。通过对比使用和不使用某种学习资源的学生群体的成绩差异,可以评估该资源的有效性。还可以基于已有的学习行为数据(历史成绩、学习投入度、参与课堂讨论的频率等),研究者利用回归模型预测学生在未来一段时间内的学习表现。这有助于教师提前识别可能的学习困难,并采取相应的干预措施。

(2)机器学习方法。

机器学习是一种人工智能的分支,它使得计算机系统能够从数据中学习,提高性能,并做出预测或决策,而无需进行明确的编程。机器学习分析方法包括一系列的算法和技术,它们可以被用于解决各种问题,以下是一些常见的机器学习分析方法。

①聚类方法。聚类分析作为数据挖掘的一个分析方法,主要用于将物理或抽象对象的集合分组为由类似的对象组成的多个类,可以作为一个独立的工具来获得数据的分布情况,观察每个类的特点。这是一种探索性的分析,它不必事先给出一个分类的标准,而是能够从样本数据出发,自动进行分类。聚类分析的目标是在相似的基础上收集数据来分类,使同一个簇中的对象具有很大的相似性,而不同簇间的对象具有很大的相异性。

聚类分析在多个领域都有广泛的应用,包括数学、计算机科学、统计学、生物学和经济学等。根据不同的应用需求,有多种聚类方法可供选择,如K-均值、K-中心点、层次分析方法(如BIRCH和CURE算法)、基于密度的算法(如DBSCAN和DENCLUE算法)、基于网格的方法(如STING和CLIOUE算法),以及基于模型的方法(如统计学方法和神经网络方法)等。例如,k-means聚类算法通过迭代的方式,将数据对象划分为k个簇,并使得每个对象与其所属簇的质心(即均值点)之间的距离最小。k-means算法的目标是优化准则函数,即最小化所有数据对象到其所属簇质心的距离平方和。通过不断迭代更新簇的质心和对象的归属,k-means算法能够找到数据的内在结构,并生成具有相似性的簇。在线学习行为特征的聚类分析中,通过收集和分析学习者在学习过程中的各种行为数据,如学习时长、学习频率、交互行为等,可以将学习者划分为不同的行为模式或群体。这对于理解学习者的学习风格、需求和行为习惯具有重要意义,进而可以为个性化学习推荐、学习路径规划等提供有力支持。

②贝叶斯分类方法。1995年,美国计算机学会(Association for Computing Machinery,ACM)组织提出了数据挖掘这一概念。数据挖掘就是从大量的、不完全的、有噪声的、模糊的、随机的数据中,提取隐含在其中的、人们事先未知的、但又是潜在有用的信息和知识的过程。数据挖掘又称为数据库中知识挖掘 、知识提取、数据采矿等。

贝叶斯分类方法的核心思想是利用贝叶斯定理,通过计算特定条件下某个事件发生的概率来进行分类。在贝叶斯分类中,分类的依据是样本可能属于某类的概率。如果一个事物在某些属性条件发生的情况下,属于A类的概率大于属于B类的概率,那么就可以判定该事物属于A类。贝叶斯分类方法属于非规则分类方法,它通过对已分类的样本子集进行训练,学习归纳出分类函数,并利用训练得到的分类器对未分类数据进行分类。朴素贝叶斯分类算法是贝叶斯分类算法中最简单的一种,它假设各特征之间相互独立,从而简化了计算过程。

将贝叶斯分类方法应用于学习行为分析,可以帮助我们更准确地识别和理解学习者的行为模式。通过训练贝叶斯分类器,我们可以利用已有的学习行为数据来预测和分类新的学习行为数据。这种方法可以帮助教育者或学习分析师更好地理解学习者的学习习惯、偏好和难点,从而为他们提供更个性化的学习支持和指导。

③深度学习模型。深度学习模型是一种基于机器学习和人工神经网络的计算模型,它能够模拟人脑的神经网络结构和学习方式,用于解决各种复杂的数据分析和模式识别问题。这种模型与传统机器学习模型的主要区别在于其拥有更深的网络结构,通常由多个隐藏层组成,每个隐藏层包含大量的神经元。这种结构使得模型能够自动地从原始数据中学习到更抽象的特征表示,从而提高模型的准确性和泛化能力。

深度学习模型有多种类型,每种类型都有其特定的应用场景和优势。如图11-4所示,卷积神经网络(CNN)特别适用于图像识别和处理任务,它通过学习识别视觉表示中的模式和特征来对图像中的对象进行分类。循环神经网络(RNN)则专门用于处理时序数据，可以存储网络的内部状态并包含序列输入的历史信息，因此在机器翻译、语音识别等任务中表现出色。

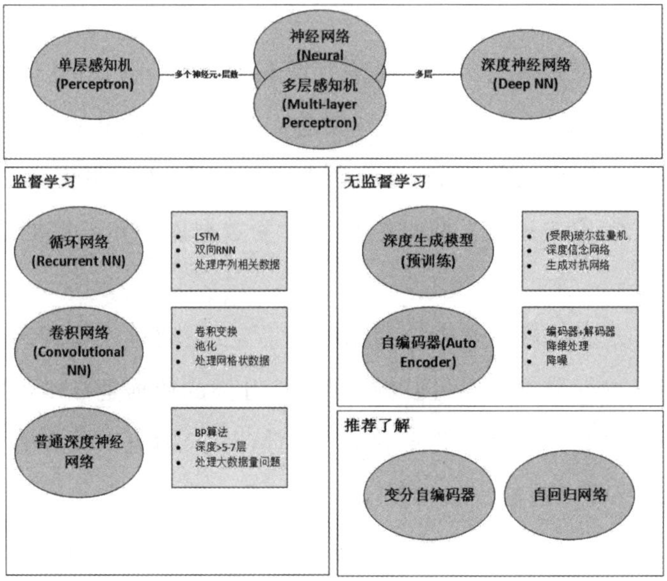

图11-4　深度学习模型类型

深度学习模型在学习行为分析中具有强大能力。通过深度学习模型，我们可以更深入地理解学生的学习行为，为他们提供个性化的学习支持，促进他们的学习效果和学习体验。例如，在情感分析领域，深度学习模型可以被用于分析学生在学习过程中的情绪变化。通过分析学生在学习过程中的表情、语音或文本数据，深度学习模型可以识别出学生的情绪状态，如兴奋、沮丧、焦虑等，这有助于教师及时关注学生的情绪变化，提供情感支持，激发学生的学习动力。

材料3　信息时代学习者学习行为规律应用策略

1.精准对标理论与规律，熟练应用智能化方法与数字化工具

在现代教育体系中，理解并运用学习行为的理论和规律至关重要。这些理论和规律提供了关于如何有效学习和教授知识的见解，而智能化方法和数字化工具则将这些理论转化为可操作的策略，从而优化学习体验和提升学习成效。

首先，教育者必须深入探究学习行为的核心理论，如认知发展、记忆原理、动机激励和自我调节等。这要求教育工作者不仅要研究传统的心理学和教育学理论，

还要了解最新的科学发现，比如神经科学在学习和记忆方面的新见解。通过深入研究，教育者能更精确地识别不同学习者的需求，并针对性地设计教学策略。

其次，智能化方法的运用成为实现个性化学习的强有力手段。人工智能技术，包括自适应学习系统、智能辅导系统和自动化反馈机制，使得教学内容和节奏可以根据每个学生的具体情况进行调整。机器学习算法分析大量的学习数据，以预测学习成果，推荐适合的学习资源，并及时提供干预措施，帮助学生克服学习障碍。

最后，数字化工具的应用极大地扩展了教育的边界。在线平台、虚拟现实（VR）和增强现实（AR）技术为学习者提供了沉浸式和交互式的学习环境。移动设备和应用程序让学习不受时间和地点的限制，增加了学习的灵活性。此外，大数据分析和云计算技术为教育决策提供实时的数据支持，确保教育资源的有效分配和使用。

综上所述，通过精准对标学习行为的理论与规律，并熟练应用智能化方法与数字化工具，可以构建一个更加高效、个性化且富有成效的教育环境。这不仅将推动学习者潜能的最大化发挥，也将为教育工作者提供更有力的支持，共同开创教育的新未来。

2.快速应对情境变化，协同强化问题研究

在当今快速变化的社会环境和教育环境中，学习者面临着不断变化的学习情境。为了确保学习效果的最大化，必须对学习行为进行深入研究并快速应对各种新兴挑战。这要求教育工作者不仅要了解个体学习者的需求，还要探索如何通过协作与技术手段来加强学习过程。

首先，教育者必须认识到学习情境的多变性，这包括技术进步、社会变革以及教育政策的更新等因素。这些因素直接影响到学习资源的可获取性、教学方法的创新以及学习环境的构建。因此，教师和教育研究人员需要持续监测这些变化，并迅速调整教学策略以适应新情况。

其次，协同学习作为一种有效的学习方式，可以促进学习者之间的互动与交流，提高学习效率。通过小组合作学习、同伴辅导和团队项目等方法，学习者可以从不同视角理解知识，并通过讨论和协作解决问题。这不仅有助于知识的深入理解，还能培养学习者的社交技能和团队合作精神。

最后，利用智能化方法和数字化工具可以进一步强化学习行为。人工智能辅

助的教育平台可以为学习者提供个性化的学习体验,通过数据分析预测学习成果,及时提供反馈和支持。同时,数字化工具如在线协作平台、虚拟现实和增强现实技术等,为学习者创造了丰富的交互式学习环境,增强了学习的吸引力和沉浸感。

综上所述,为了快速应对学习情境的变化,教育者需要不断研究和探索新的学习行为模式,并通过协同学习和智能化技术的应用来强化学习过程。通过多角度的努力,教育者可以更好地装备学习者,使他们能够在不断变化的世界中获得成功。

案例1　综合应用学习者在线学习行为规律

高中生在线学习行为规律的案例研究
——以“地理高考专题复习”慕课为例

“地理高考专题复习”是新冠疫情防控期间,由南京师范大学基础教育研究中心组织江苏省地理教学名师研发、面向全国高三学生的地理二轮复习在线课程,通过“地理云课堂”小规模限制性在线课程(Small Private Online Course,SPOC)平台发布。

通过“地理高考专题复习”慕课数据概览,发现学员在线学习完课率较低。因此提出思考:中学生在线学习过程中究竟存在哪些问题?这些问题产生的原因是什么?由此,基于ICAP学习方式分类学和SOLO分类评价理论,利用慕课中全体学员的课程学习日志,通过大数据信息挖掘与分析,结合访谈调查,探究中学生在线学习中行为参与、认知水平和情意品质方面的问题表现,解释问题产生的原因,提出解决对策,并对学生的在线学习提出建议与展望。

1.研究过程

(1)在线学习日志数据统计。

“地理高考专题复习”慕课发布在“地理云课堂”(https://dili.edu-by.com)SPOC平台。该平台是南京师范大学基础教育研究中心主持研发的中学地理教育定制化在线课程教学系统。通过后台技术支持,获得16 597名学员学习日志,共计118 031条数据,包括在线课程资源数据、学生学习整体数据与学生学习个人数据,如

图11-5所示。

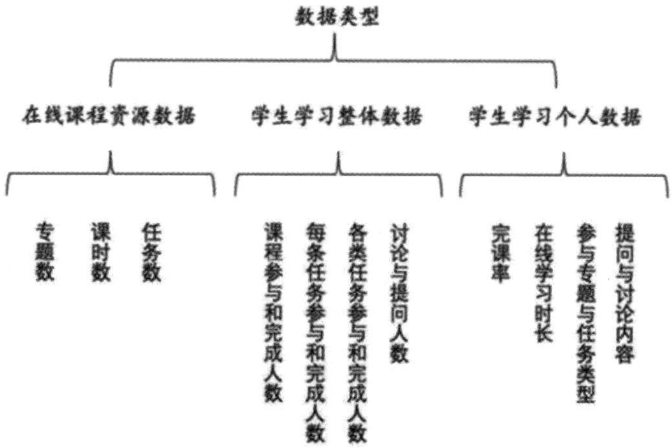

图11-5　数据类型分类统计

经过数据筛选，共计4 878名学员数据有效，利用SPSS软件进行统计分析，得到以下结果。

①课程完成率低，学习时长具有欺骗性；

②学习专题参与完成情况具有选择性；

③学习任务类型参与偏向思维导图、课件与精讲视频；

④学员注册与完课时间集中，讨论与提问参与度低。

(2)访谈调查。

①学员访谈结果。通过“地理云课堂”学员管理平台，随机选取50名学员发送访谈邀请。最终11名学员通过网络平台填写访谈提纲，实际访谈2名学员。对学员的访谈采取半结构式访谈，访谈结果表明：学习方式与学习环境变化对学习造成影响；自主在线学习缺乏监督，学员学习自主性、持续性差；学员在线学习的内容具有选择性；传统课堂参与率低的问题延伸至在线学习；学员认可混合式教学，乐于开展在线学习。

②助教访谈结果。两名助教均为南京师范大学教师教育学院学科教学(地理)专业在读研究生，参与了“地理高考专题复习”课程讨论与提问的管理工作。对两位助教采取非结构式访谈，访谈结果表明：一方面学生讨论任务参与度低，回帖质量较差，提问内容反映出学生认知水平较低，缺乏追问与反馈；另一方面少数学员主动分享了自己的做题经验，表明部分学员具有参与分享的意愿。

2.研究结论

（1）缺少监管规则导致在线学习的过程行为参与度低。

在“地理高考专题复习”慕课中，通过大数据可观测的在线学习行为包括点击浏览各类资源、参与讨论和提问、完成在线检测题等。基于ICAP学习方式分类学理论对在线学习行为进行分析。

①在线学习行为参与问题表现。学习方式以接受式为主。多数学员仅浏览课程内容，较少参与讨论提问和在线检测等表现性任务。从思维要求看，浏览学习资源属于被动的接受式学习，缺乏自我整合与建构的过程。而讨论、提问等交互式学习方式发生较少，这些方式需要学生进行深度思考与探究，在学习日志中的比率低说明学生尚未建立起利用网络优势进行主动建构、协作分享的学习习惯。学习行为表现出选择性。一方面，学生对专题内容的学习具有选择性，偏向应试知识的学习，较少关注思维方法的建构。另一方面，学生对任务类型的参与具有选择性，偏向浏览他人回帖内容、课件、思维导图、精讲视频等任务学习。导学案、在线检测、拓展资源任务参与度低，表明学生更关注内容的输入，缺乏在线学习成果的自我评价。学习行为缺乏持续性。“地理高考专题复习”慕课平均完成率为12.9%，仅38人完成课程学习，学习时段集中在二月、三月，学习时间与完成率未呈现明显线性相关。由于自主在线学习缺乏监督，导致学习行为自主性差、持续性低，学习过程中出现挂机等行为。

②在线学习行为参与问题产生原因。缺少指导者监督是导致在线学习行为参与问题的直接原因。访谈中发现，学生习惯由教师布置并检查学习任务的学习方式。自主在线学习要求学生转变学习方式，学生成为了自我学习的“负责人”。缺少教师的监督，学生不能及时跟进学习进度，容易造成在线学习完课率低、完成质量差、学习行为存在“欺骗性”等现象。应试导向的灌输式学习课堂忽视了学生自主学习的积极性是根本原因。访谈中发现，线下课堂中学生主动分享观点的意愿较低，倾向于“教师教，学生记”的灌输式学习，反映了当下课堂中的真实现象。

（2）缺少教师直接指导导致在线学习认知水平浅。认知水平可通过认知广度与深度进行评估。以“自然环境对人类活动影响”课前讨论为样本统计学员讨论情况。本专题讨论内容为“说出自然环境对人类活动影响”。清除无实质性内容与重复回答后，对70条有效数据进行编码统计。广度表示回帖中地理要素数量，深度依据SOLO分类评价理论进行分级编码。

①在线学习认知水平问题表现。学生讨论回复中认知广度较高，认知深度较低。44%学生可以说出5个相关地理要素，但思维结构多为水平3即多点结构，未说明要素间的联系。同时，认知投入少，相似回帖数量多。浏览讨论帖发现，回帖时间较晚的帖子出现雷同性，部分学生直接重复其他学员内容，反映学生在线学习认知参与质量不佳。

②在线学习认知水平问题产生原因。访谈中学员提出在线学习是“一个人的课堂”，与线下教学相比，缺少师生互动。一方面，从教师的指导作用分析，学生在线学习缺乏指导者引导，不能主动深入思考。在学校课堂中，教师往往对学生的回答进行追问，引导学生进行深入思考。在线学习中，学生缺乏引导，只能答出关键词，缺乏要素间相互关系的思考。另一方面，从同伴学习的作用分析，缺乏生生互动，社会性不能满足。学校课堂中，学生间的交流能够激发学生的学习热情，促进思维的深入发展。在线学习中学生的社会性发展不能得到满足，缺少交流，削弱了学生分享观点的意愿。

(3)缺乏人机交互经验导致在线学习情意品质低。

①在线学习情意品质问题表现。从客观因素上看，学习环境与学习方式的变化造成学生焦虑情绪。高三学生面临升学压力，疫情期间居家隔离、学习方式突然转变等问题加剧了学生的焦虑情绪。访谈结果表明学生出现了“不知道如何复习”“担心高考有变化”甚至“情绪崩溃”的现象。同时，在线学习缺乏监督，对学生的自制力提出了挑战。从主观因素上看，学生学习动机较低，信息素养不足。通过访谈调查，学生之前较少参与在线学习，对在线学习的认可度不高。在线学习中出现行为参与度低等现象表明学生仅为完成教师的课业要求，对在线学习的积极性不高。部分无效回帖等现象反映出学生信息技术应用不熟练。

②在线学习情意品质问题产生原因。第一，缺乏在线学习经验，人机交互质量体验不佳。学生较少接触在线学习，一方面造成对在线学习的偏见与误解；另一方面，由于信息素养不强，突然转变学习方式，出现人机交互质量体验不佳的问题，加深了学生对在线学习的排斥。第二，个人学习风格影响在线学习体验。场依存的学习者偏爱由教师安排学习任务的学习方式。在线学习需要学习者自定步调，给予了学习者更大的自主性。部分学生因此产生“不知所措”的学习体验。

综上，学生自主在线学习的质量较差，但也体现出在自主在线学习中学生可以自主选择学习内容等优势。

3.解决在线学习问题的主要建议

针对“地理高考专题复习”课程学员在行为参与、认知水平与情意品质方面出现的问题，从课程设计与管理、教学模式与师生信息素养三个维度提出解决建议。

（1）优化在线课程设计与管理，激发学生参与热情。

第一，在课程设置上建议专题成课，调控任务数量。“地理高考专题复习”慕课共158条学习任务，仅38名学员坚持完成所有课程。学生在线学习缺乏持久性，过多的学习专题与任务造成心理的压迫感与疲倦。建议在线课程设置采用专题微课程独立成课，将“大任务”分解为“小任务”，增强学习的获得感与完成任务的信心。课程介绍栏目应当全面展示课程内容，增加学习方法指导，使学生能结合自身需求，“量身打造”在线课程，体现在线学习的独特优势。

第二，加强课程管理，应用人工智能技术，开展学习预警与在线学习评价。学生在线学习需要指导者的强干预。一方面，设置指导者，督促学生完成在线学习；另一方面，应用人工智能技术，判断学生学习参与情况，及时通过平台通知、邮箱等方式发送学习预警，督促学生完成学习任务。具体操作中可以设计进阶闯关游戏，累积在线学习参与度，每完成一项任务后获得一定分值，达到标准分值后可进行下一课时的学习，并依据分值发放学习徽章，增强学生学习热情。课程学习结束后，向学生提供可视化的在线学习参与度数据，供学生自我评价本门在线课程的学习参与情况，激发学生在线学习的积极性。

（2）改进在线教学方式，促进学生深度学习。

加强助教人员引导回帖与答疑，提升学生认知参与水平是促进深度在线学习的前提。讨论中助教应及时引导学生深入思考，如对于广度高但深度低的讨论帖，可跟帖回复“你能够指出这些要素间是如何相互影响的吗?”对提问内容引导学生自我解析错因，如“你能说明错选的原因吗?”通过及时互动，增强在线学习平台的亲切感，弥补在线学习中缺少师生互动的缺点。

探索混合式教学，推动教学模式改革。5G时代的到来为“线上自主探索+线下互动交流”的混合式教学提供了技术保障。教学实践中，可以实行线上学习前置任务，线下课堂开展交流与讨论，课后在线发表学习作品、师生交流讨论的模式，其占比分别为30%、50%、20%。通过线上线下结合的“混合式教学”，使得两种教学方式优势互补，促进学习资源、交互方式、教学方法、学习方式等聚合使用，让学习者能深刻理解学习内容，并将学习内容转化为个人知识储备，提升学生学习的自主性与教师操作的实操性。

(3)提升师生信息素养，增强人机交互质量。

在线学习中，学生面对的是计算机网络。这意味着学生要学会和计算机交往，学会通过在线学习建设自己的知识图谱，加强自我管理能力。教师作为课程主要的建设者，同样要提升自身信息技术能力。

一方面，在网络技术的支持下，在线学习将成为实现终身学习的重要手段。良好的信息技术素养能够帮助学生提升在线学习的体验感，并为学生未来的发展打下坚实基础。另一方面，疫情防控期间在线教学中表现出教学平台功能不全、教学方式因循守旧、教学内容应试为主等问题，从理念上看，教师的信息理念落后，从操作上看，教师的信息技术能力缺乏。做好教师信息技术理念与能力的提升工作，是开展在线教学的必要条件，也是学生在线学习的保障。

综上所述，基础教育阶段学生自主开展在线学习的质量并不乐观。学生在线学习完课率极低，也就无从谈起在线学习效果等问题。但是，研究中发现部分学生开始尝试自主在线学习，并认可在线学习的优势。在访谈调查中，学员指出在线学习不受距离和时间的限制，具有学习内容自主选择、学习进度自定步调、反复学习等优势。由此可见，基于SPOC平台的“混合式教学”是未来学校教学组织可选择的新模式：一方面能够让学生自主确定学习进度、自主选择学习内容、自主诊断学习效果，增强学生的学习积极性与创新解决问题的能力，发挥在线学习的独特优势，体现以学生为本的教育理念；另一方面，通过线下教师组织深入交流讨论等活动，能够保证认知深度与学习效果，给予学生成长过程中不可或缺的社会性需求。当前应完善在线教育平台与课程建设，加强在线学习管理，探究在线教学模式，提升师生信息技术素养，为教育信息化3.0时代的到来做好准备。

▶▶ 随堂自测

第十一章 随堂自测

▶▶ 本章思考

(1)讨论在线学习行为分析在个性化学习推荐系统中的应用及其可能带来的改变。

(2)请提出一个可能的在线学习行为分析项目(包括目的、方法、预期成果等),并讨论它对教育领域的贡献。

▶▶ 本章参考文献

[1] 柴艳妹,雷陈芳.基于数据挖掘技术的在线学习行为研究综述[J].计算机应用研究,2018,35(5):1287-1293.

[2] 菅保霞,姜强,赵蔚.基于全脑模型的在线学习者学习行为序列分析[J].现代教育技术,2020,30(1):107-113.

[3] 沈欣忆,刘美辰,吴健伟,等.MOOC学习者在线学习行为和学习绩效评估模型研究[J].中国远程教育,2020(10):1-8,76.

[4] 赵呈领,李敏,疏凤芳,等.在线学习者学习行为模式及其对学习成效的影响——基于网络学习资源视角的实证研究[J].现代远距离教育,2019(4):20-27.

[5] 王丽英,何云帆,田俊华.在线学习行为多模态数据融合模型构建及实证[J].中国远程教育,2020(6):22-30,51,76.

[6] 徐晶晶,胡卫平,逯行.在线协同学习的群体动力理论模型、案例设计与实

现策略[J]. 中国电化教育，2022(3)：81-89.

[7] 黄庆双，李玉斌，任永功. 探究社区理论视域下学习者在线学习投入影响研究[J]. 现代远距离教育，2018(6)：73-81.

[8] 缪广寒. 基于贝叶斯分类的个性化学习风格研究[J]. 电子技术与软件工程，2014(20)：219-220.

[9] 陆丽芳，郑蓉. 线上线下混合式教学中在线学习行为与学习效果关系研究[J]. 工业技术与职业教育，2023，21(2)：82-88.

[10] 卞丽娜. 基于提升课堂学习效率的中学生学习行为调查及对策研究[J]. 现代教育科学，2020(1)：111-115.

[11] 李欣莲. 中美高质量数学课堂学生学习行为比较研究——基于课堂录像编码分析[J]. 教育科学研究，2022(4)：77-84.

[12] 陈丽，沈欣忆. 终身学习数字化转型的哲学观与创新方向[J]. 远程教育杂志，2024，42(1)：9-14，23.

[13] 王鑫鹏，朱雪梅. 高中生在线学习问题的案例研究——以“地理高考专题复习”慕课为例[J]. 地理教学，2021(7)：10-13，26.

第十二章　生成式人工智能（AIGC）工具的应用

学习目标

一、知识目标。了解生成式人工智能的基本概念，理解基本原理，认识并发现生成式人工智能在教育中的使用场景。

二、能力目标。了解如何根据教育目标和自身需求来评估和选择合适的生成式人工智能工具或资源；掌握如何将生成式人工智能融入课堂教学和课程设计的具体策略和技巧；通过实例和模拟练习，实际操作生成式人工智能，以增强在教学中的应用能力。

三、素养目标。通过活动思考与案例学习，树立正确信息道德观，提升数字化意识、数字化思维、数字化能力，培养主动协作、寻幽入微、别具匠心的意识。

第十二章视频简介　　第十二章 PPT

活动39　新型教师如何用大模型抓取教育数据

活动39 视频简介　　活动39 PPT

生成式人工智能(GAI)是利用复杂的算法、模型和规则,从大规模数据集中学习,以创造新的原创内容的人工智能技术。这项技术能够创造文本、图片、声音、视频和代码等多种类型的内容,全面超越了传统软件的数据处理和分析能力。

2022年末,OpenAI推出的ChatGPT标志着这一技术在文本生成领域取得了显著进展。2023年被称为生成式人工智能的突破之年。这项技术从单一的语言生成逐步向多模态、具身化快速发展。在图像生成方面,生成系统在解释提示和生成逼真输出方面取得了显著的进步。同时,视频和音频的生成技术也在迅速发展,这为虚拟现实和元宇宙的实现提供了新的途径。生成式人工智能技术在各行业、各领域都具有广泛的应用前景。

任务1　阅读与思考——用大模型抓取股票数据

步骤1:进入任一大模型官网。

步骤2:输入特定格式的提示词。角色:"你是金融数据抓取的高手,熟练掌握Python编程语言,具有良好的网络编程基础,能够熟练使用网络爬虫框架,具备数据处理和分析能力,以及自我学习和解决问题的能力。这些技能使你能够快速、准确地抓取网络数据,并从中提取出有用的信息,为金融领域的数据分析和其他应用提供支持。"任务:"现在我需要抓取雅虎财经网站上苹果公司(AAPL)股票的历史数据,包括日期、开盘价、最高价、最低价、收盘价。"指令:"在抓取到对应的信息后,将这些信息存到一个CSV文件中。请直接给我完整的Python代码,以代码块的格式输出。"

步骤3:将角色、任务、指令连起来发送给大模型,得到相应代码。

步骤4:将代码复制到pycharm中并运行,得到如表12-1所示的运行结果。

表 12-1　抓取股票数据结果

date	open	high	low	close
2024/2/29	181.27	182.57	179.53	180.75
2024/3/1	179.55	180.53	177.38	179.65
2024/3/4	176.15	176.9	173.79	175.1
2024/3/5	170.76	172.04	169.62	170.12

注意：当进行网络数据抓取时，应当遵守目标网站的“robot.txt”文件规定，并确保抓取行为符合国家法律法规和网站的服务条款。抓取的数据具有一定的时效性，因此实际运行结果可能与本书运行结果不同。

任务2　阅读与思考——利用大模型抓取热点新闻

打开任一大模型，在大模型中输入提示词：“你具备丰富的Python编程经验和网络爬虫知识，能够高效地从社交媒体网站中抓取数据并进行有效处理。通过对实时热点和热门话题的分析，你能为舆情监控和市场营销提供有力支持。现在我需要抓取抖音头条的数据，包括标题、点击量。在抓取到对应的信息后，将这些信息存到一个CSV文件中。请直接给我完整的Python代码，以代码块的格式输出。”接着大模型便会给出代码。

接下来只需要把代码复制到pycharm里面运行即可，得到如表12-2所示的运行结果。

表 12-2　抓取教育热点新闻结果

title	hot_value
315晚会	11735587
梅菜扣肉原料是劣质槽头肉	10863316
长征五号遥八运载火箭运抵文昌	9580240
全国范围打击肉类产品违法犯罪	9511117
放心消费在中国 市场监管在行动	9488163
315曝光灭不了火的灭火器	9429948
315曝光卖5万多元听花酒	9281338
网信办部署开展清朗专项行动	9248376

任务3　能力与提高——利用大模型抓取红色电影评论

如果想要抓取有教育意义的红色电影的评论,可以给大模型输入提示词:“你是网络数据抓取的高手,熟练掌握Python编程语言,具有良好的网络编程基础,能够熟练使用网络爬虫框架,具备数据处理和分析能力,以及自我学习和解决问题的能力。这些技能使你能够快速、准确地抓取网络数据,并从中提取出有用的信息,为数据分析和其他领域的应用提供支持。现在我需要抓取豆瓣网站上《英雄儿女》电影的评论数据,包括评论者、评分、评论内容。在抓取到对应的信息后,将这些信息存到一个CSV文件中。请直接给我完整的Python代码,以代码块的格式输出。”接着大模型便会给出代码。

如果将代码复制到pycharm中,但在运行过程中出现报错,可以把报错代码发送给大模型修改,得到新的代码。

经过大模型修改后,代码运行成功,把代码复制到pycharm里面运行,得到运行结果。

活动40　新型教师如何利用大模型抓取学习用品价格

活动40视频简介　活动40 PPT

作为一名老师,经常需要购买一些学习用品,但是不同平台、不同店家它们的价格不尽相同,这时就可以利用大模型编写代码,从网络中抓取他们的价格,方便比较不同平台、店家之间的价格。

任务1　阅读与思考——利用大模型抓取中性笔价格

给大模型输入提示词:“你是商品价格数据抓取的专家,熟练掌握Python编程语言,具有良好的网络编程基础,能够熟练使用网络爬虫框架,具备数据处理和分析能力,以及自我学习和解决问题的能力。这些技能使你能够快速、准确地抓取网络数据,并从中提取出有用的信息,为电商领域的数据分析和其他应用提供支持。

现在我需要抓取京东电商网站上中性笔的价格数据，包括商品名称、商品价格。在抓取到对应的信息后，将这些信息存到一个CSV文件中。请直接给我完整的Python代码，以代码块的格式输出。”接着大模型便会给出代码。

接下来只需要把代码复制到pycharm里面运行即可，得到如表12-3所示的运行结果。

表12-3　抓取中性笔价格结果

product_name	product_price
小米巨能写	￥9.99
百乐彩色按动中性笔	￥6.48
按动中性笔1008子弹头	￥6.10
得力中性笔	￥17.80
小米黑色中性笔	￥4.50
百乐针管中性笔	￥9.72
百乐BL-P500	￥9.72
三菱黑科技AIR中性笔	￥9.36
百乐P500	￥9.72
三菱UMN-105按动中性笔	￥6.12
得力SO1升级款	￥7.90
得力直液中性笔	￥3.00

活动41　如何根据数据构建多项式回归模型

活动41 视频简介　　活动41 PPT

任务1　阅读与思考——利用大模型构建Wine Quality多项式回归

当我们想要构建Wine Quality多项式回归时，可以给大模型输入提示词：“你是高级数据分析师，具备以下能力。数据分析技能：具备深入理解数据的能力，能够对数据进行有效的解读和分析，并得出有价值的结论。统计学知识：具备基本的统计学知识,能够运用统计学方法分析数据,进行数据建模和预测。数据可视化:能够使用各种数据可视化工具将数据呈现出来,使数据更加易于理解和传达。编程能力:具备编程技能,能够使用编程语言进行数据分析和处理。业务理解能力:理解业务背景和目标,能够将数据分析结果与业务需求相结合,提供有实际意义的解决方案。沟通和表达能力能够清晰地表达数据分析结果,将复杂的数据分析结果转化为简洁明了的报告和演示文稿,与业务方进行有效的沟通。创新能力:具备创新思维,能够寻找新的数据分析方法和技术,不断改进数据分析方法,提高数据分析效率和准确性。请你从专业的角度,构建一个多项式分析的函数,对 Wine Qualiy 数据集进行处理,并绘制曲线。绘图时需要将所有的图整合到一张图中,直接以代码块的形式给我 Python 代码。"接着大模型便会给出代码。

接下来只需要把代码复制到 pycharm 里面运行即可,得到如图 12-1 所示的运行结果。

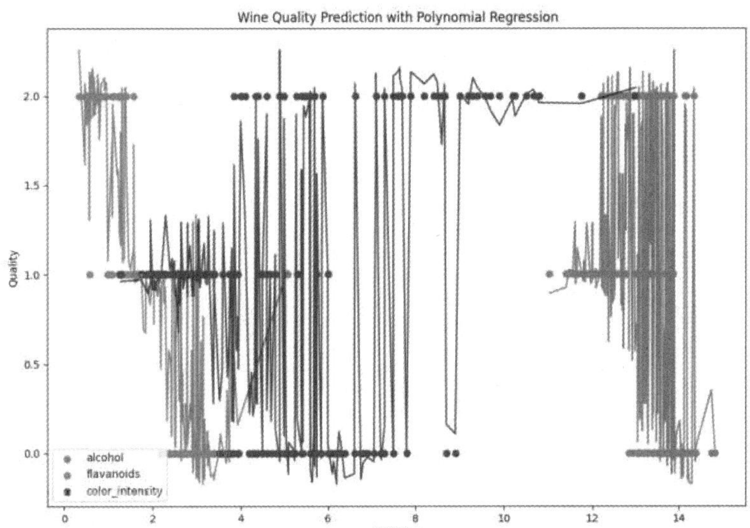

图 12-1　构建 Wine Quality 多项式结果

任务 2　能力与提高——利用大模型构建套索回归

当构建套索回归分析时,可以给大模型输入提示词:"你是高级数据分析师,具备以下能力。数据分析技能:具备深入理解数据的能力,能够对数据进行有效的解读和分析:并得出有价值的结论。统计学知识:具备基本的统计学知识,能够运用统计学方法分析数据,进行数据建模和预测。数据可视化:能够使用各种数据可视化工具将数据呈现出来,使数据更加易于理解和传达。编程能力:具备编程技能,能够使用编程语言进行数据分析和处理。业务理解能力:理解业务背景和目标,能够将数据分析结果与业务需求相结合,提供有实际意义的解决方案。沟通和表达能力:能够清晰地表达数据分析结果,将复杂的数据分析结果转化为简洁明了的报告和演示文稿,与业务方进行有效的沟通。创新能力:具备创新思维,能够寻找新的数据分析方法和技术,不断改进数据分析方法,提高数据分析效率和准确性。我是一名房价分析师。我的目标是研究房价与样本之间的关系,并建立一个岭回归与套索回归模型来预测未来的房价。现有一份房价和各样本因素的数据表,保存在本地Excel中,名为“房屋信息表”。请你从专业的角度,对该数据进行岭回归和套索回归并绘制拟合曲线,要求将所有的图整合到一张图中。直接以代码块的形式给我Python代码。”接着大模型便会给出代码。

接下来只需要把代码复制到pycharm里面运行即可,得到如图12-2所示的运行结果。

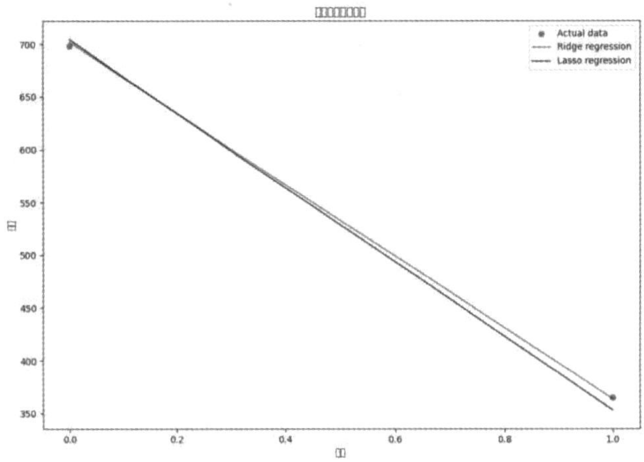

图12-2　构建套索回归结果

活动42　新型教师如何利用AIGC制作微课

活动42 视频简介　　活动42 PPT

任务1　阅读与思考——利用大模型制作地理微课

1.生成微课文稿

(1)微课视频相对于普通短视频,有更高的教育属性。在明确了知识点和学习目标后,比较AI提示词和星火助手中心的“微课讲稿撰写”助手,发现星火生成的微课文稿知识点解释更清晰,对于视频制作者更有启发性。星火助手中心的微课界面,如图12-3所示。

图12-3　星火助手中心的微课界面

(2)输入主题后,助手会对用户进行追问,追问的问题维度可以更加清楚地了解用户的需求,具体问题如图12-4所示。

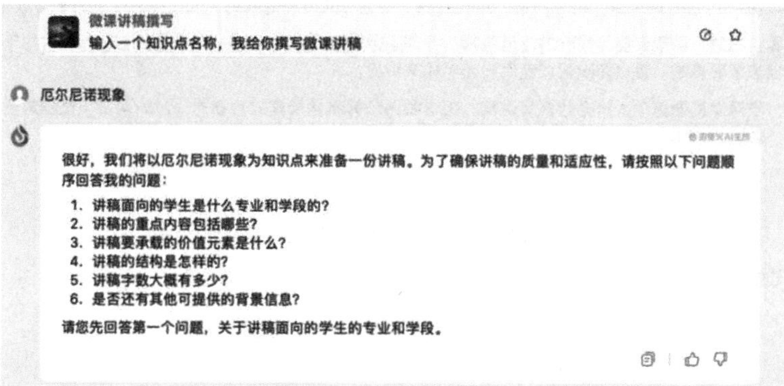

图12-4　星火助手对话

(3)按助手提问的顺序依次输入相应答案,完成回答之后,助手便可以生成微课讲稿大纲,如图12-5所示。

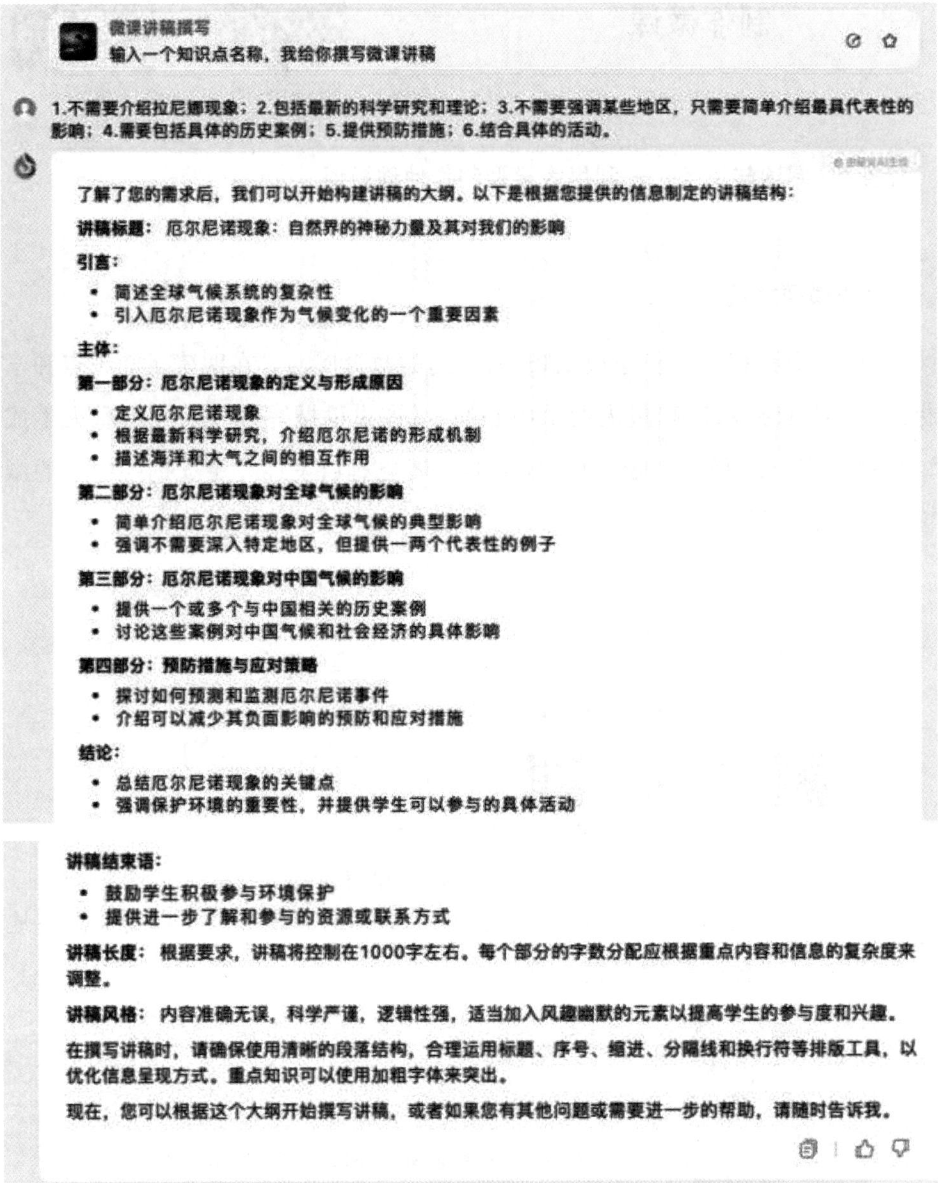

图12-5 生成微课讲稿大纲

(4)对微课讲稿大纲进行调整,生成微课讲稿,如图12-6所示。

请根据你生成的大纲，写一份讲稿。

讲稿标题： 厄尔尼诺现象及其对全球和中国气候的影响

引言：
尊敬的同学们，今天我们将探讨一个对全球气候有着深远影响的气象现象——厄尔尼诺。这是一种发生在赤道中东太平洋地区的海洋和大气现象，它如何影响我们的天气、农业生产乃至日常生活，是我们今天要深入了解的内容。

主体：

第一部分：厄尔尼诺现象的定义与起源
首先，让我们明确什么是厄尔尼诺现象。地理学上，厄尔尼诺是指中东太平洋赤道地区海面温度异常升高的现象。这个术语源自西班牙语，意为"小男孩"，因为它通常在圣诞节附近出现，给秘鲁和厄瓜多尔的渔民带来温暖的海水，这是他们通常期待的冷涌水的相反情况。

第二部分：厄尔尼诺现象形成原因
那么，厄尔尼诺是如何形成的呢？正常情况下，贸易风会将赤道附近的暖水吹向西方，而较冷的水则从东方补充过来。但是在厄尔尼诺现象发生时，贸易风减弱，暖水积聚在中东太平洋，导致海水温度升高。这种变化不仅影响海洋生态系统，还会改变大气中的湿度和压力分布，进而影响全球天气模式。

第三部分：厄尔尼诺现象对全球气候和中国气候的影响
厄尔尼诺现象的影响是全球性的。它可能导致一些地区的降雨量增加，引发洪水，而另一些地区则可能遭受干旱。在中国，厄尔尼诺现象可能导致降水分布的变化，夏季高温和干旱的发生情况增加。这些变化可能对农业生产、水资源管理和人民生活产生重大影响。

第四部分：预防措施与应对策略
面对厄尔尼诺现象，我们可以采取哪些预防和应对措施呢？科学家们通过卫星监测、海洋和大气数据分析，可以预测厄尔尼诺事件的发生，从而为政府和公众提供及时的信息。此外，通过改善水资源管理、调整农业种植计划等措施，我们可以减少厄尔尼诺现象带来的负面影响。

结论：
同学们，今天我们一起学习了厄尔尼诺现象及其对我们生活环境的影响。虽然我们无法控制这一自然现象，但通过科学的方法和合理的应对措施，我们可以减轻它的影响。每个人都可以为保护环境做出贡献，让我们从现在做起，共同守护我们的地球家园。

讲稿结束语：
感谢大家的聆听，希望大家能够将今天学到的知识运用到实际生活中，关注气候变化，参与环保活动，为建设一个更加和谐的自然环境贡献自己的力量。

讲稿长度： 本讲稿根据要求控制在1000字左右，每个部分内容精炼，确保信息的完整性和准确性。

讲稿风格： 本讲稿在传达科学知识的同时，注重逻辑性和条理性，适当加入幽默元素，使讲解更加生动有趣。重点部分已用加粗字体标出，以便同学们注意和回顾。

图12-6　生成微课讲稿

2.生成微课视频

根据微课讲稿，使用"度加"剪辑软件生成视频，其中用户可以根据自己的需求替换部分素材，如图12-7给出了讲稿生成视频的局部界面。

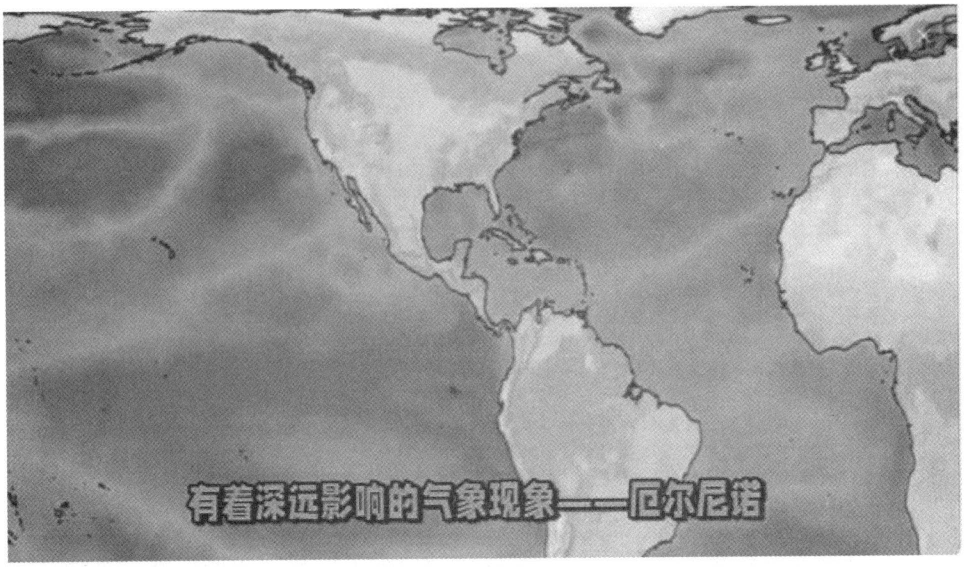

图 12-7　视频局部界面

3. 添加数字人播报

确认视频无误之后，用腾讯智影在线智能视频创作平台添加真人照片进行数字人播报，局部界面如图 12-8 所示

图 12-8　数字人播报布局界面

材料1　如何写好提示词(Prompt)

尽管生成式人工智能在各类自然语言处理任务中取得的效果令人惊艳,但如果没有指令输入,无论多么智能的生成式人工智能都只是外在于人类的静态数据库;若指令不恰当或没有针对性,也容易出现误解人类意图、未充分掌握人类语言规则的“垃圾输出”。为弥合人类意图与机器理解之间的差距,更好地释放生成式人工智能的教育潜力,师生需要发挥教育提示词的价值,促进人机对话。

提示词是使用大模型最关键的部分,它主要包含文本片段、引导模型行为、上下文和约束、设计和优化等要素。如图12-9所示。

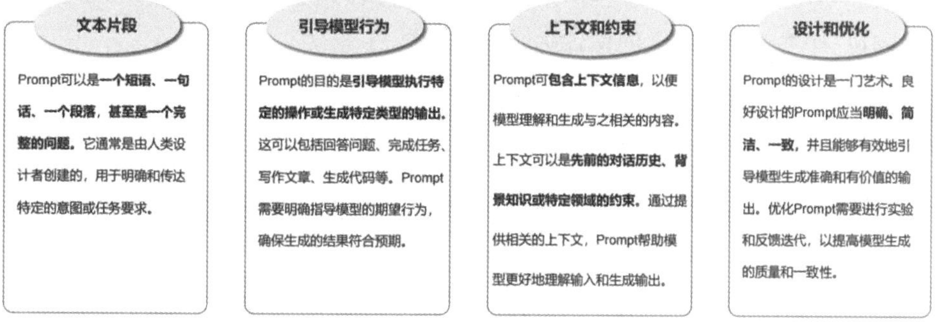

图12-9　提示词要素

知道了提示词是什么之后,还需要知道什么样的提示词属于优质的。如图12-10给出了优质的提示词应具有的标准。

图12-10　优质提示词的标准

了解了优质提示词的标准之后,如何设计优质的提示词是较为关键的步骤。

简单来说,只要按照特定格式编写提示词即可。提示词由三个元素组成,分别是任务、指令、角色。任务是指要明确而简洁地陈述要求模型生成的内容;指令是指模型在生成文本时应遵循的指令；角色是指模型在生成文本时应扮演的角色。

提示词优化方法有三种，分别是迭代法、Trick法、工具法，如图12-10所示。

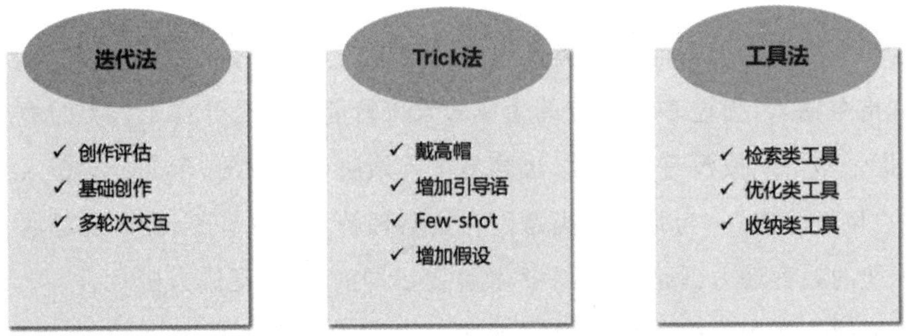

图12-10　提示词优化方法

(1)迭代法的核心原理是通过反复迭代和改进提示词，逐步优化生成结果。迭代法共有三个技巧，分别是创作评估、基础创作、多轮次交互。

①创作评估：迭代法的一个重要环节，它通过对生成结果进行评估和反馈，可以帮助改进提示词的设计和模型输出。

②基础创作：迭代法中的关键环节，它涉及到初步生成提示词和模型的交互。

③多轮次交互：迭代法中的重要策略，通过与模型的多轮次交互，逐步完善生成结果。

(2)Trick法的核心原理是通过巧妙的提示词设计和使用，引导模型在生成过程中产生期望的输出。

①戴高帽：通过对提示词中的任务或生成主体进行强调和突出，引导模型生成更准确、相关的结果。

②增加引导：通过在提示词中添加额外的指导性语言引导模型生成更加准确、具体的结果。

③Few-shot：通过在提示词引入少量的示例或样本，帮助模型理解任务和生成主体的要求，并生成符合示例样本的结果。

④增加假设是通过在提示词中引入假设条件，约束模型生成结果的范围和内容。

(3)工具法是通过各种工具和辅助资源来提升提示词的效果和生成结果的质量。

①检测类工具：通过使用自然语言处理或其他相关工具来检测和修正提示词

中的问题,以提高生成结果的质量和准确性。

②优化工具类:通过使用优化算法,模型微调或其他相关工具来优化大模型的生成效果,以提高生成结果的质量和多样性。

③收纳工具类:通过使用收纳和整理工具来管理和组织大量的提示词样本和生成结果,以提高效率和可控性。

材料2　初步认识Stable Diffusion

在中小学阶段,教师在制作教学PPT时需要精心设计自己课件里的插图,以此来吸引学生的注意力,保证自己的教学效果。通过使用图像生成算法,SD(Stable Diffusion)能自动生成与艺术作品主题相关的各种不同艺术风格的图像,帮助学生或教师迅速获取灵感并拓展创作思路。而且SD能自动完成一些繁琐的任务,如线稿上色、手绘转3D模型等,学生或设计师可以将更多的时间和精力投入到创意和构思上,后期精细化处理,从而提高创作效率。此外,SD生成的创意和灵感是基于算法和数据集进行的,因此能产生出一些独特的、创新的内容。这些内容往往能够为艺术与设计作品带来更多的想象力和表现力,使作品更加吸引眼球。

SD直译为稳定扩散,通常扩散模型包括前向扩散和逆向扩散两个过程。前向扩散就是向训练图形中不断添加噪声,使其逐渐变为一张毫无意义的纯噪声图,而逆向扩散过程是一个相反的过程。SD可以理解从一张完全噪声开始,根据用户输入的要求,逐步剔除噪声,直到产生出用户所需要的图片的过程。这个过程用到了扩散模型、图像编码器、文本编码器、文本解码器以及图像解码器等神经网络模型,如图12-11所示。

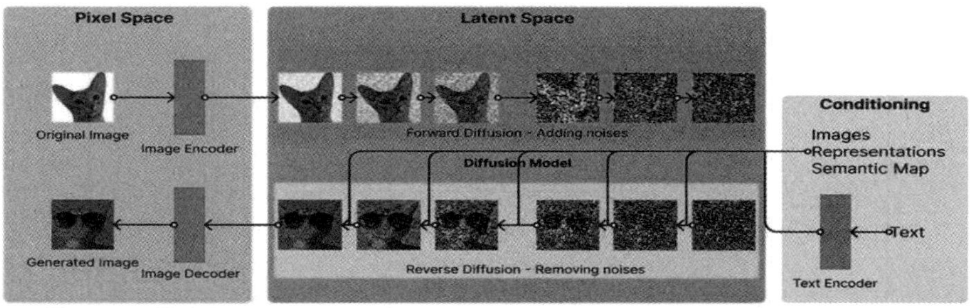

图12-11　前向扩散和逆向扩散过程

对SD有了大概的了解之后,就可以开始尝试使用它,与GPT相比,SD会更复杂一些，它不光需要填写提示词，还有许多参数需要用户来修改。

首先，我们来介绍一下SD的提示词，SD提示词分为正向提示词和负向提示词，正向提示词表达我们想要什么，负向提示词表达我们不想要什么。

正向提示描述的是图像中应该包含的元素。非常重要的是，正向提示通常是按照特定结构创建的，如主题、动作、语境、环境、光照、艺术家、风格、媒介、类型、色彩方案、计算机图形、质量等。

现如今有较多帮助用户生成提示词的网站，接下来作简要介绍。

（1）NovelAI tag生成器，其界面如图12-12所示，网址：https://wolfchen.top/tag/。

图12-12　NovelAI tag生成器页面

（2）魔咒百科词典，其界面如图12-13所示，网址：https://aitag.top/。

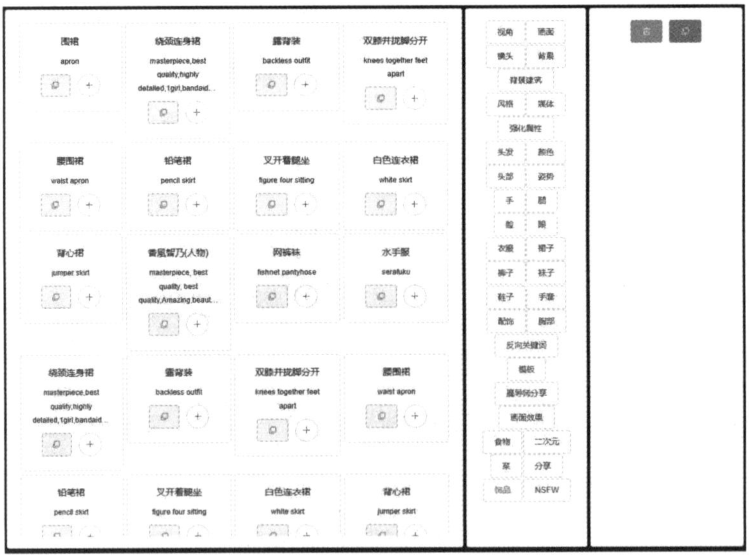

图12-13　魔咒百科词典界面

(3)Danbooru 标签超市,如图 12-14 所示,网址:https://tags.novelai.dev/。

图 12-14　Danbooru 标签超市界面

除了提示词,SD 还有一些其他的参数,下面逐一介绍。

(1)权重。权重是用户可以增强或减弱提示词中想要或不想要的元素,比如输入提示词“a red hair,a girl wearing a black hat”,SD 生成图片如图 12-15 所示。接下来给“红色头发”加权重,提示词修改为“((a red hair)),a girl wearing a black hat”,此时 SD 生成图片如图 12-16 所示。

图 12-15　权重展示(修改前)

图 12-16　权重展示(修改后)

(2)随机种子数。随机种子数是用于潜在空间中生成初始随机张量的种子数。实际上,它用于控制图像的内容。生成的每个图像都有自己的种子数。如果种子值设置为“-1”,SD 将使用随机种子数;如果种子数设置为一个固定值,则可以通过增加或替换关键词，从而达到在图片上增加或替换的效果。当然，过多的种子数会导致构图的改变，如表12-4所示。

表12-4 种子数对图片效果的影响

种子数	20066390	2006392070	2006392070
图片			

(3)采样步数。前文已经了解了SD的工作原理，可以简单地把模型的处理理解为一个迭代过程，每一步都会消除一些噪声，并随着迭代步数的增加会产生更高质量的图像。而当完成所需的步骤数时，重复就会停止。不同采样步数得到的结果，如表12-5所示。

表12-5 不同采样步数的结果

采样步数	1	5	20	30
图片				

(4)采样方法。为了生成图像，Stable Diffusion先在潜在空间中生成完全随机的图像，然后噪声预测器估计图像的噪声，再从图像中减去预测的噪声。这个过程重复十几次，最后便会得到一个新的图像，因为Stable Diffusion在每个步骤中都会生成一个新的样本图像，这个去噪过程称为采样。抽样所采用的方法称为抽样器或抽样方法。不同采样方法的结果如表12-6所示。

表12-6 不同采样方法的结果

采样方法	传统采样器(LMS,Eular,Heun)	unipc采样器	DPM采样器	Karras采样器
图片				

(5)引导系数。引导系数是指生成图片与所给提示词的关联性,引导系数越高,关联性越强。但是引导系数过高,图片对比度、饱和度也会过高,不同引导系数的结果,如表12-7所示。

表12-7 不同引导系数的结果

引导系数	1	3	7	28
图片				

利用Stable Diffusion模型生成图片时可能会出现以下问题。

(1)模型理解限制。尽管Stable Diffusion模型经过大量数据训练,但它对文本描述的理解仍然有限。模型可能无法完全准确地捕捉到所有细节和上下文信息,导致生成的图像与预期不符。

(2)语义歧义。某些文本描述可能存在语义上的歧义,使得模型难以准确理解。例如,“白色的小兔”可能在不同人的想象中有所不同,而模型可能无法完全捕捉到每个人的具体意图。

(3)随机性和多样性。Stable Diffusion模型在生成图像时具有一定的随机性和多样性。这意味着即使对于相同的文本描述,模型也可能生成不同的图像。这种随机性是为了增加生成图像的多样性和创意性,但有时也可能导致生成的图像与预期不符。

(4)训练数据偏差。模型的训练数据可能包含某种偏差,这可能导致模型对某些概念或特征的理解不够准确。如果训练数据中没有足够多的关于"白色的小兔"的样本,模型可能难以生成符合要求的图像。

针对以上问题,我们可以尝试用以下的方法进行优化。

(1)优化文本描述。尽量使用明确、具体的文本描述,避免使用模糊或歧义的词汇。

(2)尝试多次生成。由于模型的随机性,可以尝试多次生成图像,从中选择最符合要求的图像。

(3)调整模型参数。在某些情况下,可以尝试调整模型的参数或使用不同的模型版本来优化生成结果。

材料3　初步认识Midjourney

Midjourney的底层模型是一个大型语言模型(LLM),它已经在海量图像和文本数据集上进行了训练,能够生成既逼真又富有创意的图像。

Midjourney的优点包括准确性、创造力、速度。LLM是一种人工智能技术,可以生成文本、翻译语言、编写不同类型的创意内容,并以丰富的信息回答用户所提的问题。它在大量文本和代码数据集上进行训练,这使其能够学习人类的语言模式。另外,Midjourney在生成式图像技术领域的独特之处在于其构建了一个技术驱动的社区模式,旨在促进创作者之间的互动与协作。相较于其他的生成式图像技术(如DALL'E),Midjourney的社区模式引入了一种集体创作和知识共享的范式,深化了用户参与创作过程的方式与层次。社区模式的引入有利于建立一个"紧密联系"的创作者社群。通过共享创作成果和经验,创作者之间建立了一种集体身份和认同感。这种互动的过程不仅有助于知识传承和技能培养,还可以推动创作者个体的成长和创作水平的提升。

LLM在Midjourney中使用,首先通过理解提示来生成图像。提示是对用户想要创建的图像的描述。然后,LLM根据其对人类语言的了解生成一组用于创建图像的指令,再使用这些指令生成图像。它可以用来创建逼真的图像、富有创意的图像,甚至是现实世界中不可能出现的图像。LLM仍在开发中,但它有可能彻底改变图像的创建方式。除了LLM,Midjourney还利用各种专业的工程技术来生成目标图像。

当大致了解Midjourney的原理之后,我们就可以使用它了。打开Midjourney,在提示框中输入“/imagine”就可以开始使用了,如图12-15所示。

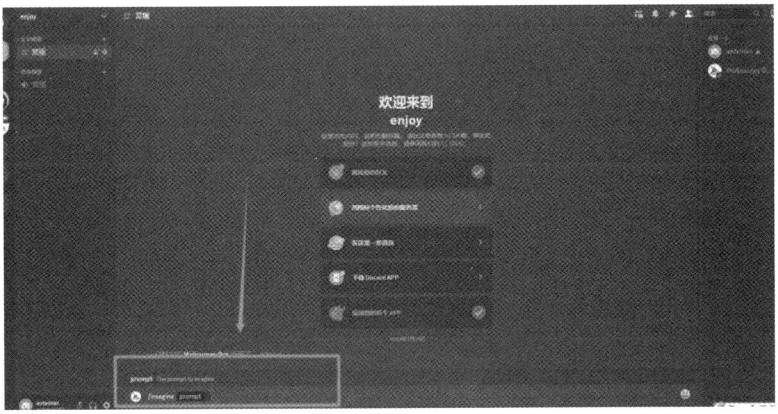

图12-15　Midjourney初始界面

当输入提示词后,Midjourney会给我们生成四张图像,按左上到右下的顺序分别对应1,2,3,4,如图12-16所示。而图像下方的U和V分别代表“选择”和“再生成”操作。比如,点击“U1”就是以第一张图像为基础,加入细节后,生成单张大图。若点击“V1”,则是以第一张图像的风格、样式、构图为参考,再生成四张类似的图像。

图12-16　生成图像界面

此外，Midjourney 可以根据用户的不同需求，提供生成相应图像的服务，如矢量插画（图 12–17）、数字插画（图 12–18）、赛博朋克黑暗幻想（图 12–19）、3D 太空宇航员（图 12–20）、生成模特素材（图 12–21）、生成服饰素材（图 12–22）等。

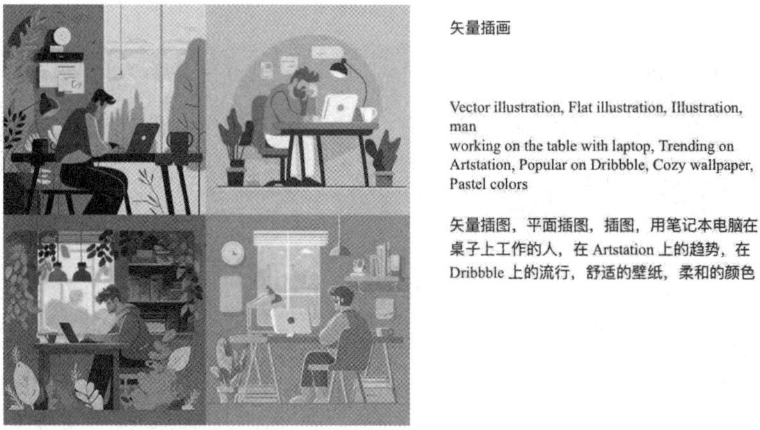

图 12–17　矢量插画

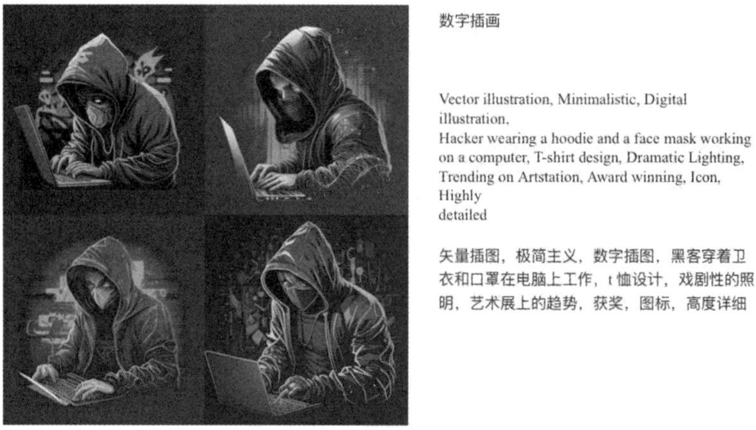

图 12–18　数字插画

赛博朋克黑暗幻想

Neuromancer, cyberpunk, Apocalypse, Dark
fantasy,
Cityscape, 8k wallpaper, Dark color palette,
Hieronymus Bosch, H, R, Giger

神经漫游者，赛博朋克，天启，黑暗幻想，城
市
景观，8k 壁纸，深色调色板，耶罗尼米斯·博
斯，
H, R，吉格尔

图 12-19　赛博朋克黑暗幻想

3D太空宇航员

Tiny, Cute, small, An astronaut in space with
distant
planets in the background, Miniature, Diorama,
Orthographic view, Cinematic lighting, Gediminas
Pranckevičius, Giuseppe Arcimboldo, Goro Fujita,
Intricate, Hyp er detailed, 4k

微小，可爱，小，宇航员在太空中与遥远的行
星为背景，微缩，立体，正投影视图，电影照
明，Gediminas pranckeviius, Giuseppe
Arcimboldo,
藤田五郎，复杂，Hyp er 细节，4k

图 12-20　3D 太空航天员

生成模特素材

Full body photo of a Chinese
female model standing in
front
of a bright wall, Asian style,
Product photography,
Sophisticated and high-end,
Panoramic view, 100mm lens,
Super details of the highest
quality, 8K
中国女模特站在明亮的墙壁
前的全身照片，亚洲风格，
产品摄影，精致高端，全
景，
100mm 镜头，最高质量的
超
级细节，8K

图 12-21　生成模特素材

图 12-22　生成服务素材

▶▶ 随堂自测

第十二章 随堂自测

▶▶ 本章思考

(1)请思考大模型在辅助人类做出决策时可能带来的伦理问题,比如大模型在处理敏感信息(个人信息,医疗信息等)时应如何确保隐私和安全？在使用大模型时如何评估大模型生成结果的准确性和可靠性？在处理错误结果时可以采取哪些措施？

(2)你认为图像大模型在哪些领域或行业具有巨大发展潜力？为什么？随着图像大模型的广泛使用又会对哪些行业的从业者带来冲击？他们又应该如何应对技术变革带来的冲击？

▶▶ 本章参考文献

[1] 赵晓伟，戴岭，沈书生，等．促进高意识学习的教育提示词设计[J]. 开放教育研究，2024，30(1)：44-54.

[2] 陈英，马洪涛 .AIGC 在艺术设计专业领域的神助攻——以 Stable Diffusion 为例[J]. 服装设计师，2024(1)：73-84.

[3] 张彤彤，杨璠 .Midjourney 对图像生产及主体重塑的媒介之思[J]. 青年记者，2024(1)：55-59.